PARIS
SOUS NAPOLÉON III

Mémoires d'un Homme du Monde

DE 1857 A 1870

PAR

LE COMTE ARTHUR DE GRANDEFFE

PARIS
IMPRIMERIE ET LIBRAIRIE CENTRALES DES CHEMINS DE FER
A. CHAIX ET Cie
RUE BERGÈRE, 20, PRÈS DU BOULEVARD MONTMARTRE
1879

PARIS

SOUS NAPOLÉON III

PARIS
SOUS NAPOLÉON III

Mémoires d'un Homme du Monde

DE 1857 A 1870

PAR

LE COMTE ARTHUR DE GRANDEFFE

PARIS
IMPRIMERIE ET LIBRAIRIE CENTRALES DES CHEMINS DE FER
A. CHAIX ET Cie
RUE BERGÈRE, 20, PRÈS DU BOULEVARD MONTMARTRE
1879

A MONSIEUR A. CHAIX

Cher Monsieur,

Je suis heureux de voir mon quatorzième ouvrage sortir des presses de votre honorable maison. Cette nouvelle publication me rappelle celles qu'a faites pour moi votre bon et regretté père, il y a plus de vingt ans. Cet homme de mérite et de cœur avait encouragé mes premiers écrits. Quelles belles éditions il avait faites du *Voyage à Rome*, de *la Pie basbleu*, de *l'Empire d'Occident !* Il fut aussi l'éditeur du *Nouveau Guide en Espagne*. Je suis heureux de rappeler ces souvenirs, et je sais, par la manière dont vous suivez les traditions paternelles, que la belle œuvre de l'imprimerie des chemins de fer ne peut que se développer dans vos mains. Vous faites du socialisme basé sur le travail et l'union des ouvriers avec leur patron. Vous affirmez vos principes d'ordre et de progrès en faisant du bien aux ouvriers, tandis que ces derniers se laissent séduire par des bavards qui leur promettent tout ce bien-être, sans avoir l'intention ni le pouvoir de le leur donner. Au surplus, fils respectueux et reconnaissant, vous avez écrit l'histoire de la maison Chaix en un beau volume qu'on vient d'admirer à la dernière exposition et qui est un chef-d'œuvre de typographie. C'est là qu'on apprend à connaître l'œuvre importante et utile dont vous êtes le continuateur.

Je dois aussi, moi, défendre en deux mots ma nouvelle œuvre. Je serai très-bref : les préfaces les plus courtes sont les meilleures. Mon livre est un recueil de notes prises chaque jour depuis 1857 jusqu'en 1870. J'ai raconté, dans *les Mobiles et Volontaires de la Seine*, mes impressions sur l'année terrible de 1870-1871. Je n'y reviendrai pas. Quant aux années suivantes et au régime actuel, j'attendrai, pour le juger, qu'il ait fait ses preuves ; je continue donc à prendre mes notes en spectateur impartial, et si mon livre parvient à la postérité, dans quelque bibliothèque de collectionneur infatigable, j'aurai apporté mon petit gravier à l'édifice littéraire et historique de notre temps. Je ne sais si l'ouvrage a quelque valeur ; mais entre la route des grands auteurs et l'ornière de ceux qui vivent du scandale, il y a un tout petit sentier, bien net et bien tracé, qui me suffira parfaitement : c'est celui des écrivains consciencieux et sincères.

Maintenant, mon livre, ouvrez vos pages

sous les doigts pressés et distraits de mes contemporains, et que Dieu vous envoie le suffrage de quelques lettrés, et surtout celui des honnêtes gens. Ce sera, cher monsieur Chaix, la meilleure récompense de mon travail.

Votre bien dévoué,

Cte de GRANDEFFE.

Paris, le 8 novembre 1878.

A MONSIEUR CHARLES LE ROY

AGENT DE CHANGE

Mon cher ami,

Permettez-moi de vous faire hommage de mon nouveau livre : *Paris sous Napoléon III*.
Je pourrais l'offrir à l'agent de change si connu dans les salons dont je fais l'histoire ; au lettré qui sait si bien cultiver les Muses, dans les loisirs laissés par les affaires, les armes ou la chasse ; au conservateur qui a deux fois risqué sa vie pour l'ordre, ce qui lui

a valu, en 1848, la croix d'honneur, comme garde mobile, et, en 1871, la rosette, comme chef de bataillon volontaire.

Je pourrais encore offrir mon livre au chrétien plein de foi, qui prélève chaque année sur ses biens la dîme du pauvre et de l'Église. Mais je préfère adresser ma dédicace à l'ami fidèle et dévoué, qui, dans un jour d'orage, m'a généreusement offert l'abri sûr de sa maison.

Je suis certain du bon accueil de l'ami, j'espère que le lettré me lira jusqu'au bout.

Votre bien affectionné,

Cte DE GRANDEFFE.

Paris, le 19 novembre 1878.

PARIS
SOUS NAPOLÉON III

CHAPITRE PREMIER

— 1857 —

L'année commence mal. L'archevêque de Paris, Mgr Sibour, a été assassiné par un prêtre fanatique. C'est aujourd'hui, 17 janvier, que le jury a rendu son arrêt contre le meurtrier. Vergès a été condamné à mort, après avoir chargé des plus honteuses accusations M. l'abbé Legrand, Mgr l'évêque d'Évreux, l'archevêque de Paris et son grand-vicaire. On a lu beaucoup de lettres, et Vergès a protesté contre l'irrégularité de l'interrogatoire. Me Nogent-Saint-Laurens, l'avocat d'office, n'a eu que fort peu de choses à dire. On a renvoyé l'accusé de l'audience à cause de sa tenue inconvenante.

C'est un fait bien singulier et bien attristant que le sort réservé aux archevêques de Paris. Il y a là un signe certain de malédiction. C'est effrayant pour l'avenir de la grande ville, car le sang des justes crie vengeance !

Nous avons eu à dîner le vicomte de Baulny, un ci-devant beau de la Restauration, homme d'esprit et de cœur.

M. de Baulny avait épousé une bossue qui était la meilleure des femmes et qui avait du bien. M. de Baulny appartenait à cette génération des hommes de la Restauration qui, ne pouvant se mêler à la politique à cause de leurs opinions, se sont tournés vers l'industrie sans y être préparés.

Nous les avons vus être la proie des intrigants, et laisser dans des entreprises hasardeuses leur fortune et jusqu'à leur propre existence. Quand on veut faire de la banque ou de l'industrie, il faut commencer par le commencement et ne pas se croire la science infuse. Ce sont les petits employés à 1,200 francs qui deviennent de gros financiers, mais jamais ceux qui se jettent en étourdis dans un monde où il n'est pas facile de se conduire.

M. de Baulny n'était pourtant point dépourvu d'intelligence et d'esprit d'invention. Il s'attacha avec beaucoup de persévérance à une œuvre qui eût fait sa fortune en Amérique. Il voulut populariser chez nous la charrue à vapeur. Ses premiers essais se firent dans un domaine du château de Villeroy, en pleine Brie. C'est là qu'il vécut longtemps avec sa femme, faisant de l'agriculture scientifique. Il parvint même à attirer les regards de l'empereur Napoléon, qui aimait à encourager toutes les inventions utiles. Il y eut une commission nommée pour examiner la charrue à vapeur de M. de Baulny. L'ingénieur, peu confiant, se tenait à une distance respectueuse, craignant sans doute que la machine n'éclatât. Mais l'imperturbable vicomte triompha de tous les doutes par son assurance pleine de foi. Malheureusement, il eut le sort de tous les inventeurs, dont on parle beaucoup, mais qui ne profitent jamais de leur œuvre. La postérité, plus clairvoyante que les contemporains, rendra justice à sa mémoire; elle sera moins ingrate que les rois pour lesquels on disait que le vicomte avait sacrifié sa fortune. Beau trait, bien digne d'une belle race! J'ai connu, depuis, le frère et le neveu du vicomte. Ils sont les représentants actuels de sa famille. Ce sont des personnes du meilleur monde et dans une bonne position de fortune. Le frère consacre sa vie à des bonnes œuvres et le neveu est un des officiers les plus distingués de l'armée territoriale.

Vers cette époque, on jouait à l'Odéon la pièce de Ponsard intitulée *la Bourse*, ce fut presqu'un événement, tant il y avait encore d'aspirations généreuses dans les esprits. On se passionnait pour les œuvres littéraires. Le socialisme et la politique n'étaient pas l'unique pensée du public. J'admire beaucoup les hommes de talent qui emploient bien leur plume ou leur lyre et qui combattent les travers d'une époque ; mais il faut reconnaître qu'en les regardant de près on les trouve bien peu conséquents avec leurs principes. Que dire, en effet, de Ponsard, le rigide Ponsard, faisant une comédie en vers contre la spéculation et passant ses soirées à jouer aux cartes avec les étudiants, qui lui gagnaient souvent de fortes sommes !

La question d'argent étant à la mode, Alexandre Dumas lui a consacré sous ce titre une pièce fort intéressante qu'on vient de jouer au Gymnase. Malgré les livres et les comédies, cette question reste à l'ordre du jour et jamais l'argent ne fut tant prisé qu'à notre époque.

Le 2 mars, j'ai passé la soirée dans un salon du vrai faubourg Saint-Germain. On n'y causait point politique, nos légitimistes passent leur temps plus gaiement. J'ai entendu chanter M. de Pontalba, qui a un véritable talent d'artiste. Dans l'intervalle des morceaux de musique, la conversation des groupes était aussi animée que futile. Je saisis dans mes souvenirs un trait entre mille. La comtesse d'I..., qui n'est pas le modèle du bon ton, mais qui pourtant est une grande dame, nous a raconté l'évanouissement d'une danseuse portant une crinoline des plus amples. « La cage se relevait tellement qu'on pouvait voir le serin. » Ce n'est pas moi qui le dis, c'est la comtesse. Tel est le diapason de nos conversations dans le grand monde.

Le 3 mars, j'ai passé la soirée chez madame Ancelot, la veuve de l'académicien ; elle est aimable et reçoit fort bien, mais, contrairement à ce qu'on m'avait dit d'elle, elle parle beaucoup de ses ouvrages. Chez elle, on fait de la musique, quand on ne lit pas des vers. Madame Marceau nous en a dit de charmants sur le mauvais ton des jeunes gens du jour. Après elle, un M. Michaud nous a lu un morceau de poésie sur l'inconstance des femmes ; la conclusion est qu'il n'y a rien de beau comme la maternité. Il faut avoir bien de l'esprit pour traiter un pareil sujet !

Dans cette soirée j'ai rencontré un homme aimable qui a été, sous plusieurs régimes, secrétaire de la présidence de l'Assemblée nationale ; c'était M. Valette. Il m'a raconté un incident historique peu connu. C'est lui qui a fait tirer le canon pour l'installation de Napoléon à l'Elysée. Marrast, celui que le peuple appelait le marquis Marrast, ne voulut point s'en charger, sous prétexte qu'on n'avait pas nommé le candidat de son choix.

C'est aussi dans ce salon que j'ai entendu pour la première fois le célèbre Nadaud, qui nous a chanté son *Pandore* et son *Télégraphe*. Il s'est nommé bien justement lui-même le *Trouvère moderne, qui a des chants d'amour dans le cœur.*

Nadaud, avec son talent facile, a effleuré tous les sujets. Il y a toujours dans ses vers une pointe d'ironie gauloise qui pique sans blesser profondément. Il ne fait pas de personnalité, mais il attaque finement les ridicules, et comme il le fait en chantant, on lui pardonne et l'on rit.

On vient de publier les mémoires du duc de Raguse. Marmont attaque vigoureusement l'empereur, qu'il rend responsable de nos malheurs. Ce courage posthume n'est pas très-généreux.

Le 28 mars, j'ai passé la soirée chez madame Valdor, où j'ai entendu une comédie de M. Viennet, de l'Académie. On a lu aussi des vers plus ou moins classiques. En sortant, je n'ai trouvé que ma canne et *le Figaro* que j'avais mis dans la poche de mon paletot. Ce dernier était absent, et malgré le froid, je me suis vu forcé de partir en habit noir. Les gens de lettres critiquent beaucoup les gens de bourse et pour cause. Chez ces derniers, du moins, on est sûr de retrouver son paletot en sortant.

Cette soirée me rappelle un mot charmant d'un publiciste de mes amis que je rencontrai le lendemain rue de Rivoli. Je lui dis où j'étais allé la veille et ce

que j'avais entendu, je lui nommai les auteurs
favoris de l'endroit; entr'autres un M. Hébrard,
bien digne homme assurément, mais meilleur
que ses vers, et je me lamentais sur le sort auquel
on s'expose en entendant toute une soirée, parqué
derrière douze rangs de chaises, de la poésie à
l'opium, sans pouvoir quitter sa place. Mon ami me
répondit : « Allons donc, vous appelez poëte cet excellent homme ! Quel abus de mots ! « ce sont des vers
« qui se sont mis dans sa prose ! »

J'allais souvent en soirée à cette époque. Mon père
était administrateur du chemin de fer de Lyon à la
Méditerranée, ce qui me donnait mes entrées chez
ses collègues, presque tous princes de la finance.

Ces personnages ont joué un rôle sous l'Empire, et
comme nous les recevions à la maison, j'ai pu les
voir de près.

Ma mère donnait souvent des dîners et l'on dîne
beaucoup à Paris. Elle avait pour cuisinier un
M. Pallu, qui se prétendait de la famille du fameux
cardinal la Ballu enfermé dans une cage de fer.
C'était du reste un grand cuisinier et ma mère était
difficile; elle avait été élevée à l'école de sa mère, la
marquise de Faudoas, qui recevait beaucoup.

J'ai vu souvent à sa table des personnages qui ont
joué un rôle politique dans le pays. Mon intention
n'est pas d'en dire du mal, j'esquisserai seulement
de mon mieux leurs portraits, qui appartiennent à

l'histoire. Peu de personnes ont pu juger ainsi des gens éminents *inter pocula*. C'est ce qui m'a décidé à recueillir mes notes d'homme du monde. Elles serviront peut-être un jour à l'historien qui écrira la vie de nos contemporains.

C'est dans ces dîners intimes que j'ai pu voir de près nos illustrations du jour. C'était une réunion éclectique où toutes les opinions étaient représentées. Comme on y causait quelquefois politique, j'ai assisté à des discussions très-intéressantes que j'ai retenues et qui m'ont appris à connaître l'époque étrange dans laquelle nous vivons.

Je dois le dire avec douleur, j'ai trouvé dans tous ces esprits, d'ailleurs éclairés et distingués, une telle indécision sur la question des doctrines et des principes, que je m'explique très-bien l'état précaire dans lequel nous sommes.

Lorsque les hommes d'élite d'une nation ne savent pas ce qu'ils veulent et où ils vont, comment voulez-vous que les ignorants qui forment la grande masse en sachent davantage et puissent se conduire eux-mêmes vers un but raisonnable.

Je reviendrai sur ce sujet dans le cours de ces mémoires et j'apporterai des faits à l'appui de ma thèse. J'espère, sous une forme légère et sans blesser personne, rendre compte avec impartialité de ce que j'ai vu et entendu pendant les quinze années que j'ai passées dans les salons de Paris.

Le second empire a été mal jugé ! Trop critiqué dans ses revers, il a été trop loué dans sa prospérité. Cela tient à ce que son histoire n'a été écrite que par des ennemis ou par des complaisants.

On a mis sur le compte de l'Empire bien des fautes dont la nation est responsable. Chez un peuple habitué à attendre tout du pouvoir, on fait trop vite des idoles qu'on renverse encore plus vite.

Il y a un grand mot qui fait fortune de nos jours, c'est la corruption du régime impérial. Il faudrait dire la corruption de la nation tout entière. Le seul tort de l'Empire est de ne pas avoir réagi contre ces tendances et d'avoir cru que le matérialisme pouvait conduire à la gloire. Quand la nation a pris les armes en 1870, elle était incapable de soutenir une lutte aussi gigantesque. Elle était énervée par une longue prospérité. Pour vaincre un ennemi dix fois supérieur en nombre, il aurait fallu que nous lui fussions au moins autant de fois supérieurs en héroïsme. Nous n'avions ni assez d'hommes ni assez de canons, mais nous manquions surtout de cette énergie sauvage qui assure la victoire dans les grands désastres. Les Russes vaincus par Napoléon ont brûlé Moscou. Nous étions incapables d'un tel sacrifice, par la seule raison que nous étions devenus trop riches. On brûle Moscou, mais on ne brûle pas Paris.

En 1857, l'Empire était encore dans la période virile, et chacun s'exagérait sa force. Je me rappelle très-bien la terreur qu'il inspirait chez les gens qui lui étaient hostiles. Mille fables circulaient à ce sujet. On parlait d'arrestations clandestines, de déportations; les esprits battaient la campagne.

L'Empire profitait de la crainte qu'il inspirait, mais on a bien vu, à l'occasion, qu'il suffisait d'un revers de fortune pour le renverser.

L'empereur n'a pas été mieux jugé que l'Empire. Les uns voyaient en lui un tyran taciturne et roué, capable de tromper tous les cabinets de l'Europe par ses calculs machiavéliques. Les autres lui refusaient toute initiative et allaient jusqu'à attribuer à d'habiles conseillers, ses discours et les moindres de ses actes publics.

L'empereur avait une grande qualité qui déjouait toutes les appréciations. Souverain d'un peuple bavard, il savait se taire. C'était une grande politique à laquelle il n'aurait jamais dû renoncer. En réalité, Napoléon était un prince plein d'illusions qui rêvait un régime impossible à réaliser, l'Empire parlementaire ; c'est ce qu'il appelait le couronnement de l'édifice. Instruit, lettré, d'un caractère doux et facile, il était un contraste vivant avec le coup d'État qu'il avait fait et avec les idées qu'on lui prêtait.

Le 3 mai, nous avons eu à Paris la visite du grand-duc Constantin. Toute la ville était pavoisée en signe de sympathie, les rancunes de l'inutile guerre de Crimée étaient oubliées. Le 6 mai, l'empereur a passé une revue en l'honneur du grand-duc. Voici quel était l'ordre du défilé : 1 bataillon de Saint-Cyr, 4 bataillons de chasseurs de Vincennes, 17 régiments de ligne, 1 bataillon de pompiers, 1 bataillon de gardes de Paris, 4 régiments de voltigeurs de la garde impériale, 1 bataillon de chasseurs à pied de la garde, le régiment des zouaves de la garde, 4 régiments de grenadiers de la garde, 1 bataillon de génie de la garde, 2 bataillons de gendarmerie de la garde. Artillerie : 4 batteries d'artillerie à pied, 24 pièces d'artillerie montée, 1 régiment à pied de la garde, 6 batteries, 1 régiment à pied de la garde, 6 batteries, 1 régiment du train de la garde, 18 caissons, total 120 pièces de canons. Cavalerie : l'escadron de Saint-Cyr, 1 régiment de hussards bleus à 4 escadrons, 1 régiment de hussards rouges à 4 escadrons, 1 régiment de chasseurs à 4 escadrons, 1 régiment de lanciers à 4 escadrons, 2 régiments de cuirassiers à 4 escadrons, 2 régiments de carabiniers à 4 escadrons, 1 escadron de gendarmes de la Seine, 2 escadrons de la garde municipale.

Cavalerie de la garde : 1 régiment des guides à 4 escadrons, 1 régiment de chasseurs à 4 escadrons, 1 régiment de lanciers à 4 escadrons, 3 régiments de cuirassiers à 4 escadrons.

Total : 79 bataillons ; 60 escadrons et 120 pièces de canons, à peu près 80,000 hommes.

Nous avions alors une belle armée et l'on pouvait être fier de la montrer aux princes étrangers. La fatale guerre du Mexique n'était pas encore venue jeter le trouble dans les finances de la guerre.

Il y avait beaucoup de foule au défilé, et l'enthousiasme était grand. Le peuple de Paris aime ces grands spectacles, et l'empereur savait à propos les lui faire voir. Il y trouvait à la fois une distraction pour ce peuple, ami du plaisir, et l'occasion de lui montrer les forces dont pouvait disposer le pouvoir.

L'ouvrier rentrait chez lui fatigué d'une longue course et en même temps plus calme dans ses opinions politiques.

Le grand-duc fut donc fort bien accueilli chez nous et il s'en retourna content de son voyage. Néanmoins, je dois dire que toutes ces entrevues de princes et de souverains n'ont jamais amené grand résultat sérieux en politique. L'état de l'Europe est trop incertain. Il n'y a plus d'alliance durable ; les souverains sont devenus, comme les particuliers, très-personnels et très-égoïstes, — nous ne sommes plus au temps des alliances de famille, — d'ailleurs les événements sont plus forts que les hommes et l'Europe étant à l'état de révolution perpétuelle, c'est comme une maison qui brûle, ou comme un navire qui fait naufrage : chacun pense à son propre salut et ne s'occupe pas du voisin.

Mais les badauds de Paris n'en ont pas moins bâti des fables sur le voyage du grand-duc. C'était l'alliance russe ! C'était un messager politique envoyé par le czar, qui n'avait pas voulu confier une telle mission à un simple ambassadeur ! Les journaux de Paris, si frivoles et si crédules, ont rempli leurs colonnes, pendant huit jours, de longs articles développant cette thèse plus que problématique. Je n'étais pas dans les secrets des cours, mais j'affirme que ce voyage n'était, pour le grand-duc, qu'une simple partie de plaisir.

Moi qui suis allé en Russie en 1856, j'ai appris à connaître la politique russe. Il est de bon ton dans les salons de dire que les Russes nous aiment. Eh bien, ce qu'ils aiment en nous, ce sont nos femmes, nos théâtres, nos vins et nos modes. Ajoutez-y le climat, qui est meilleur que celui de la Russie, et vous aurez tout dit sur cette sympathie politique qui n'est qu'une phrase à effet. Je n'en veux pas aux Russes. Je suis de ceux qui désireraient que la France pût se passer d'alliances ! soyons forts et n'ayons besoin de personne, nous aurons tout le monde pour nous !

Pour en arriver là, commençons par redevenir nous-mêmes. Rappelons-nous ce que la France a été pendant tant de siècles ! soyons assez sincères pour reconnaître nos fautes. Il n'est pas difficile de les constater, faisons notre examen de conscience et comparons-nous à nos pères. Nous verrons vite où nous péchons. Il ne m'est jamais arrivé de retrouver quelques papiers d'un autre âge, sans faire de tristes réflexions sur notre temps.

C'est ordinairement dans les formules les plus simples et touchant à la vie réelle qu'on peut le mieux étudier un peuple. L'autre jour, par exemple, je feuilletais des papiers de famille et j'ai retrouvé une chose bien prosaïque et bien vulgaire, une simple feuille de voiturier. Voici ce que j'y ai lu :

« A la garde de Dieu et sous la protection des lois, j'adresse à M. le comte de Grandeffe, à Paris, par la voiture et sous la responsabilité du voiturier Guilloteau, domicilié à Yèvre-la-Ville (Loiret), pour être rendu à Paris dans le délai de trois jours, le chargement suivant, etc... »

Ce document porte la date de 1844. Ne semble-t-il pas d'un âge éloigné du nôtre de plusieurs siècles. « A la garde de Dieu ! » quelle belle pensée ! et c'est un entrepreneur de roulage qui s'exprime ainsi !

Voilà ce qu'on était en France, il n'y a pas cinquante ans ! on rirait aujourd'hui de celui qui se servirait d'un langage pareil, et pourtant quoi de plus touchant ! C'est une formule, direz-vous ! soit, mais cette formule avait survécu à nos révolutions, parce que la foi elle-même survivait ! Aujourd'hui, pouvons-nous en dire autant !

Le 21 mai, j'ai rencontré à Puteaux, où elle est fort bien installée, une demoiselle Pauline Chevalier, femme du demi-monde, dont la vie a été marquée par les aventures les plus romanesques. J'ai remarqué chez elle les portraits de Méhémet-Ali et de l'ex-régent de Portugal, qui furent tous deux de ses amis. Cette petite dame avait chevaux et voitures et habitait une délicieuse villa.

Le 8 juin j'ai retrouvé à Paris M. Turgot, qui était ambassadeur de France à Madrid à l'époque de mon voyage dans la Péninsule. M. Turgot, qui avait épousé une demoiselle de la Moskowa, eut à Madrid un duel dont on a beaucoup parlé, avec un ministre Américain du nom de Soulé. Une discussion de salon, où notre ambassadeur se montra très-chevaleresque, car il s'agissait de défendre une femme, amena sur le terrain les deux diplomates. M. Turgot, quoique très-fort au pistolet, reçut, dans la rotule du genou, une balle qui l'estropia pour le reste de ses jours. Ajoutons que M. Soulé était un démocrate français, naturalisé américain, et que la haine politique ne fut pas étrangère à cette déplorable affaire.

Le 20 juin nous avons eu des élections à Paris. Ont été nommés députés : Émile Ollivier, Cavaignac et Darimon. Ces élections devaient nous coûter cher un jour. Le Gouvernement, très-mécontent de ce résultat, prorogea pour deux mois le Corps législatif. C'est une chose bien singulière que cette manie d'opposition des Parisiens, pourtant si intéressés au bon ordre. De quoi vivent les ouvriers de Paris en général? de travaux de luxe. Qui fait la splendeur de

Paris ? les réceptions officielles et les dépenses des gens riches et de la cour. Qui jamais a fait plus pour embellir cette ville que le régime impérial? Et cependant, pendant tout son règne, l'empereur n'a jamais pu obtenir des électeurs de la grande ville, un vote de confiance, je devrais dire de reconnaissance. A quoi faut-il attribuer ce mauvais esprit des élections parisiennes? à une seule cause : l'abstention et l'indifférence des conservateurs. Tandis que les ouvriers obéissent au mot d'ordre de leurs meneurs, les gens d'ordre, à Paris, ne s'occupent que de leurs affaires ou de leurs plaisirs et traitent la question politique avec une coupable indifférence. Je ne jurerais point, tant l'esprit français est léger et frondeur, que beaucoup d'entre eux ne s'amusent au fond du succès de la canaille et n'appellent de leurs vœux une petite émeute, à condition qu'ils en seront les paisibles spectateurs.

Ajoutons que le mode d'élections est absolument vicieux. On vote à la vapeur et pour des gens inconnus. Il y a des réunions de l'opposition. Il n'y en a jamais pour le parti de l'ordre. De plus, les circonscriptions électorales sont trop étendues. Si jamais le vote à deux degrés a été une chose désirable, c'est assurément à Paris où l'on ne se connaît un peu (et encore !) que dans sa rue ou dans son quartier.

Pendant que l'opposition triomphait à Paris, il y avait des mouvements à Naples, à Gênes et en Sicile;

c'était le commencement de cette révolution qui nous a causé tant d'embarras et qui ne nous a même pas valu la reconnaisance des Italiens, malgré notre sang répandu, malgré nos millions si généreusement offerts. Ah! que la politique sentimentale est une belle chose dans les livres, mais comme on devrait y renoncer dans la pratique de la vie. Les Anglais n'en font pas et ils ont bien raison. Mais nos pauvres Français sont toujours la dupe de leur cœur ou de leur imagination.

Je ne puis résister au désir de placer ici le récit d'une de ces espiégleries malicieuses dont l'auteur était d'ailleurs assez coutumier. J'avais commis l'imprudence de publier un gros ouvrage en 3 volumes intitulé *Voyage à Rome*. Mon père, toujours bienveillant, avait demandé un article à notre cousin René de Rovigo. Quel ne fut pas mon étonnement en lisant dans *le Figaro* du 16 juillet 1857, les lignes suivantes : « M. A. de X. demande à son père d'aller voyager et son père le lui permet à condition qu'il ne lui raconte pas ses voyages au retour. » Le tout était dans ce ton assez ironique. J'étais, je dois le dire, si mécontent, que j'avais déjà préparé un article où se trouvait cette phrase : « Et le public s'étonne de voir M. R. de X., héritier d'un grand nom qui doit tout à l'Empire, représenter, avec sa figure d'enterrement, encadrée dans une veste de bretteur, le personnage du croquemitaine de la légitimité. » J'en fus pour ma prose rentrée, car René déclara qu'il avait voulu parler de M. Alfred de Viel-Castel, aux oreilles duquel la chose ne parvint point du reste. Je n'en veux pas à la mémoire de mon cousin, qui avait peut-être raison au fond. Mais en y réfléchissant de sang-froid, je crois bien que le trait était à mon adresse.

Le 17 juillet a eu lieu l'enterrement de Béranger, l'autorité avait pris des mesures très-sévères. Comme, à Paris, tout est un prétexte pour l'émeute, on était fort inquiet. Cependant il n'y eut qu'une plus grande foule sur les boulevards et une manifestation pacifique qui avait pour but d'inquiéter le pouvoir, et pas du tout d'honorer notre aimable chansonnier.

Il y avait d'ailleurs des complots dans l'air.

Mazzini et Ledru-Rollin en étaient, disait-on, les auteurs; l'hospitalière Angleterre qui accueille tout le monde, amis et ennemis, était le théâtre où se tramaient tous ces noirs desseins. Ce qui n'empêcha pas l'empereur d'y aller faire l'entrevue d'Osborne. Il y avait là nos souverains, la reine d'Angleterre, lord Palmerston, lord Clarendon, M. de Persigny et le comte Waleswki. La politique constante de Napoléon a été de rester l'allié fidèle de l'Angleterre, et il faut avouer qu'aujourd'hui les Anglais se sont montrés reconnaissants. On a souvent dit chez nous que l'empereur était trop complaisant pour nos voisins d'outre-mer. Ce n'est pas cette politique

que je lui reprocherais. L'Angleterre n'a rien à craindre de nous et nous n'avons rien à redouter d'elle. Nos intérêts commerciaux et industriels sont tellement identiques que nous avons tout à gagner, de part et d'autre, au maintien de la paix. L'Angleterre est une puissance maritime et nous sommes une puissance territoriale. Plût à Dieu que nous eussions borné là nos complaisances, sans les porter de l'autre côté du Pô et du Rhin. C'est là que nous avons trouvé des ingrats !

Malgré le voyage d'Angleterre, le complot prenait de la consistance. On nommait les conjurés, c'étaient : Mazzini, Ledru-Rollin, Tibaldi, Grilli di Faro, Bartoletti, Massarenti, Campanella.

Le parti révolutionnaire traquait véritablement l'empereur. Celui-ci conservait malgré tout une sérénité qui ne l'a jamais quitté, même dans ses revers, et qu'on a osé lui reprocher. Il y a des gens cependant qui ont toujours cru que les complots étaient une invention de la police ; je le veux bien, mais il faut avouer que les agents de police qui poussent le sérieux de leur rôle jusqu'à se laisser guillotiner, sont des agents vraiment bien complaisants !

Cette année nous avons eu peu d'enthousiasme pour la Saint-Napoléon. Il faut croire que le temps, qui était mauvais, en a été la cause. D'ailleurs le peuple français commençait à se lasser. Il lui fallait du nouveau, c'est un peuple qui ne peut rien supporter longtemps.

Quand il a fait une révolution pour reconquérir ses libertés, il soupire après le tyran qui les lui reprendra.

Quand le sauveur (c'est ainsi qu'on nomme le lendemain de la victoire le tyran de la veille) a rétabli l'ordre et que la prospérité a été rendue aux Français, pendant quelques années, ils ne songent plus qu'au moyen de se débarrasser du maître qu'ils se sont donné. Le désir de le voir partir est si grand chez ce peuple inconstant que, sans scrupule aucun, il attend souvent de la mauvaise fortune ce qu'il n'ose espérer d'une révolution. C'est ce qui explique la joie momentanée qui accueillit la chute de Napoléon Ier. Il faut se dire ces choses-là tout bas, ne pas trop s'en vanter, car elles ne sont point à notre honneur, mais enfin c'est la vérité !

Le 10 septembre, après deux excursions à l'Isle-Adam et au Tréport que je passe sous silence, décidé que je suis à ne donner que des détails pouvant servir à l'histoire de ce temps, je suis allé déjeuner au café Foy avec un de mes amis, Édouard de Rodenas. Édouard, Espagnol de distinction, poëte et homme du monde, me présenta à Gonzalez Brabo qu'il connaissait beaucoup. Je passai donc quelques heures dans l'intimité de ce personnage, qui était alors ambassadeur à Londres.

Je me rappelle sa conversation, qui prouve que nos hommes d'État des pays latins jugent bien mal les races du Nord. Bravô n'avait rien compris au mécanisme des libertés anglicanes. Il m'avoua qu'il était peu enthousiaste de l'Angleterre et qu'il la croyait minée par le socialisme et par la révolution.

Il me prédit des catastrophes prochaines que nous sommes encore à attendre. Bravô, mort depuis, était cependant un esprit fin et distingué; mais un Espagnol comprendra difficilement le tempérament anglais, qui supporte impunément ce qui serait mortel chez nous.

D'ailleurs il ne faut pas s'exagérer la valeur des hommes d'État espagnols. Poussés au pouvoir par une émeute, ou par une intrigue de palais, ils n'avaient pas le temps d'étudier la politique, et comme ils restaient fort peu en place, le temps qui leur avait manqué avant leur nomination, leur faisait également défaut pendant leur courte apparition dans le gouvernement.

Ce que je dis de l'Espagne, il faut aussi le dire des autres pays de l'Europe, l'Angleterre exceptée; la démocratie et ses torrents ne laissent rien debout et ne permettent point de pousser des racines. La politique des grandes foules ne fera jamais que des idoles et produira peu d'hommes capables. Depuis que je réfléchis sur la politique, je n'ai vu que trois grands ministres dans l'époque contemporaine :

Bismark, Cavour et Antonelli. Un instant M. de Beust, après Sadowa, a paru concevoir un grand plan et quand on songe à ce qu'il a fait pour l'Autriche, on se demande si l'accusation de certaines gens qui l'ont pris pour un allié secret de M. de Bismark, n'était pas une pensée aussi profonde que malicieuse.

J'ai eu souvent l'occasion de rencontrer dans le monde de hauts personnages politiques et je prêtais avidement l'oreille à leurs discours. Ils m'ont toujours produit l'effet de ces trois célèbres médecins appelés en consultation auprès d'un moribond.

Les voilà enfermés dans une pièce voisine. Ils disent deux mots de la maladie, un sur le malade, et tombent vite d'accord pour approuver le confrère qui a signé les ordonnances. Puis la conversation change d'objet, et quand la famille anxieuse vient les trouver, on les arrache à une discussion scientifique ou mondaine qui n'a aucun rapport avec la consultation. De même les hommes de loi qui se donnent rendez-vous pour causer d'une affaire. On en dit deux mots, puis on parle de tout autre chose ; et ce malheureux client qui attend à la porte et qui croit bonnement qu'on s'occupe de lui ! Eh bien, nos hommes d'État sont de la même farine. Après deux phrases sur l'impôt, sur le traité de commerce, ce pape qui est si gênant, ces Italiens qui sont si ambitieux, ce peuple de Paris si hostile, on passe vite aux plaisirs du jour, à la pièce en vogue et on ne dédaigne pas de parler de la petite Nina ou de la petite Mimi ! On dira que j'exagère. Ah ! si je pouvais conter tout ce j'ai appris sur certains cabinets de personnages, on verrait que je suis au-dessous de la vérité.

Voilà pourquoi nous n'avons plus d'hommes d'État, on trompe un client, on trompe le public, mais on ne trompe ni Dieu ni la nature. Dieu se retire de nous et la nature ne nous donne pas avec la faveur qui nous a portés au pouvoir, le génie qui nous y fait rester.

Les grands hommes sont comme les arbres séculaires, il faut longtemps pour les former et ce n'est pas dans la vie légère et futile qu'on mène parmi nous, qu'il faut chercher les éléments d'une telle éducation. Nous avons des hommes instruits et des hommes d'esprit, mais ils manquent absolument de principes et de caractère.

Le 12 septembre je suis allé visiter le camp de Châlons où se trouvait campée la garde impériale. C'était une heureuse pensée qui me faisait supposer qu'on avait de grandes vues de réorganisation militaire. Malheureusement les bonnes intentions de l'empereur ne furent pas suffisamment secondées, et quand on en eut réellement besoin, le camp de Châlons ne rendit pas les services qu'on devait attendre de cette sage innovation.

Le camp était situé à 6 lieues de Châlons, un petit chemin de fer y conduisait. Le camp était placé entre les deux petits villages appelés le grand et le petit Mourmelon, près de celui de Bouille et à 10 lieues de Reims. Le quartier général de l'empereur, sorte de baraquement assez élégant, dominait le camp. L'infanterie était campée à droite du quartier général, les zouaves et chasseurs en face, l'artillerie de l'autre côté de la route du grand Mourmelon et la cavalerie à gauche du quartier général. Le camp avait une superficie de 14,000 hectares. Le terrain était très-mauvais. Une ancienne chaussée romaine le traversait, les mess des officiers étaient établis dans des barraquements, un autel placé au milieu du camp servait pour la messe militaire du dimanche. La garde comptait au camp environ 12,000 hommes.

Les soldats semblaient très-heureux, la vie des camps vaut mieux pour leur moral que celle des villes. Il y avait des théâtres improvisés. J'ai vu jouer une pièce au 1er grenadier, elle était intitulée *l'Aumônier du régiment*. Un enfant de troupe faisait le rôle de la jeune personne. Un fauteuil placé au milieu des stalles était réservé à l'empereur, qui venait se mêler familièrement au public.

J'ai assisté à une grande manœuvre où j'ai remarqué un certain désordre qui prouvait le besoin que nous avions de ces grands exercices d'ensemble qu'on ne pratique pas assez chez nous.

L'armée était placée à cheval sur la voie romaine ; l'aile gauche soutint un long combat, elle se composait des grenadiers, d'artillerie, des dragons et des lanciers. Au centre se trouvaient d'autres grenadiers, les zouaves et de l'artillerie; à droite il y avait les chasseurs, les guides et de l'artillerie, une grosse masse de cavalerie était en réserve, mais la droite ayant faibli, la cavalerie de réserve vint la renforcer.

A la troisième grande manœuvre l'armée marchait sur 8 colonnes parallèlement, ayant au centre l'infanterie et la cavalerie sur les deux ailes. A une lieue du camp, l'armée fit un à droite et se mit en bataille sur une ligne qui formait un demi-cercle. Il y eut un mouvement de conversion par colonne à droite assez bien exécuté, la cavalerie légère, chasseurs et guides, était à l'extrême gauche, une batterie l'appuyait. Au centre se trouvaient les grenadiers avec une autre batterie. La grosse cavalerie et la cavalerie de ligne étaient en troisième ligne sur la droite; en seconde ligne, il y avait les grenadiers et les zouaves.

Il y eut une canonnade assez vive à gauche, puis un feu de bataillon sur le centre qui céda, la droite ne bougeant pas, c'est alors que la gauche se forma en bataillons carrés en échiquier; ces bataillons se formèrent sur toute la ligne successivement, les batteries d'artillerie légère se placèrent alors en avant du centre, la cavalerie légère s'engageant entre les bataillons carrés pour soutenir l'artillerie. Il y avait un intervalle trop grand entre le centre et la gauche. La grosse cavalerie se porta vers cet intervalle par un mouvement qui fut subitement arrêté et elle passa ensuite entre les bataillons de la droite, pour appuyer la cavalerie légère qui opérait à gauche. Il y eut alors une charge immense de toute la cavalerie, ce qui fut un fort beau spectacle.

Ces mouvements furent répétés d'une façon plus heureuse dans la quatrième grande manœuvre qui se termina par une retraite, j'allais dire en bon ordre, par la force de l'habitude.

Je ne donne ces détails que pour montrer le soin que l'empereur prenait de l'éducation militaire de l'armée. Si ces manœuvres avaient été plus fréquentes, si depuis l'époque de la formation du camp de Châlons, on avait continué sans relâche jusqu'en 1870 l'instruction générale de nos troupes, nous aurions fini par avoir une armée invincible et des généraux préparés pour la victoire.

Malheureusement en France tout s'use et tout passe. Acceptée avec enthousiasme, l'innovation de l'empereur ne tarda pas à déplaire aux officiers eux-mêmes, et d'année en année, on diminuait le nombre des troupes qui allaient au camp et la durée du temps qu'elles y passaient.

Le motif de cette froideur était tout simplement

l'ennui que ce séjour forcé causait aux officiers, même aux généraux. On n'était pas bien à Mourmelon, il faut en convenir. Moi qui n'y suis venu qu'en amateur, voici comment j'y étais logé. J'avais une chambre chez une blanchisseuse. Cette chambre servait le soir de café pour des sous-officiers qui y jouaient aux cartes jusqu'à neuf ou dix heures. Dans le jour on y repassait le linge et on y faisait la barbe; le matin à trois ou quatre heures, un boulanger y venait chercher, dans un muids, le pétrin ou la farine qu'il y avait laissés, — c'était à en perdre la tête et pour un citadin qui était habitué au confort de la grande ville, il faut avouer que ce garni laissait à désirer. Depuis cette époque, la guerre nous a rendus moins difficiles, mais nous n'avions pas fait encore ce dur et salutaire apprentissage.

J'étais tellement ennuyé du bazar cosmopolite de la blanchisseuse, que j'obtins, à force de démarches, une chambre chez le maire de l'endroit. Ce digne magistrat m'allumait une chandelle le soir et j'aurais été à peu près tranquille chez lui, si je n'y avais trouvé des millions de mouches qui fêtaient ma venue, par le concert le plus assourdissant que l'on pût imaginer. Cela durait toute la nuit. Je me décidai à quitter le camp et les grandes manœuvres et à revenir dans la grande ville que l'on revoit toujours avec plaisir, malgré ses barricades et son esprit révolutionnaire.

Vers le 16 octobre, M. Jules Favre a plaidé une grosse affaire dans le Haut-Rhin, le procès du comte Jules Migeon. — Comme l'esprit public était tourné vers l'opposition et qu'il y avait dans cette affaire des allusions politiques, on lisait les journaux avec avidité. Ce procès et les discours de M. Jules Favre à la Chambre lui ont fait une réputation d'homme politique qui l'a porté plus tard au pouvoir. On sait le reste. C'est la meilleure défense que l'on puisse faire de l'Empire, que de le juger par les actes de ceux qui l'ont remplacé, après l'avoir fait tomber, dans un moment de grande infortune.

C'est le 24 septembre que les Anglais ont mis fin à l'insurrection indienne, par la prise de Delhi. A cette même époque, je dois signaler nne crise financière très-grave qui frappa l'Amérique, l'Angleterre et l'Allemagne. La France a su y résister et je n'hésite pas à penser que notre bonne situation, dans cette circonstance, doit être attribuée au traité de commerce qu'on a tant critiqué depuis et qui cependant a fait prospérer le travail national.

C'est le 31 octobre qu'on a enterré à Montmartre le général Cavaignac, mort à l'âge de cinquante-cinq ans. Le gouvernement a eu le bon esprit de ne pas prendre de dispositions militaires, en apparence du moins, et le peuple de Paris qui oublie vite les grands hommes, mais qui garde la rancune des insurrections vaincues, a montré à cette occasion une indifférence qui contraste avec les manifestations qu'on a faites depuis autour de la tombe du célèbre dictateur de juin 1848.

Il est rare que la mort ne fasse pas plusieurs victimes parmi les célébrités contemporaines. Cela tient probablement à une cause très-naturelle, c'est que les hommes de la même génération disparaissent en même temps. Il n'y a pas là d'autre mystère. Le 14 novembre, nous avons eu, en effet, après celles de Cavaignac, les funérailles de M. Abbatucci, un homme fort aimé de l'empereur, qu'il avait toujours fidèlement servi.

Les uns s'en vont, les autres viennent. — Ainsi va le monde. Le 28 novembre, la reine Isabelle est accouchée d'un fils qu'on appellera don Alphonse XII. Voilà donc une dynastie avec un héritier mâle. Ce n'est pas toujours une grande garantie de durée.

Pendant que les Espagnols se réjouissent à l'occasion de la naissance d'un prince, l'opposition française fait des siennes. M. Peyrat vient de s'attirer une réprimande du pouvoir, pour un article très-violent publié dans *la Presse* contre Carnot et Goudchaux. Ce journal a été supprimé du conp.

J'ai assisté le 8 décembre à une réunion de la Société du Berry qui a son siége chez M. Chaix, l'imprimeur des chemins de fer. Cette Société s'occupe d'agriculture, d'histoire et de littérature.

Elle a pour président le duc de Maillé, et par son

2.

influence elle a rendu de grands services aux deux départements du Cher et de l'Indre ; son secrétaire est un homme habile et actif qu'on nomme le docteur Fauconneau-Dufresne. Il est, avec l'honorable M. Chaix, l'âme de cette Société qui compte plusieurs années d'existence et dont les annales mériteront un jour d'être consultées par les hommes sérieux qui étudieront l'histoire du Berry.

Plusieurs savants ont bien voulu quelquefois prendre part aux travaux de cette Société. Dans la séance dont je parle, j'ai entendu M. le comte Jaubert, auteur d'un dictionnaire fort curieux sur l'origine celtique des noms berrichons. Je cite ce travail remarquable avec une certaine reconnaissance, car je dois à son auteur de connaître la signification de mon nom qui m'avait toujours paru assez étrange. Grandeffe n'est point un jeu de mots emprunté à l'alphabet, c'est un composé latin et celtique qui veut dire grand étang. Me voilà soulagé d'un grand poids et je me félicite d'avoir assisté aux séances de la Société du Berry,

Le lecteur retrouvera plus tard M. le comte Jaubert à l'Assemblée de 1871-72. C'est un homme instruit, aimable et fort considéré dans le Berry.

Pour passer à un sujet plus léger, je veux parler d'une petite soirée des Variétés où j'ai entendu Darcier chanter dans *les Poëtes de la treille*. Ce romancier est aux boulevards, ce qu'est Nadaud aux salons. La pièce ne vaut pas grand'chose comme morceau littéraire, mais il y a la fibre qu'on fait bien vibrer ; je n'en veux pour preuve que ces deux vers :

> Tant qu'on aimera,
> En France on chantera, etc.

Ah! pourquoi n'aime-t-on plus. Il faut le croire, car on ne chante guère de notre temps. Le soin des intérêts matériels, le souci d'une politique absurde, tout cela a tourné les têtes à l'envers, on dirait que notre peuple a conscience de son abaissement moral. Allons, reprenons notre vieille gaieté et nos vieilles mœurs d'autrefois et laissons là toutes les sottises qui ont fait fuir le rire de nos lèvres autrefois si joyeuses.

Voici encore un procès à la fois célèbre et triste, celui de la famille de Jeufosse. Un amoureux a été tué par un garde ; c'est Berryer qui a plaidé cette étrange affaire, elle a passionné le public avide de ces sortes de drames. La tragédie n'a pas cessé d'être dans nos goûts, seulement elle n'est plus au théâtre, c'est à la cour d'assises qu'il faut la chercher. Aujourd'hui, cette affaire est oubliée et je me garderai bien d'en rappeler les détails, mais elle m'inspire une triste réflexion : c'est que la vieille société se démolit pierre à pierre, pendant qu'une société nouvelle qui ne la vaut pas, s'élève rapidement sur un sable mouvant où l'on ne peut rien fonder de durable. Tout conspire à détruire le passé, les mœurs, les écrits, le scepticisme moderne, le matérialisme dans lequel nous vivons, et enfin les scandales et les folies des derniers représentants de l'ancien régime. Ah! qu'il est difficile de mourir avec dignité!

Le 20 décembre, entraîné par un ami, j'ai passé la soirée chez une femme du demi-monde. Il y avait là le comte de L. C., le marquis de M., le comte de L., le baron de B. On a joué au baccarat pendant quatre heures, sans parler. J'ai l'horreur du jeu, c'est pourquoi je suis resté dans un coin à déchiffrer quelques airs fort incomplets sur le piano. Je suis sorti avant la fin de la partie, navré de ce que j'avais vu et me promettant bien qu'on ne m'y prendrait plus. Voilà l'emploi que font de leur temps et de leur jeunesse, nos hommes de la haute société. Étonnez-vous ensuite que les choses marchent mal! Quand on comprend ainsi ses devoirs en haut, que doit-il se passer en bas?

J'ai quelquefois depuis revu ces jeunes gens dans le monde. Ils ont continué ce qu'ils avaient si bien commencé. Ce sont des nullités sociales. Ils ont une certaine facilité que leur donne leur éducation première. Il y a là un vernis bien trempé qui dure plus qu'on ne croirait, mais dessous, plus rien! le vide et le néant dissimulés par beaucoup d'aplomb et de suffisance!

Avant de passer à l'année 1858, disons deux mots de l'Empire.

Né d'un coup d'État, l'Empire avait été consacré par des millions de suffrages, les mêmes avant et après cette révolution d'en haut. Il ne faut pas se payer de mots. En nommant le prince Louis président de la République, les électeurs avaient voté contre la République. On ne nomme pas des princes présidents d'une république et si l'on avait le sens commun chez nous, personne ne dirait le contraire.

La France est tellement monarchique, que si M. Thiers eût été plus jeune et qu'il eût voulu se faire nommer dictateur, je parie qu'il aurait eu pour lui la majorité du pays.

De 1852 à 1857, la période de l'Empire la plus forte, la plus affermie vient de s'écouler : l'Empire était dans la plénitude de sa force politique. S'il en avait profité pour transformer les mœurs de la France, nous l'aurions encore aujourd'hui, même après nos ruines, car les âmes fortement trempées n'abandonnent pas dans le malheur le gouvernement de leur choix. Est-ce que François Ier et Louis XIV ont été détrônés, dans leurs jours d'épreuve ? Il faut vivre dans un temps comme le nôtre pour douter de ces principes si naturels. La plus grande faute de l'Empire est de n'avoir pas détruit la révolution dans les esprits, comme il l'avait vaincue dans la rue.

L'empereur qui était un esprit distingué, mais trop imbu des idées du jour, s'est laissé lui-même glisser sur la pente révolutionnaire. Il a gouverné avec des gens habiles, mais avec des sceptiques. Il s'est trop attaché à nous donner une prospérité matérielle inconnue jusqu'alors, mais que nous n'avons eue qu'au détriment de notre progrès moral. Autour de l'empereur, on était fasciné par la grandeur matérielle du pays et l'on traitait trop légèrement les questions morales.

La France a plus besoin de grands caractères que de grands talents. Les hommes d'esprit ne valent jamais les hommes de cœur. Il fallait retremper la nation dans une éducation virile. L'Empire le pouvait en 1852, dix ans après il était trop tard. L'édifice était déjà trop élevé, mais il n'avait que des façades gigantesques posées sur des assises trop peu solides.

CHAPITRE II

— 1858 —

On a souvent prêté à l'empereur Napoléon III des projets ambitieux, dans sa politique extérieure. On disait qu'il rêvait la revanche de Waterloo. Rien n'est plus inexact et je puis en donner une preuve empruntée à un incident bien modeste qui est venu à ma connaissance. Un de mes amis a publié, l'an dernier, un livre intitulé : *l'Empire d'Occident* ; il avait eu la pensée d'offrir son ouvrage à l'empereur par l'entremise du duc de Bassano. L'empereur, craignant sans doute que son approbation ne fût rendue publique, dans les journaux, refusa le patronage qu'on lui demandait. Cependant ce livre était prophétique à l'endroit de l'unité allemande, qu'il indiquait comme l'un des plus grands dangers de l'avenir. Aujourd'hui, moralement, l'empire d'Occident est fondé sur nos ruines, et si nous ne nous relevons pas, nous finirons par en faire partie malgré nous. Il n'y a que deux solutions possibles pour échapper à ce grand désastre : fonder la république des États-Unis d'Europe, ou trouver un grand monarque qui ramène la victoire dans nos armées et règne en maître des rives du Rhin à celles du Pô. Notre génération peut encore voir se réaliser l'un de ces grands projets, mais il n'est pas trop tôt pour se mettre à l'œuvre ; si elle reste inactive, nos descendants seront prussiens, à moins qu'ils ne soient cosaques.

Dans mon voyage de quinze ans autour des salons de Paris, j'avais deux amis auxquels je racontais mes impressions, l'un était Espagnol, l'autre Français ; le premier s'appelait Édouard de Rodenas, le second, Raoul de Villedieu. C'étaient deux hommes bien différents, mais également honnêtes. Édouard était devenu sceptique, à force de vivre avec des gens qui n'avaient point sa valeur morale. Raoul emporta dans la tombe ses illusions généreuses qui l'empêchaient de voir le mal qui se faisait autour de lui. Ils avaient tous deux une honorable et antique origine. Édouard descendait des barons de Rodenas, seigneurs d'Ayora, près Valence. La nature l'avait bien doué. Habile aux armes et ayant l'esprit cultivé, il maniait également l'épée de combat et la lyre du poëte. Il avait été l'ami du jeune et regrettable Espronceda. Rodenas a laissé, après sa mort, des poésies remarquables que j'ai conservées et qu'il n'a jamais voulu publier de son vivant. Raoul de Villedieu était d'une famille de l'Anjou et de la Bretagne. Il avait pour ancêtre un écuyer de Duguesclin. Lui-même avait fait partie de cette brillante garde royale qui servit d'escorte au roi partant en gentilhomme pour l'exil. D'une stature élevée, plein de distinction, la loyauté peinte sur le visage, Raoul était le type de ce gentilhomme français qui a survécu, dans quelques rares familles, à tous nos désordres intellectuels et moraux.

J'aurai quelquefois l'occasion de parler de ces deux amis et de faire connaître leurs impressions sur les faits que je raconterai. Voilà pourquoi j'ai tracé rapidement leur portrait qui méritait un meilleur pinceau.

Le 7 janvier, nous avons eu les plaisirs du patinage du bois de Boulogne. L'empereur y prenait part comme un simple mortel ; c'était fort imprudent, car le moindre accident pouvait compromettre la sûreté de l'État. Mais Napoléon se souciait peu du danger. Il avait une bravoure froide et stoïque qui ne s'est jamais démentie. Tel on le voyait au milieu des dangers de Paris, tel on l'a vu dans ses diverses campagnes, c'est une justice qu'on ne pouvait lui refuser. Plus tard, dans l'exil, sa pensée la plus amère a été qu'on ait pu douter de son courage. Les fables absurdes répandues dans le public, sont démenties par ses compagnons d'armes qui l'ont vu chercher la mort, sans la trouver, au milieu de la mitraille ennemie.

En France, on est si léger, que le héros de la veille devient facilement, le lendemain, un bouc émissaire.

Pour le moment, les Parisiens ne songeaient qu'à utiliser, dans les plaisirs les plus futiles, ces loisirs qu'ils devaient à l'Empire. On chantait, aux Variétés, la revue *Ohé, les petits agneaux*, qui nous a fatigué les oreilles pendant tant de mois et qu'on retrouvait partout dans la rue et dans les salons ! Comment s'expliquer l'engouement du Parisien pour certains airs qui deviennent populaires et qui ne répondent à aucune idée sérieuse ou élevée ! c'est de l'enfantillage, je dirai même de la gaminerie ! tous répètent ces airs comme des collégiens qui espèrent vexer leurs maîtres, en fredonnant un couplet qui ne signifie rien, mais qui devient séditieux, parce qu'on le défend.

Nous disions tout à l'heure que l'empereur était brave. Il eut l'occasion de le montrer le 14 janvier en allant à l'Opéra. Ce fut le jour des fameuses bombes d'Orsini. Sa voiture fut criblée de projectiles. Il y eut 10 chevaux tués, 14 personnes blessées et une dizaine de morts.

J'étais au bal chez une Américaine qui donnait de brillantes réceptions, madame Pilié, lorsque cette triste nouvelle parcourut le salon avec la rapidité de l'éclair; les coupables étaient nommés : c'étaient le comte Orsini, Pierri, Silva Goumès. Le carbonarisme en voulait à l'empereur. Ce dernier, digne et calme, était descendu de sa voiture, avait donné le bras à l'impératrice, et recevait, peu après, dans la salle de l'Opéra, l'accueil enthousiaste d'une foule sympathique qui protestait contre l'attentat.

Il s'en était fallu de bien peu que le crime ne réussît complétement. L'assassin chargé de tuer l'empereur venait d'être reconnu à l'angle de la rue Le Peletier par un agent de police qui l'arrêta, au moment même où il allait se diriger vers la voiture impériale.

Cet événement produisit dans Paris la plus pénible impression; les esprits étaient exaspérés à cause du nombre des victimes. On ne pouvait plus dire que c'était un complot imaginaire, comme cela s'était répété si souvent dans les journaux de l'opposition.

Ce fut, pendant quelques jours, la seule conversation des salons. Chacun voulait connaître les détails de cette terrible affaire. On racontait que le comte Orsini, qui préparait depuis longtemps son odieux attentat, avait réussi à se faire inviter à un bal des Tuileries. On frémissait à la pensée des malheurs qui seraient arrivés s'il avait exécuté son plan au milieu d'un bal de la cour. Les habitants de la maison où il était logé, rue Monthabor, avaient aussi couru les plus grands dangers, pendant que le meurtrier y préparait ses bombes. On se perdait en conjectures sur le motif d'un pareil crime ! l'opinion la plus répandue était qu'il fallait y voir une vengeance des Carbonari.

Au fond, il n'y avait là que cette pensée, aussi fausse qu'absurde, que l'empereur était le seul obstacle à la révolution italienne, et que, lui disparu, les révolutionnaires restaient maîtres du terrain, en Italie, d'abord, en France après.

Certains esprits ont voulu voir dans cet attentat le point de départ d'une politique nouvelle de l'empereur à l'égard de l'Italie. Le caractère de Napoléon répugne à une pareille concession. Il faut plutôt se rappeler la fameuse lettre au colonel Edgard Ney, qui prouve suffisamment que l'empereur avait toujours eu la pensée d'intervenir, tôt ou tard, dans l'affranchissement de l'Italie. Quoi qu'il en soit, beaucoup de gens ont cru voir dans l'attentat d'Orsini la cause du changement de la politique extérieure de l'Empire.

Les autres événements de la semaine toujours si nombreux et si variés à Paris, ont été la représentation du *Fils naturel*, de M. Dumas fils, et la mort de la reine d'Oude, décédée, 40, rue Laffitte, dans un hôtel.

Il n'y a qu'à Paris qu'on puisse assister à de pareils événements. Une reine indienne y vient mourir et le Parisien, curieux et léger, ne voit dans ce malheur royal qu'un de ces nombreux spectacles dont il est si friand. Il en parle pendant huit jours, puis tout est oublié !

J'ai assisté, le 28 janvier, à une de ces scènes si fréquentes dans la vie de bohême de nos gens de lettres. Roger de B. nous avait invités, un ami et moi, à voir une de ses pièces. Il nous conduisit d'abord au café, et quelle ne fut pas ma surprise de voir que cette invitation se transforma en un souper dont nous fîmes les frais, mon ami et moi. R. de B. emprunta même de l'argent à la dame de comptoir et ce petit emprunt fut porté sur notre note. Bien entendu, il ne nous fut jamais rendu. Ce petit incident me rendit plus prudent dans mes autres voyages au pays de la république des lettres !

La France vient d'être divisée en cinq grands commandements militaires. Ont été nommés : à Paris, Pélissier ; à Lyon, Castellane ; à Tours, le maréchal Canrobert ; à Toulouse, Baraguay-d'Hilliers ; à Nancy, Bosquet.

On a beaucoup blâmé cette nouvelle organisation militaire qui, malheureusement, comme tout ce qui se fait en ce pays, ne fut pas assez sérieusement constituée pour nous rendre, au moment de la guerre, les services qu'on en devait attendre. Chez nous, la politique gâte tout. Ce qui n'était qu'une institution militaire devint une machine gouvernementale et ne servit que pour l'intérieur, tandis qu'elle aurait dû servir à notre organisation militaire, en vue d'une guerre que tout le monde prévoyait.

L'Empire, encore sous le coup des émotions de l'attentat de janvier, entra dans une phase de répression. Le ministre de l'intérieur, M. Billault, fut remplacé par le général Espinasse.

Le 13 février, j'ai assisté, à la Madeleine, aux obsèques du comte de Rayneval, ancien ambassadeur de France, à Rome. M. de Rayneval était très-aimé dans l'entourage du Saint-Père. Homme conciliant et distingué, c'est peut-être celui de nos ambassadeurs qui a le mieux compris la politique de la cour de Rome.

Le même jour eut lieu l'exécution d'Orsini et de Pierri, à 7 heures du matin. Il y avait une forte escorte de gardes de Paris à pied et à cheval. Pierri parut le premier sur la sinistre plate-forme. Il voulut parler au peuple. Malgré sa résistance on l'entraîna vers la guillotine. Orsini était pâle et calme. Sa vue produisit une grande impression sur la foule.

Comme les Français ont toujours une plaisanterie à faire, même dans les moments les plus solennels, des gamins crièrent « vive Orsini » au passage de la voiture qui emportait les restes des suppliciés ! Ce cri séditieux, qui n'était pas intelligent, excita l'hilarité des gendarmes de l'escorte. Tel fut le seul incident de ce triste drame qui terminait un attentat odieux oublié quelques jours après.

C'est à cette époque, au mois de mai, qu'il faut placer un événement dont on parla beaucoup dans Paris, le duel de M. Henri de Pène avec un officier nommé M. Hyène. M. de Pène, qui écrivait dans *le Figaro*, crut pouvoir faire, à propos des soirées des Tuileries, une plaisanterie fort innocente sur la voracité des sous-lieutenants qui donnaient l'assaut au buffet impérial. Tel était alors l'esprit de l'armée, que cette critique y souleva des tempêtes et que mille duels auraient paru à l'horizon sans l'issue fatale des premiers. M. de Pène, avec un grand courage, accepta toutes les provocations. Il venait même de subir les secousses d'un premier combat, lorsqu'on le força, contre toutes les règles du duel, à en accepter un second séance tenante. Les témoins de M. de Pène étaient René de Rovigo et M. Peyra. Comment n'ont-ils pas empêché ce second combat, c'est ce que personne n'a compris. Le résultat en fut déplorable. De Pène reçut deux coups d'épée, par une remise de main de son adversaire, le sous-lieutenant Hyène, et on le transporta mourant dans une maison située au pont du Pecq. Cet événement, qui avait failli lui coûter la vie, fut le commencement de sa fortune littéraire. Il devint tout à coup le point de mire de toutes les sympathies. Sa longue maladie mit un terme à l'excitation des esprits dans l'armée et enleva au gouvernement une inquiétude qui prouvait assez les difficultés de la situation. Lorsque plus tard l'empereur décora M. de Pène, on assure qu'il se rappela le duel du Vésinet et parut, avec sa bonté trop peu connue, satisfait de pouvoir dédommager le sympathique écrivain des épreuves de ce douloureux événement.

J'ai assisté, le 10 juillet, au concours régional de Limoges, où j'eus l'occasion de voir au bal du préfet le comte de Coëtlogon, Son Altesse impériale le prince Napoléon. Il rappelle parfaitement la figure de l'empereur Napoléon Ier. Le prince est un homme instruit et distingué. Cependant, il faut avouer qu'il n'a jamais su gagner les sympathies du public. Pourquoi cette impopularité persistante ? Il faut l'attribuer à diverses causes. Le prince déplaisait aux militaires, parce qu'il n'avait jamais eu de rôle important à la guerre. Il déplaisait aux partisans de l'Empire, parce qu'on le supposait en hostilité avec son cousin. On disait même que le Palais-Royal était une cour rivale de celle des Tuileries.

L'exposition de Limoges fut très-brillante, elle révéla les richesses agricoles du centre de la France et inaugura ce régime protecteur qui développa rapidement l'industrie agricole et fut l'une des gloires du règne de Napoléon III. C'est dans cette pensée sans doute que l'empereur avait envoyé son cousin présider cette fête, à laquelle il ne pouvait assister lui-même. Les paysans, même dans les pays les moins favorables à l'Empire, étaient sensibles à cette attention du pouvoir, et ces fêtes agricoles ont beaucoup contribué à augmenter la popularité de l'Empire dans les campagnes.

Vers le mois d'août, dans la même pensée de progrès et d'amélioration, le gouvernement inaugurait le fameux bassin de Cherbourg, qui fut l'une des œuvres les plus remarquables du dernier règne. Ces fêtes brillantes et utiles faisaient une grande impression sur les populations qui aiment toujours les grands spectacles. Elles prouvaient d'ailleurs une grande activité de la part du pouvoir, et si tous ces travaux sont oubliés aujourd'hui, il n'en faut pas moins reconnaître qu'ils ont beaucoup contribué à la prospérité dont nous jouissons encore, après tous nos malheurs.

L'Empire n'avait pas éteint, comme on le dit, le développement intellectuel des esprits. Je n'en veux pour preuve, entre mille productions, que le *Fils naturel*, de Dumas fils, ou l'*OEdipe roi*, de M. Jules Lacroix, représenté en septembre à l'Odéon. Il y avait dans cette traduction de beaux vers qui ont été fort bien accueillis par ce public qu'on dit blasé sur tout.

Nous avons eu une comète ces jours-ci. Déjà, en 1853, pareille visite nous avait été faite. Je n'ai jamais vu tant de signes dans le ciel que pendant ces dernières années ; est-ce la prédiction de l'apocalypse qui se réalise !

Le 10 octobre, j'ai dîné, avec mon père, chez M. le vicomte Arthur de La Guéronnière. Il y avait à cette table le comte de Coëtlogon, préfet d'Alger, et M. Paulin Limayrac, rédacteur du *Constitutionnel*. Ce n'était pas précisément un dîner de plaisir, c'était une réunion d'affaires. Nous voulions acheter *la Patrie*, que M. Delamarre voulait vendre 1,600,000 francs, tandis qu'elle ne lui avait coûté que 1,500 francs en 1848. M. de La Guéronnière y serait resté comme rédacteur en chef. Il avait un plan fort libéral : je me souviens qu'il nous disait que la France n'aimait pas le servilisme ; c'était, je crois, une illusion généreuse qui a perdu l'Empire. La Commune s'est chargée de répondre à cet aphorisme, sans qu'il soit nécessaire de rien ajouter.

Puisque je parle de deux publicistes qui ont joué un rôle dans la république des lettres, qu'on me permette un léger croquis de leurs personnes : M. de La Guéronnière était un homme de talent qui possédait par-dessus tout une imagination très-poétique. Il a beaucoup écrit et ses ennemis l'avaient nommé l'*archi-brochurier* de l'Empire. Il fut toujours libéral, et quoique fort en faveur à la cour, n'est jamais arrivé plus loin que le Sénat. Il est peut-être regrettable qu'il n'aie pas eu le portefeuille d'Émile Ollivier. Plus versé dans la politique et moins absolu dans ses idées que l'ex-avocat du vice-roi d'Égypte, il ne nous eût jamais jetés dans les embarras qui ont entraîné la chute de l'Empire.

M. de La Guéronnière était un homme doux et bienveillant, qui avait une grande qualité : il ne disait jamais de mal de personne. Mais il avait un terrible défaut; il était excessivement distrait : ce défaut lui fit beaucoup d'ennemis. Assailli par mille solliciteurs, il ne sut jamais les éconduire, et comme on ne peut contenter tout le monde, il s'attira des rancunes et des animosités terribles !

M. Paulin Limayrac, que ses familiers appelaient de Limayrac, a longtemps fait, dans *le Constitutionnel*, la critique littéraire. Ce n'était pas un critique bienveillant. On n'avait pas accès auprès de lui comme on voulait. Il n'encourageait pas les jeunes auteurs. C'était un homme du métier. Le journaliste parvenu n'aime pas les écrivains qui débutent. Ce sont des importuns qui veulent leur part du gâteau. L'art n'a rien à faire en tout cela. Il faut bien le dire, c'est un métier. Aussi les gens en place vous reçoivent-ils assez mal quand ils supposent que vous avez la pensée de vous faufiler dans leurs rangs. M. Limayrac est mort jeune et son nom a été vite oublié ! Ce sera le sort de bien des hommes de talent de ce siècle qui se sont montrés trop personnels.

Tant qu'ils sont là, on les ménage, on les craint. Une fois disparus, personne ne les regrette, parce qu'ils n'ont pas su se faire aimer et se faire regretter.

La combinaison nouvelle pour l'achat de la *Patrie* ne réussit pas et tout se borna à quelques réunions et à quelques dîners. C'est souvent le résultat le plus clair des affaires qui se traitent entre gens du monde.

La presse est une grosse puissance de nos jours, mais il n'est pas si facile qu'on croit d'avoir sa place à ce soleil plus ou moins brillant. On parle beaucoup de la liberté de la presse ; l'eût-on absolue, qu'on n'aurait pas encore la liberté d'écrire. Ce serait un monopole plus grand aux mains des journalistes qui n'entendent pas du tout ouvrir leurs rangs au public. J'ai beaucoup connu de journalistes dans ma vie et je me suis aperçu que c'est une corporation qui combat toujours *pro domo sua*. Ils ne sont pas hospitaliers et se défient toujours des nouveaux venus. On dirait que leur prose est une marchandise, et si la vôtre n'est pas sur la cote officielle, on la refuse impitoyablement. L'idée dans tout cela est une chimère reléguée au second plan, et quand on n'est pas de la maison, eût-on cent fois plus de talent et d'esprit que les familiers du lieu, on n'est point reçu dans le cénacle et on reste dehors, sans que personne songe à vous ouvrir. En somme, c'est une triste chose que le métier d'écrivain par le temps qui court. J'en connais qui l'ont fait toute leur vie et qui sont morts de faim ; tandis que les élus ne les valaient pas. Il faut être du sérail, en connaître les détours, y vivre de la vie qu'on y mène. Ce n'est pas donné à tous les tempéraments. On a dit que l'Empire était hostile à la presse, c'est une de ces graves erreurs qu'il faut laisser croire aux niais, c'était une machine de l'opposition. Jamais gouvernement n'a tant fait pour la presse ! Bien loin de proscrire la presse, l'Empire en vivait. Il en a fait une puissance de l'État, sa grande faute fut de lui donner trop d'importance. Il faut se rappeler toutes les faveurs dont les journalistes étaient l'objet. On voulait les gagner et non les dominer, l'empereur était lui-même écrivain, il avait des faiblesses pour tout ce qui tenait une plume. Jamais les journaux n'ont été plus nombreux et plus lus que sous son règne, je crois même qu'on poussait la faveur jusqu'à des concessions d'argent qui n'étaient que de très-petits moyens de gouvernement.

L'Empire n'a même jamais sévi contre les feuilles importantes qui prêchaient l'immoralité et l'irréligion, les journaux à un sou qui donnaient au peuple des romans de cour d'assises se vendaient en toute liberté. On ne se figure pas le mal que ces publications ont fait dans les classes ouvrières. L'ouvrier qui lit peu, a surtout besoin de bonnes lectures et chaque jour il trouvait dans ces petits journaux, des contes absurdes sur l'ancienne France, sur la religion, sur les classes élevées, qui devaient entretenir ses penchants révolutionnaires. On n'a jamais combattu sérieusement ces fâcheuses tendances. Qu'on s'étonne ensuite de se réveiller un beau jour, au milieu d'une révolution qui veut tout détruire et qui proclame la satisfaction des appétits les plus grossiers ! Ce résultat n'est que logique. L'Empire a tenu vingt ans la révolution dans une cage ; le geôlier parti, le prisonnier a pris sa revanche. Ce n'est pas étonnant. Le 23 novembre j'ai fait une excursion en Allemagne avec le comte Alfred de La Guéronnière. Nous sommes allés rendre visite à la grande-duchesse Stéphanie de Bade, tante de l'empereur Napoléon III. En passant à Strasbourg j'ai remarqué dans le temple protestant de Saint-Thomas, le tombeau du maréchal de Saxe. Dans une chapelle voisine, j'ai vu deux momies très-bien conservées, elles sont là depuis quatre cents ans. Ce sont le comte de Nassau Sarbruck et sa fille; les souliers et le bonnet datent de l'époque, le visage du comte est assez bien conservé ; on voit même quelques poils de la barbe et de la moustache.

Je n'ai pu résister au désir de voir la cathédrale, magnifique édifice du IIe siècle, de style byzantin à l'intérieur et de style gothique à l'extérieur. C'est Hervius de Steenback qui en fut l'architecte. Sa fille y a sculpté une belle colonne représentant le jugement dernier. J'ai vu la fameuse horloge de M. Chevillier qui date de 1839-1843. J'ai entendu sonner l'heure, j'ai vu deux anges avec un enfant sonner la demie. Un vieillard les précédait ; ils passèrent devant la Mort qui sonna l'heure. M. Chevillier prétendait que l'homme doit se reposer la nuit, mais que la mort ne se repose jamais, aussi c'est toujours elle qui sonne les heures, nuit et jour.

C'est à la fois une horloge et un almanach des temps vrais, moyens, sidéraux, de la marche du soleil, de la lune, des astres, des années, du comput ecclésiastique. Rien n'a été oublié, c'est un véritable chef-d'œuvre.

On voit dans l'église le tombeau de Conrad de Leichtenberg qui a donné sa fortune pour la construction du fameux clocher. Ce clocher a 437 pieds d'élévation.

Nous avons dîné, M. de La Guéronnière et moi, chez le préfet, M. Migneret, homme fort distingué qui fut depuis conseiller d'État et qui m'a paru être un administrateur très-capable.

Le 15 novembre, nous sommes arrivés à Manheim, je fus présenté à la grande-duchesse Stéphanie qui avait fort grand air et recevait à merveille. Il y avait auprès d'elle une charmante personne, mademoiselle de Freystedt, qui plus tard épousa M. Olympe Aguado. La grande-duchesse paraissait affectionner beaucoup sa demoiselle d'honneur, j'ai été frappé de la conversation sérieuse du salon. Ces dames étaient au courant de tout ce qui se publiait chez nous. Elles m'ont même parlé des livres de M. Cousin. J'avais honte de notre paresse, car en France nous lisons peu ces livres sérieux; on honore leurs auteurs, mais on se garde bien de faire leur connaissance. Nous aimons mieux les romans et les journaux amusants.

La grande-duchesse Stéphanie nous a raconté des détails intéressants sur le séjour de l'empereur en Suisse, elle aimait beaucoup son neveu. La grande-duchesse a dû être fort belle. J'ai vu à Heidelberg un camée qui la représente dans sa jeunesse et qui ne laisse rien à désirer sous le rapport de la beauté.

Comme détail assez piquant de la conversation, je me rappelle qu'il fut question des candidatures officielles que blâmait M. Alfred de La Guéronnière, la grande-duchesse l'écoutait avec une grande bienveillance. Que pense aujourd'hui le frère du sénateur des candidats que l'abandon du pouvoir laisse amener à l'assemblée par ces électeurs qui votaient autrefois pour des conservateurs? Avec le système de l'abstention on arrivera à n'avoir que des radicaux! les candidatures officielles n'ont jamais été plus nécessaires.

En revenant d'Allemagne, nous nous sommes arrêtés un jour à Épinal, chez le préfet des Vosges, M. le baron Charles de La Guéronnière, frère de mon compagnon de route. L'empereur aimait beaucoup ce jeune préfet qui était un homme énergique et distingué. Il est mort depuis, au moment où il venait d'être appelé à la préfecture de Toulouse.

Nous voici de retour à Paris, nous reprenons le train ordinaire de la vie parisienne : les dîners, les promenades aux Champs-Élysées, aux boulevards, les visites de jour et les soirées. On ne s'imagine pas combien toutes ces choses occupent la vie, malgré le vide qu'elles y laissent. Ce sont des riens absurdes, c'est du bruit, toujours du bruit. Quand on veut se recueillir, il ne vous reste rien de sérieux dans l'esprit, et cependant on aime cette vie, peut-être parce qu'elle passe vite et fait oublier les ennuis que chaque jour apporte. J'ai voulu quelquefois prendre des notes sur les conversations du grand monde aux jours de réception, et, quand je relis ces notes, j'ai presque envie de rougir de les avoir écrites : j'y vois par exemple un mot de la comtesse D... qui disait à un vénérable pasteur : « Monsieur le curé, ne trouvez-vous pas qu'il faut que les époux soient assortis, dans les li...ens du mariage ! » Et chacun de rire en répétant cette absurde plaisanterie, plus digne d'une fille de marbre que d'une femme du monde ! Voilà ce qu'on apprend dans les visites à certains jours, c'est bien la peine de se croire dans la capitale de la civilisation !

Rien n'est plus léger en effet que le ton des conversations de salon à Paris. Je me rappelle avoir vu dans le monde, les hommes les plus sérieux, les personnages les plus haut placés, et avoir éprouvé une grande déception en les entendant parler. Je rencontrais souvent, lorsque j'étais très-jeune, un président de cour, M. Partarrieu-Lafosse, chez une femme du monde de mes amies. Ce magistrat ne se doutait guère qu'il était observé par un homme prenant des notes pour des mémoires destinés à être publiés vingt ans après. Eh bien, j'avoue que les conversations du président m'ont souvent embarrassé, et cependant j'ai été habitué à entendre bien des choses à Paris.

Il avait de l'esprit, même du style, et le latin, qu'il connaissait à fond, lui eût mieux convenu que le français, pour braver l'honnêteté dans les mots qu'il nous faisait entendre. Quand je pense que ce président, si léger dans un salon, qui racontait si finement, avec tant de complaisance des historiettes grivoises, interrogeait gravement, le même jour, des malheureux ayant eu surtout le tort de prendre la vie plus au sérieux que lui, je me dis que nous sommes un drôle de peuple et que chez nous rien n'est vrai ni solide.

J'aurai souvent l'occasion de parler de ces conversations de salon, et je dois dire que j'ai toujours éprouvé de l'étonnement en voyant de près les grands du jour.

Malheureusement, je ne puis dire tout ce que j'ai entendu, ni raconter tout ce que j'ai vu. J'ai assisté à des scandales qu'on ne peut faire connaître que dans des mémoires posthumes ; je connais trop mes contemporains pour dire tout ce que je pense d'eux. Chez nous, il y a trop de mesquine jalousie, de basse rancune, pour qu'un honnête homme puisse dire toute la vérité. Il deviendrait vite un ingrat ou un affreux calomniateur. Non, on ne peut pas dire qu'un tel grand seigneur fut un voleur heureux ; que telle grande dame fut une messaline éhontée ; que tel ministre donnait des places aux maris des femmes complaisantes: que tel conseiller est arrivé à la cour, par l'alcôve ; que tel grand projet politique fut préparé *inter pocula!* non ; on ne peut rien dire de tout cela. Il faut attendre l'heure de la justice divine ! elle sonne toujours tôt ou tard et c'est le seul tribunal qui ne se trompe jamais.

Ce n'est pas que l'Empire ait été une époque plus immorale qu'une autre. On lui a fait sous ce rapport une fausse réputation. La corruption est née en France dans les idées à la suite de la Révolution, et je fais remonter la Révolution à l'époque des mœurs dissolues de la régence et de Louis XV. L'Empire a trouvé une nation légère, désorganisée, démoralisée, ne croyant plus à rien qu'à l'argent et à la force.

L'Empire avait pour lui la force, on l'a respecté ou plutôt on l'a craint, tant que cette force a duré. Son grand tort fut de ne pas refaire les mœurs de la nation. On a vécu sous ce rapport, dans l'entourage de l'empereur, en une erreur bien funeste. On vivait au jour la journée, on ne s'occupait pas de la bête féroce qu'on croyait si bien muselée ! la prospérité matérielle avait tourné toutes les têtes. On s'amusait, on s'enrichissait, on jouait, on riait, on plaisantait, cela devait durer toujours ! on ne voyait pas la fumée du volcan qui annonçait l'éruption.

Soyons de bon compte. Il ne faut pas en vouloir à l'empereur. C'était un homme de bonne volonté, qui avait réellement l'intention de bien faire. Je crois qu'il resta impuissant, paralysé dans ses bonnes intentions. Henri V viendrait lui-même, avec sa foi de chevalier chrétien et sa loyauté de gentilhomme, qu'il lui faudrait peut-être renoncer à l'espoir de réformer ce peuple à jamais perdu ! Vingt ans de férule et de sabre ne suffiraient pas pour nous corriger, le mal est trop enraciné dans les esprits et dans les cœurs !

Une seule puissance pouvait nous régénérer, la religion : eh bien, on n'en veut pas ! Sauf quelques familles du faubourg Saint-Germain qui ont l'air d'y croire, le reste des hautes classes n'en veut pas entendre parler. L'empereur était sincèrement disposé à défendre la religion et à la faire respecter. On disait même qu'il protégeait l'Église, tant notre langage a des mots singuliers ! Eh bien ! son entourage a toujours été voltairien et il a eu pour ministres des hommes qui ne croyaient à rien !

Si Brantôme vivait, il aurait pu faire un livre sur les salons de Paris et parler de mainte historiette grivoise que connaissent nos contemporains : « l'estampille du cabinet de M. le ministre, » — « l'éponge de l'encrier de Son Excellence, » — « le sabre du beau-père vidangeur, » — « les duchesses, » — etc... Ma plume se refuse à conter ces anecdotes. Je n'en rends pas d'ailleurs l'Empire responsable. S'il y a eu des maris trompés, si nous avons eu une foule de bâtards et d'enfants sans nom, ce n'est pas la faute de l'Empire. Je ne dirai pas, comme cette personne surprise dans la rue par un orage : Il fait un temps abominable, quel affreux gouvernement !

La monarchie légitime a connu ces désordres et les a quelquefois tolérés. Personne n'eut plus d'enfants naturels que le roi-soleil. L'Empire a trouvé la nation fort corrompue et il l'a laissée telle qu'il l'avait trouvée ! Voilà le grand reproche que lui fera l'histoire.

L'Empire pouvait tout faire, le bien comme le mal. Il avait carte blanche. Il n'a pas fait le mal, mais il ne l'a pas assez combattu. L'empereur avait dans la main de mauvais éléments ! — On a dit qu'il était sceptique et ne croyait pas à la vertu. Ce doit être une erreur, car on l'a trop facilement trompé et on ne trompe que les hommes de bonne foi.

Il y a eu cependant sous l'Empire des efforts généreux qu'il ne faut pas oublier. On compte par centaines les établissements de bienfaisance fondés sous le patronage de l'impératrice, et la bourse de l'empereur a toujours été largement ouverte à toutes les infortunes.

Si l'on voulait faire le relevé de toutes les sommes que l'empereur a données, comme pensions, comme secours, comme primes d'encouragement aux nouvelles inventions, aux améliorations utiles, on verrait facilement que sa liste civile suffisait à peine à satisfaire tant de besoins si généreusement soulagés ! L'empereur avait une charité inépuisable. Il donnait à tous et partout. Son entourage ne peut avoir oublié ses bienfaits. Il était bon jusqu'à la faiblesse. Voilà le trait dominant du caractère de celui qu'on a nommé le tyran de décembre. On n'a jamais voulu oublier le coup d'État, et personne n'a songé que l'élu du 10 décembre n'avait été nommé par la majorité des électeurs qu'en haine de la République. C'est ce qui explique la majorité qui a ratifié ce coup de la force. C'étaient bien les mêmes électeurs qui confirmaient leur premier vote.

Maintenant on a tout oublié, depuis que l'empereur est tombé victime de malheurs inouïs que personne ne plaint parce que nous les partageons tous et que la nature humaine est égoïste. Mais si l'on voulait réfléchir un instant, y eut-il une infortune pareille à celle de ce souverain naguère entouré de tous les rois de l'Europe, ses hôtes et ses amis, et plus tard délaissé, abandonné de tous et devenu seul responsable de nos revers!

On a été jusqu'à lui reprocher d'avoir rendu son épée ; mais c'était un acte de générosité incomprise. Il s'est trompé, il est vrai. Il croyait à la magnanimité du vainqueur qu'il jugeait d'après lui. Il a pensé que sa captivité mettrait fin à la guerre. C'était une grave erreur, mais une erreur toute patriotique.

L'empereur a dû faire de tristes réflexions sur l'instabilité des alliances, lui qui naguère avait à sa cour tous ces princes restés depuis insensibles à ses malheurs. L'Europe aussi est restée muette devant tant d'infortune. Les rois étrangers étaient cloués par la peur dans leurs palais. Il n'y a pas jusqu'au Danemark qui pouvait faire une utile diversion, qui n'ait pas bougé, dans la crainte de se voir annexé à l'Allemagne. Disons-le avec douleur, après cet exemple, l'Europe est à la merci du plus audacieux. Que demain la France, régénérée et retrempée, soit gouvernée par un prince capable et ambitieux, que la nation réunie en un faisceau sous une main de fer, ne fasse plus qu'un seul homme obéissant à une seule volonté, que cette volonté la pousse à une revanche, ramène la victoire sous nos drapeaux, vous verrez cette même Europe trembler devant nous comme elle a tremblé devant les Allemands. Personne alors ne viendra au secours de nos ennemis, s'ils sont les plus faibles, et personne n'arrêtera l'invasion française, comme personne n'arrêta l'invasion allemande.

Voilà toute la morale de la politique moderne. Le monde est au plus fort, comme dans nos sociétés le succès est au plus audacieux. C'est le régime cynique des faits accomplis et des gens heureux ! Voilà notre époque. Ce n'est pas l'Empire qui l'a faite. Son grand tort fut de ne pas la défaire !

Puisque nous parlons du caractère de l'empereur, je me rappelle une anecdote que m'a racontée Raoul de Villedieu, qui, avec sa foi bretonne, croyait à la destinée et aux pressentiments. L'empereur étant prisonnier à Ham, faisait sa promenade sur le préau, situé au haut de la citadelle. Arrivé là, il était avec un compagnon de captivité qu'il entretenait de ses espérances d'avenir, et comme ce dernier semblait incrédule, l'empereur sauta sur le parapet du préau et lui dit : « Vous voyez, je puis tomber dans le vide, mais il n'en sera rien, car j'ai ma destinée à accomplir et je ne crains aucun accident. »

Raoul disait que l'empereur était fataliste et qu'il avait en effet une grande foi dans son étoile. Je surprendrais bien des gens si je disais que cette foi n'avait pas été ébranlée par les malheurs de 1870.

L'empereur croyait qu'il reviendrait. Son calme fut le même dans l'adversité et dans la prospérité.

CHAPITRE III

— 1859 —

L'année a commencé par une baisse de deux francs à la Bourse. On commente les paroles de l'empereur à M. de Hubner, ambassadeur d'Autriche, à la réception du jour de l'an.

Napoléon parle peu ; quand il le fait, on répète ses paroles pendant quinze jours. L'Autriche, inquiète, masse 30,000 hommes en Lombardie. Le roi de Sardaigne fait un discours belliqueux à l'ouverture des Chambres. Ce roi des marmottes se sent soutenu par un puissant voisin. Il est hardi, en attendant qu'il soit ingrat. C'est un fin diplomate que ce roi-caporal. Sous une apparence de bonhomie soldatesque, il a toute la ruse et toute l'astuce italienne. Nous l'apprendrons plus tard à nos dépens. Quant à présent, l'alliance se resserre par le mariage du prince Jérôme-Napoléon avec la princesse Clotilde, fille du roi de Sardaigne.

Je suis allé pour la première fois, le 14 janvier, dans une maison dont j'aurai souvent l'occasion de parler à cause de l'hospitalité princière qu'on y trouvait; il y avait bal ce soir-là chez madame Charles Heine, la fille de madame Furtado. Il est impossible de dire le bon goût, la gaieté et l'entrain de ces charmantes soirées. Je n'ai jamais rien vu de pareil dans ce froid faubourg Saint-Germain dont on vante tant les réceptions ! Il est vrai que madame Heine a une fortune colossale et qu'à Paris, contrairement aux principes d'Harpagon, on fait toujours de grandes et bonnes choses avec beaucoup d'argent. J'ai rencontré, à ce premier bal, beaucoup de personnages du grand monde et surtout du monde officiel. L'hôtel de madame Heine, situé rue de la Pépinière, est un petit palais et en même temps un musée qui vaut celui de bien des villes.

M. J. Michelet vient de publier un livre sur l'*Amour*. Je ne connais rien de plus ridicule que cette manie des professeurs de vouloir s'occuper de ce qui ne les regarde pas. Je conçois qu'un médecin écrive sur l'amour conjugal. Il y a même un fort mauvais livre qui a paru sous ce titre. Mais un savant, un professeur d'histoire, va passer son temps à parler de l'amour ! Eh, monsieur, laissez ce soin à vos élèves, ils en sauront plus long que vous et n'ont pas besoin de vos leçons ; ce n'est pas dans les livres qu'on apprend l'amour. Votre prose n'en dira jamais autant que deux prunelles d'adolescent ou de jeune fille ! Ce livre, vu le goût très-faux du public, a eu du succès. On s'imagine peut-être qu'on va faire l'amour, chez nous, autrement que du temps de nos pères. Nous sommes si bêtes avec nos prétentions ! Je ne connais pas de gens plus entichés d'eux-mêmes que ceux d'à présent ! Voilà un savant et un public qui, sérieusement, s'occupent d'un livre sur l'amour. Mais depuis le commencement du monde, cette chose existe sans qu'on ait besoin d'écrire des traités sur la matière.

Édouard de Rodenas, qui, en sa qualité d'Espagnol, en est resté aux vieilles traditions, me dit que nous sommes fous en France d'attacher de l'importance à ce radotage d'un échappé de la Sorbonne. Je crois qu'il a raison ! S'il vivait aujourd'hui, il serait calmé, car ce livre est devenu bien inoffensif. On n'en parle plus !

J'ai assisté à un bal chez madame Émile de Girardin (la seconde), mademoiselle de Tiffenbach. Cette soirée a été fort brillante, j'y ai rencontré la princesse Czartoriska, la vicomtesse de Chabrol, madame Heine, MM. de Barthélemy, de Foucaucourt, de Miramon, de Sayve, de la Croix. M. de Girardin était fort sérieux. C'est un homme dont la pensée travaille toujours, je crois même qu'elle travaille trop ! Dans le bon vieux temps, il y avait l'heure du travail et celle de la récréation ! Aujourd'hui, certaines personnes sont condamnées, par leur talent même, aux travaux forcés à perpétuité.

Eh bien, je n'hésite pas à dire que rien de bon et de sérieux ne peut sortir d'une cervelle aussi tourmentée ! M. de Girardin est un homme extraordinaire, mais je le crois très-malade, intellectuellement parlant; c'est un esprit qui ne sera tranquille que dans l'autre monde ! Édouard de Rodenas, qui a écrit beaucoup de choses, me disait souvent : Je ne veux rien publier, car je n'ai pas la prétention de troubler l'esprit de mes contemporains avec mes propres rêves, le monde marche assez bien depuis des milliers d'années, et je ne vois pas pourquoi les écrivains d'aujourd'hui auraient la prétention de découvrir ce que n'ont point vu leurs nombreux prédécesseurs. La société actuelle est malade à force de systèmes, d'inventions, de constitutions, de réformes, etc... C'est comme un estomac qui aurait consommé toutes les drogues d'une pharmacie ! de grâce, laissez-le se reposer, et si vous voulez placer vos médicaments, adressez-vous ailleurs et ne tuez pas mon pauvre malade !

Le 24 janvier, nous avons réuni chez ma mère quelques personnes qui ont dîné à la maison. Il y avait là : le duc de Valmy, le vicomte Arthur de La Guéronnière, M. Dumont, ancien ministre, M. de Chancel, M. et madame Cochin, M. l'abbé de Beauvais, curé de Saint-Thomas-d'Aquin, etc... Ce dîner fut suivi d'une conversation fort curieuse sur la question du pouvoir temporel. Je veux la rapporter ici pour montrer quel était alors l'état des esprits. M. de Beauvais défendait le pouvoir temporel. M. de La Guéronnière en était aussi partisan, quoique d'une façon moins absolue, M. le duc de Valmy l'attaquait et M. Cochin nous faisait la déclaration suivante : c'est parce que je suis un catholique convaincu que je voudrais voir le prestige moral de la papauté relevé par l'abandon de ce pouvoir qui n'a rien de chrétien. Quelques jours plus tard parut la fameuse proposition des évêques réunis à Rome, et M. Cochin désavoua, dans une brochure, l'opinion trop radicale qu'il avait émise devant nous. Depuis lors, nous ne l'avons plus revu. Je crois que le souvenir de cette soirée l'importunait. Voilà pourtant où en étaient arrivés, sous l'empire des fausses doctrines de ce temps, des esprits distingués et des hommes de bien qui donnaient, sans le savoir, dans le travers des révolutionnaires ! A cette époque, on causait beaucoup de cette question dans les salons. Il y avait des femmes du meilleur monde qui ne craignaient pas d'accuser le pape d'un aveugle entêtement.

Dans l'entourage de l'empereur, sauf l'impératrice, on était généralement hostile au pouvoir temporel. Ce fut l'une des grandes fautes de l'Empire de l'avoir laissé s'amoindrir. Il fallait exiger le respect du traité de Villafranca. Cet abandon n'a profité qu'à nos ennemis.

C'est le 3 février que le prince Napoléon a ramené sa jeune épouse à Paris. Il y avait une salle d'attente à la gare de Lyon. La princesse Clotilde est simple et n'a rien d'agréable. On dit que c'est une princesse très-vertueuse; elle fut toujours très-respectée à Paris, sans qu'on se soit jamais beaucoup occupé d'elle; on en pensait du bien. Mais cela ne suffit pas pour attirer l'attention des Parisiens.

Je viens de lire la fameuse brochure *Napoléon III et l'Italie*, qui est de M. A. de La Guéronnière; c'est une préface de la grande campagne qui se prépare.

Le 9 février, j'ai été présenté à M. de Morny par M. Valette, secrétaire de la présidence; j'ai assisté à la brillante réunion de la présidence. M. de Morny faisait admirablement les honneurs de son salon. Il avait fort grand air et se rappelait le nom de tous ses invités, qui étaient nombreux. Sa physionomie était fine et réservée. Il y avait quelque chose de princier dans son attitude et dans sa démarche. Cependant il avait plus de raideur que nos vrais

princes d'autrefois ; on sentait qu'il comprenait trop
la puissance que donne aujourd'hui le succès et le
pouvoir. Quand on en avait l'habitude par la naissance, jadis on savait mieux porter sa bonne fortune et moins la faire sentir aux autres.

M. de Morny était très-bien doué par la nature. Il
avait de l'esprit, de la grâce et une certaine séduction qui lui gagnait même les gens prévenus contre
lui. Il présida longtemps le Corps législatif, et dans
les rangs de cette assemblée, il se trouvait beaucoup
de gens qui n'aimaient pas M. de Morny, mais chacun rendait justice à son impartialité et à sa manière habile de présider. Il obtint un résultat inouï
pour qui connaît tous les détails de la vie contemporaine, ce fut de commander le respect à une assemblée
nombreuse et d'y acquérir une autorité qui venait
bien plus du président que de l'homme. On a beau
dire, les traditions sont dans le sang, et celui qui
est né pour commander aux autres parvient toujours
à se faire obéir, même dans nos temps démocratiques.

M. de Villemessant a fait dernièrement, dans *le
Figaro*, un portrait fort réussi du duc de Morny. Il
n'a pas tout dit, et il s'est montré bienveillant pour
le personnage dont il peignait les traits (d'un pinceau fort habile.

Je ne sais ce qu'il y a de vrai dans tout le mal
qu'on a dit du duc de Morny ; n'étant point dans
les affaires, il m'a été fort difficile d'en juger, et je

n'aime pas raconter ce que je n'ai pas vu moi-même. Toujours est-il que certaines gens étaient fort sévères à l'endroit du duc. Je crois que ce dernier avait un besoin immense de ce luxe moderne, qu'on n'obtient qu'avec beaucoup d'argent. Il était très-prodigue, et, à sa mort, il n'a pas laissé la fortune qu'on croyait.

Dans les affaires de l'État, le duc avait le jugement prompt et sûr. Il n'était pas facile à entraîner, et il est probable que, s'il eût vécu, beaucoup de fautes eussent été évitées. Il avait une grande influence sur l'esprit de l'empereur, qui connaissait son dévouement à sa personne. On lui a reproché d'avoir créé la personnalité politique de M. Émile Ollivier. M. de Morny, si tant est qu'il fut l'auteur de cette création, ne rêvait assurément pas pour elle les destinées qu'elle a eues plus tard.

Comme président du Corps législatif, il avait deviné qu'il serait facile de détacher de la gauche un habile *leader*, et il ne songeait qu'à un petit moyen parlementaire. Après lui, on est allé beaucoup trop loin.

J'ai fait la connaissance d'un avocat très-honorable, mais très-original, qui a dîné à la maison. Il s'appelle M. de Place. Il a des théories très-absolues; elles font un tel contraste avec celles de nos contemporains, que je ne puis m'empêcher de les faire connaître. M. de Place, qui est un admirateur de

Veuillot, croit au règne prochain de la justice, à la sainte alliance des rois ; il nous annonce des révolutions sanglantes destinées à nous régénérer. Selon lui, la Révolution de 93 n'était qu'un prélude qu'il faut faire remonter jusqu'à Luther. Je serais allé jusqu'à Caïn, ce n'est pas plus difficile ! M. de Place croit à l'alliance du catholicisme et de la liberté. L'Inquisition, les bûchers étaient, selon lui, des moyens de défense employés par l'Église contre ses ennemis. Il ne croit pas à la révolution ; il ne voit dans ce camp aucune organisation, partant aucun danger.

Je n'ai pas revu M. de Place, mais je voudrais savoir ce qu'il pense des radicaux actuels et de la Commune !

J'ai assisté, le 25 février, à un beau bal chez la duchesse d'Istrie, qui habitait, à cette époque, un hôtel de la rue Saint-Florentin, devenu la propriété des Rothschild. Cette soirée était fort brillante. Il y avait là tout le faubourg Saint-Germain, qui ne fuit pas, comme on le croit, les salons des nobles du premier Empire. J'ai remarqué à ce bal deux jeunes Polonaises fort admirées, mesdemoiselles Swieckoska ; l'une d'elles a épousé depuis le marquis de Noailles. La plus jeune, avec laquelle j'ai dansé, avait des appréciations très-justes sur notre pays ; elle aimait notre littérature. Il y avait une certaine poésie dans son langage : elle disait que le soleil du midi est comme un sourire gracieux de la nature. Il n'y a que les femmes du Nord pour oser dire ces choses-là ; une Française craindrait d'être ridicule ! L'enthousiasme n'est point son affaire. Nous avons eu à dîner, le 26 février, le célèbre peintre de marines, M. Gudin. Il était constellé de décorations, ce qui l'a fait prendre pour son homonyme le général, par un jeune lieutenant de nos amis qui était parmi les invités. M. Gudin est un homme fort aimable, quoique affreusement distrait. C'est lui qui, rencontrant un ami qui venait de perdre son père, lui en demanda des nouvelles. Comme peintre, malgré son incontestable talent, M. Gudin a eu des ennemis. Il n'a jamais pu faire accepter par le musée son fameux tableau de l'Arrivée de l'empereur à Gênes, qui méritait si bien les honneurs de nos grandes galeries. J'ai vu travailler M. Gudin, et je me rappelle encore ces bouquets de fleurs dont il avait semé le parquet de son atelier du château Beaujon, pour peindre d'après nature les fleurs jetées au devant de notre souverain, par l'éphémère enthousiasme des Italiens.

On a reproché au grand peintre ses couleurs trop éclatantes ; mais ce qu'on ne peut lui refuser, c'est un grand sentiment de poésie qui donnera plus tard une valeur inappréciable à quelques toiles qui sont de vrais romans en action. M. Gudin, quand je l'ai connu, possédait le château de Beaujon, qui était un véritable musée. Toujours artiste, le pro—

priétaire n'a pas su vendre à temps ce bel immeuble qui eût fait la fortune d'un bourgeois habile en affaires.

Pendant que nos troupes évacuaient les États du pape, ce qui était le prélude de la révolution italienne et de notre guerre contre l'Autriche, le monde officiel ne songeait qu'aux grandes réceptions et aux bals masqués. Ce fut le grand divertissement de l'Empire. Les deux plus élégants furent ceux de M. Fould et de M. de Morny. Raoul de Villedieu assistait au premier, en costume de Figaro et au second en officier de gardes-françaises. Nous échangions nos impressions sur les personnages politiques qui circulaient dans ces beaux salons. Ce qui était fort curieux, c'était de voir l'empressement de la foule autour de certains dominos qu'on supposait, souvent à tort, être l'empereur et l'impératrice, c'était à qui se ferait intriguer par ces dominos augustes et souvent les chambellans et les dames d'honneur, objets de la méprise, s'amusaient aux dépens des curieux et jouaient fort bien leur rôle jusqu'au bout. Il y avait toutefois une grande surveillance à l'entrée de ces bals. On obligeait les invités à se démasquer devant un maître des cérémonies qui inspectait tous les visages. On craignait toujours quelque complot.

On parle d'une guerre entre l'Italie et l'Autriche ; l'empereur passe une grande revue de la garde impériale au Champ-de-Mars. Ces grands spectacles militaires ont été très-fréquents sous l'Empire. Leur but était plus politique que militaire. C'était un moyen de calmer les révolutionnaires parisiens. Il faut avouer que le moyen n'était pas mauvais, car ils n'ont jamais bougé que quand l'Empire n'avait plus d'armée.

Notre affaire d'acquisition de *la Patrie* a échoué; elle est remplacée par un projet nouveau : *le Courrier de Paris*. M. de La Guéronnière est toujours dans la combinaison projetée, mais on veut nous imposer un directeur, c'est M. Hippolyte Castille. L'empereur, dit-on, veut contribuer à la fondation du journal, en donnant 50,000 francs. Cette affaire échoua comme l'autre et se termina par la fondation de *l'Opinion nationale*, que M. Guéroult prit à notre place.

Je ne raconte ces faits que pour montrer l'importance qu'on attachait aux journaux sous l'Empire.

Pendant que la politique est guerrière, Paris s'amuse comme toujours. On a donné à l'Opéra-Comique *le Pardon de Ploërmel*, musique de Meyerbeer. C'est tout à fait insignifiant, mais il y a une valse du maître qui a fait longtemps les délices des salons.

L'empereur est parti le 11 mai pour l'armée d'Italie ; l'impératrice est régente : *Alea jacta est !*

Le 22 mai, nous avons eu une première rencontre

avec les Autrichiens; c'est l'affaire de Montebello. Ce fut une victoire pour nos armes.

Qui donc protégeait les faiseurs? En voici deux qui passent en police correctionnelle pour avoir fait des opérations de Bourse, sans être revêtus d'un caractère officiel. Je tais leurs noms, car ce temps est si drôle qu'ils sont aujourd'hui des personnages, très-décorés, s'il vous plaît! Allons, la France est un bon pays pour tout le monde!

Nous avons eu, ces jours-ci, une belle exposition des œuvres d'Ary Scheffer. Cet homme de génie a fait revivre avec son pinceau les personnages de l'admirable poëme de Gœthe! Rien n'était beau comme cette Marguerite et ce Faust! Il y avait aussi une belle toile représentant le roi de Thulé. Nous serons longtemps sans revoir une pareille galerie!

Le 5 juin, grande bataille de Magenta. 5,000 Autrichiens prisonniers, 15,000 hommes hors de combat. Illuminations dans Paris. Cette bataille a valu plus tard au général de Mac-Mahon le titre de duc de Magenta. On raconte que l'empereur, au milieu de ses grenadiers de la garde, fut surpris par un corps de 15,000 Autrichiens et que le général de Mac-Mahon, par une heureuse diversion, fit gagner la bataille. Il est vrai de dire que la fermeté des grenadiers de la garde permit au vainqueur d'arriver à temps!

Après Magenta, nouvelle victoire de Marignan:

c'était le beau temps ! Montebello, Palestro, Magenta et Marignan, voilà quatre belles étapes !

Les zouaves se sont admirablement battus à Palestro. Ils ont traversé à la nage un canal pour aller prendre une batterie ennemie !

Si j'étais Brantôme, je raconterais ici une petite scène scandaleuse que je retrouve dans mes notes. C'est une aventure digne d'un don Juan. Couvent, cornette, jeune fille, tout y est, excepté l'enlèvement ! Pères de famille, veillez sur vos filles à Paris, surtout quand elles sont jolies et qu'elles ont vingt ans ! Le 22 juin, la garde nationale de mon quartier était sous les armes. Le souffle guerrier avait passé dans les buffleteries blanches des soldats citoyens. C'était ma première garde. On nous avait donné rendez-vous à huit heures du matin ; je dois constater qu'à neuf heures et demie seulement la troupe était rangée en bataille près du Palais de l'Industrie. Nous allâmes à l'Hôtel de Ville, garder un poste et une porte déjà suffisamment surveillés par la garde municipale. Nous avions un service d'honneur ! Le caporal me mit en faction sans me donner de consigne. C'était du reste bien inutile, car déjà tous les hommes avaient déserté le poste. Cela dura jusqu'à cinq heures ! Alors, quittant les cartes, les cafés et les billards, ces braves guerriers se réunirent en riant sur l'asphalte de l'Hôtel de Ville et rejoignirent en groupes peu réguliers le quartier des Champs-Élysées.

Le peloton diminuait à vue d'œil au profit des voitures et des omnibus qui passaient près de nous, et, au rond-point, nous n'étions plus qu'un petit nombre de fidèles. Quelle belle chose que les soldats citoyens ! Et dire que cette magnifique institution est aujourd'hui supprimée !

On annonce une grande victoire. C'est la bataille de Solférino. Nous avons pris 30 canons, 3 drapeaux et 7,000 ennemis. Les Autrichiens se retirent derrière le Mincio.

On a beaucoup critiqué cette bataille ; les gens du métier ont dit que nous n'avions pas su en profiter, que nous pouvions détruire l'armée autrichienne en la poursuivant. L'empereur, qui jugea plus prudent de traiter, se montra sage et généreux. Malheureusement les Italiens nous ont empêchés plus tard de profiter de notre victoire. Là commencent les grandes fautes de notre politique étrangère. Vulgairement parlant, nous avions tiré les marrons du feu.

Les marrons ne tardèrent pas à être mangés par nos alliés. Voilà la révolution italienne qui commence. Il y a eu des massacres à Pérouse. Le roi d'Italie envoie 8,000 hommes à Bologne et à Ferrare. C'est le pape qui va payer les frais de la guerre. Enfin, la paix de Villafranca est signée, l'Autriche nous cède la Lombardie, que nous donnons à l'Italie. On propose une confédération italienne sous la prési=

dence du pape. Ce n'était pas l'avis du roi d'Italie, mais c'était le projet de l'empereur. La suite montrera qui l'a emporté. Le 20 juillet, l'empereur explique sa politique aux grands corps de l'État ; il dit dans son discours que « placé entre l'alternative de faire la paix ou de s'allier à la Révolution en ayant l'Europe contre lui, il a préféré faire la paix. »

Il y avait dans ce langage un aveu précieux à recueillir et qui montrait le côté faible de notre politique. Voilà où mène la guerre pour une idée ! C'est toujours l'histoire des marrons entre Bertrand et Raton.

En attendant l'entrée solennelle des troupes de l'armée d'Italie dans Paris, on a établi un camp à Saint-Maur. Les bons bourgeois y vont le dimanche. Les turcos ont beaucoup de succès, les femmes en raffolent. C'est un spectacle curieux que de voir tous ces ménages d'épiciers visiter les tentes de nos soldats !

Le dimanche 14 août a eu lieu l'entrée dans Paris des troupes victorieuses de l'armée d'Italie. J'ai remarqué plus de curiosité que d'enthousiasme. Les Parisiens sont si drôles !

Cependant la garde nationale fut appelée à former la haie le long des boulevards pour recevoir notre brave armée. — Le défilé des zouaves fut particulièrement remarqué ; — ils avaient une chèvre, des chiens et des oiseaux sur leurs sacs. — Un régiment de ligne, le 74ᵉ, avait son drapeau fort abîmé. — Le bourgeois de Paris faisait des commentaires sur la tenue de nos troupiers qui avaient encore leur costume de campagne. Il faut avouer que leur air martial respirait encore la victoire.

Toute cette exhibition, qui aurait dû produire un grand effet sur ce peuple léger, ne donna lieu qu'à des fêtes et à des jeux de mots. On faisait circuler au Palais de Justice, parmi les gens de robe, une plaisanterie très-fine que j'ai retenue au passage. La voici : un épicier endimanché conduisait son fils au feu d'artifice du 15, jour de la fête de l'empereur. Le bambin avait demandé la veille à son père pourquoi les zouaves étaient accompagnés d'une chèvre. M. Prudhomme, ne voulant pas perdre son autorité et ne sachant que répondre, dit à son fils : « Je te le dirai plus tard, si tu es sage. » Or, il arriva qu'au feu d'artifice le gamin se perdit dans la foule. Grand émoi des parents. Quand le drôle fut retrouvé, son père lui dit pour le punir : « Tu ne sauras pas pourquoi les zouaves ont une chèvre ! » Le gamin répondit : « Je le sais ! » Le père, fort intrigué et désirant lui-même s'instruire, lui dit : « Comment le sais-tu ? — Je l'ai demandé tout à l'heure à un zouave, pendant que tu me croyais perdu ! — Eh bien, vilain enfant, qu'est-ce que le zouave t'a répondu ? — Que les zouaves ont une chèvre, parce que le colonel l'a permis ! »

Cette plaisanterie faisait la joie des robins, qui y voyaient un trait à l'adresse de l'armée. — Voilà ce qu'on dit en France, dans les grandes occasions !

La fête du 15 fut assez brillante. Il y eut des illuminations. Cependant la population est restée très-froide. Le Parisien n'aimait pas l'empereur, sans doute parce qu'il avait beaucoup fait pour lui.

Je suis allé à Versailles rendre visite à un vieil ami de mon père dont je veux parler ici, car c'est un personnage assez curieux. Il s'agit d'Ossian Verdeau, qui donna son nom au passage Verdeau. Il avait été l'élève et l'ami du P. Enfantin. Verdeau est resté fidèle aux doctrines saint-simoniennes. J'ai eu souvent l'occasion de causer avec lui, et je dois dire que, fort honnête homme d'ailleurs, il n'avait aucune fixité dans les principes les plus importants de la morale et de la politique. Verdeau fut surtout un homme d'affaires comme tous les disciples d'Enfantin. Il fit, défit, refit plusieurs fois sa fortune, et ses idées ne me donnèrent pas une grande confiance dans la solidité de sa secte philosophique.

Verdeau était un homme d'esprit, fort amusant, mais très-léger. Il ressemblait beaucoup à un autre philosophe que j'ai connu et qui s'appelait Goupy. Ce dernier, ancien banquier, fit de mauvaises affaires, traduisit en vers les odes d'Horace et finit sa vie chrétiennement, fort heureusement, après avoir divagué quarante ans sur la politique et la morale.

Cette campagne d'Italie qui vient de finir me remet en mémoire une page des OEuvres de Napoléon III qui montre combien ce prince a conservé sur le trône les idées souvent trop généreuses qu'il avait dans l'exil. Voici la citation : « Mais toi, France de Henri IV, de Louis XIV, de Carnot, de Napoléon, toi qui fus toujours pour l'occident de l'Europe la source des progrès, toi qui possèdes les deux soutiens des empires, le génie des arts pacifiques et le génie de la guerre, n'as-tu plus de mission à remplir? épuiseras-tu tes forces et ton énergie à lutter sans cesse avec tes propres enfants? Non, telle ne peut être ta destinée! Bientôt viendra le jour où, pour te gouverner, il faudra comprendre que ton rôle est de mettre dans tous les traités ton épée de Brennus en faveur de la civilisation. » Ce passage, qui pourrait s'appliquer à notre époque actuelle, explique les fautes de l'Empire, par les illusions trop généreuses de l'empereur.

Faisons nos affaires avant de faire celles des autres. Il faut avouer que bien des esprits distingués ont contribué à augmenter ces tendances fâcheuses de l'Empire. M. de Girardin, écrivain remarquable, mais dangereux, parce que c'est un logicien dont les prémisses sont mauvaises, vient de publier une brochure intitulée : *Napoléon III et la France*. Il y demande la liberté absolue, la neutralité de l'Italie, la décentralisation !

Ce sont ces grands mots qui nous ont perdus.

L'empereur avait une grande faiblesse pour ces innovateurs qui le renient aujourd'hui, après l'avoir conduit à l'abîme.

Le grand malheur de notre époque, c'est qu'elle a produit beaucoup trop de ces réformateurs qui se croient appelés à régénérer le monde, ou qui le disent! J'en ai connu plus d'un et j'ai toujours regretté le temps qu'ils m'ont fait perdre. En Italie, lorsque j'étais à Rome, il m'est arrivé de croire aux projets d'un certain prince grec appelé Jacques Pitzipios qui se disait le représentant de la révolution orientale. Ce personnage singulier, qu'on a beaucoup vu depuis à Paris, était parvenu à obtenir du pape Pie IX des subsides pour travailler à la réconciliation de l'Église grecque avec l'Église romaine. Il avait même fondé dans ce but une Société chrétienne orientale dont le siége était à Rome. La Propagande avait publié un ouvrage de l'agitateur sur l'Église d'Orient. Tout cela s'est terminé d'une façon très-prosaïque, par de nombreux emprunts faits à la bourse de Français trop crédules, par un livre écrit contre le pape et intitulé le Romanisme, enfin par un assassinat dont fut victime, en Orient, le malheureux prince qui rêvait à son profit la restauration du trône chrétien de Byzance. Voilà bien le monde moderne des dupes et des intrigants! Malheureusement ces derniers sont les plus habiles, et malgré les tours qu'on leur joue, les dupes ne se découragent jamais ! — Il y a dans tout cela une grande altération du sens moral et une grande incertitude sur les principes et la ligne de conduite.

Je suis allé passer quelques jours à la campagne, en basse Normandie; j'ai chassé dans un vieux château situé au bord de la mer. Comme la vue des champs repose de l'agitation fébrile d'une grande ville ! Le soir, au retour de la chasse, dans la prairie du parc, quel spectacle poétique ! La nuit étendait son voile sur la nature, le soleil dorait les nuages de ses rayons, une brise fraîche et parfumée s'élevait des gazons, et déjà au milieu du chaos qui succède à l'agitation du jour, on entendait dans le lointain des bruits mourants, charmant langage de la nature à moitié endormie. C'était le mugissement des génisses ; la chanson des laboureurs qui ramenaient leurs couples de bœufs au pas lourd et pesant; le croassement des corbeaux, allant chercher un abri dans les rameaux les plus élevés des arbres ; la voix aiguë des jeunes bergers et surtout les chants légers et doux des jeunes filles occupées à presser de leurs doigts agiles le sein fécond des génisses. Rien n'était plus charmant à l'oreille que ce concert harmonieux de la nature. Cette harmonie n'est point connue de ceux qui habitent le séjour bruyant des grandes villes !

CHAPITRE IV

— 1860 —

Le pape, dans son allocution du jour de l'an à M. de Goyon, blâme la brochure *le Pape et le Congrès*. L'empereur, dans sa lettre du 31 décembre, avait été moins explicite. Voilà un brouillard politique presque aussi intense que celui qui règne à Paris depuis quelques jours. C'était le commencement de la double politique que nous avons eue en Italie et qui nous a été si fatale.

Nous avions à dîner le 12 janvier deux généraux, MM. Allard et de Clonhar, et M. de Savignac, ancien directeur de la presse au ministère de l'intérieur. Trois personnages politiques! Le général Allard était un homme distingué et bien doué! Il a souvent pris la parole, dans les discussions du Conseil d'État, avec beaucoup d'autorité. Il jouissait d'une grande influence dans les Deux-Sèvres, où il a longtemps présidé le conseil général. M. de Clonhar, homme aimable et brave soldat, est poëte à ses moments de loisir. Il descend d'une ancienne famille irlandaise. Tous les hommes de lettres se rappellent la sympathique figure de M. de Savignac, chargé spécialement du service des journaux, pendant son séjour à la place Beauvau. Ce régime administratif avait du bon et l'on ne voyait pas alors les écarts étranges auxquels la presse nous a habitués depuis cette époque. Chez un peuple fier et railleur, comme le peuple français, il y a toujours un grand danger à ne pas surveiller les denrées de l'esprit qu'il est aussi funeste de falsifier que celles de l'alimentation publique. M. de Savignac est une preuve vivante de la douceur du régime auquel la presse était soumise sous l'Empire.

Elle était en tutelle, cela est vrai ; mais il n'est pas encore démontré que chez nous elle ait atteint la majorité légale. Cette tutelle valait mieux cent fois que le régime soi-disant libéral de la Commune.

On nous a présenté, l'autre jour, un homme fort connu dans le monde des lettres et qui a dirigé longtemps avec succès *le Courrier du Dimanche*. Je veux parler de M. Ganesco, ce jeune Valaque qui aimait plus la France que son propre pays. J'avais déjà rencontré M. Ganesco, il y a quelques années, au bal chez madame Pilié. Il dansait beaucoup et avait une brochette très-garnie de décorations. M. Ganesco était un homme d'esprit qui a failli entrer dans la politique militante, par les élections de Montmorency. Depuis la chute de l'Empire, son rôle était plus effacé et il semblait être rentré tout à fait dans la vie privée. M. Ganesco qui a eu beaucoup de jaloux, pour ne pas dire d'ennemis, dans ce bienveillant Paris, avait du moins le rare mérite, comme journaliste, de donner au public des informations puisées à de bonnes sources. Plusieurs fois, les faits sont venus confirmer des assertions du *Courrier du Dimanche* démenties par la presse officielle. Cela suffisait pour donner de l'importance au journal et à son directeur, dans un temps où l'opposition était particulièrement en faveur dans les salons.

La cour a pris le deuil le 30 janvier, à l'occasion de la mort de la grande-duchesse Stéphanie de Bade, tante de l'empereur ; cette princesse était née en 1789.

Dans le monde parisien, la série des grands bals a commencé. Il y en a eu un fort beau chez la marquise de Chasseloup-Laubat, la femme du général. Elle habitait rue Marbeuf, dans un fort bel hôtel précédé d'une vaste cour. On voyait dans ses salons toute la bonne société du faubourg Saint-Germain. Madame de Chasseloup faisait les honneurs de son bal avec une grâce parfaite. On remarquait cependant sur son visage une certaine contraction nerveuse qui venait sans doute de la maladie qui l'emporta quelque temps après. Il n'y a que les femmes du monde pour recevoir, le sourire aux lèvres. quand elles ont la mort dans le cœur, ou une maladie cruelle qui les ronge. Un autre salon, non moins brillant, s'était également ouvert, c'était celui de madame Pilié, élégante Américaine qui avait su attirer chez elle la bonne société parisienne, dans son bel hôtel de la rue des Champs-Élysées. Il y eut dans ces deux salons une suite de soirées et de bals des plus brillants dont le souvenir n'est pas effacé des mémoires parisiennes.

La question de Rome continue à préoccuper les esprits. Le pape écrit une lettre à Mgr Dupanloup, qui amène comme réponse un remarquable mémorandum de M. Thouvenel. Malgré ces flots d'encre, la question romaine est loin d'être élucidée; elle est grosse d'événements, et nous continuons à faire fausse route sur ce difficile terrain.

Ces graves questions n'empêchent pas le carnaval d'être fort animé. M. Fould a donné un bal costumé auquel ont assisté l'empereur, l'impératrice et la princesse Clotilde. Il faut avoir vu ces bals, pour comprendre la tranquillité réelle dont on jouissait sous l'Empire. On ne pensait guère à l'avenir. On donnait partout des fêtes splendides. Le grand monde étalait son luxe et ses diamants. En un mot, à Paris, on ne songeait qu'à s'amuser, et l'on comptait sur le pouvoir pour faire marcher les affaires et la politique. Le peuple, tout en se plaignant d'une tyrannie qui lui faisait trouver du travail et de l'argent, faisait comme les riches, et Paris, sous ce régime, prospérait chaque jour davantage, à tel point qu'on vit en peu d'années la population augmenter dans une proportion considérable. Que l'on compare ce Paris avec celui que nous a fait la Commune, et sans se perdre dans des théories abstraites, on verra, bien vite, de quel côté étaient le bon sens et le bon gouvernement.

Paris a cela de singulier que si l'on s'y amuse, on y travaille aussi beaucoup, quelquefois trop, quand le travail est inutile.

J'en donnerai pour preuve une réunion scientifique à laquelle j'ai assisté le 22 février au Cercle des Sociétés savantes, 3, quai Malaquais. La question à l'ordre du jour était la suivante : « Quel est le meilleur moyen de propager l'étude de la langue française de façon à éteindre les patois ? »

J'avais été invité à cette soirée par un original de beaucoup d'esprit qui a passé sa vie, après avoir gagné des millions, à s'acharner après notre pauvre langue déjà si maltraitée : c'était M. Féline, ancien élève de l'École polytechnique, qui avait la prétention d'écrire le français à peu près comme le polonais, avec des *k* ou des *q*. Le public eut toujours le bon esprit de rire de ces réformes absolument absurdes.

Il y avait à cette soirée un monsieur qui voulait supprimer tout à fait l'ancienne orthographe, pour en rendre l'étude plus facile. C'était radical, mais peu pratique, car la base de la nouvelle orthographe était la prononciation. Si l'orthographe est la prononciation fixée par écrit, comme il n'y a rien de plus variable que la prononciation, qui change à chaque époque et avec chaque individu, quelle sera la règle en pareil cas ? On supprimerait les étymologies, les règles habituelles, ce serait à s'y perdre. Il faut laisser agir le temps et les mœurs qui ont toujours été les seuls vrais professeurs d'orthographe.

Ce qu'il y avait de curieux à cette soirée, c'est que le réformateur prononçait lui-même fort mal certains mots, qu'on n'aurait point du tout reconnus, si on les avait écrits d'après sa propre prononciation. Il condamnait son système sans le vouloir.

Eh bien, le Paris qui danse, qui joue, qui s'amuse, ne se doute pas que près de lui il y a tous les soirs un Paris qui se réunit pour travailler et pour étudier, dans des salons où l'on étouffe, quelque question fort ardue et fort ennuyeuse qui ne sert guère qu'à permettre aux orateurs du lieu de faire des discours ! Il y a des gens qui s'ennuient volontairement. Que Paris est une drôle de ville ! La littérature n'était point si dédaignée sous l'Empire qu'il ne parùt de temps à autre des éditions nouvelles d'ouvrages anciens; j'ai eu l'occasion d'en lire deux fort remarquables, l'une de Rabelais, l'autre de *l'Ane d'or* d'Apulée.

Ce Gargantua de Rabelais est admirable. Cette fable qui ressemble à une satire des rois du temps est fort instructive, lors même qu'on n'en comprend pas l'application. C'est un trésor d'érudition que ce livre ; on y apprend une foule de choses, et surtout les étymologies les plus curieuses. C'est là qu'il faut chercher l'origine de la plupart des mots français. J'y ai trouvé que *mousse* venait de l'espagnol *mozo* (jeune garçon), — que Cerneau vient de *cerner* (couper). Que *boulevard* s'écrit par un *d*, malgré l'opinion de Voltaire, etc... Rabelais vaut autant par les notes de son livre que par le texte même.

L'Ane d'or d'Apulée est un conte plus amusant qu'utile. C'est l'histoire d'un certain Lucius, changé en âne par sa curiosité et la maladresse de la belle Phosti, servante du magicien Milon, dans la ville d'Hypathe du Péloponèse. Cette fable ingénieuse montre la folie des hommes. Lucius est bien puni par où il a péché. Il voulait se servir des secrets du magicien pour se changer en bête, et s'il a réussi à faire cette métamorphose, par son manque de science, il ne sait point la défaire et reste âne malgré lui. La fable de Psyché insérée dans cette histoire est un chef-d'œuvre. On comprend qu'elle ait pu servir de type pour les contes de fées; d'ailleurs elle démontre une profonde connaissance du cœur de la femme. Psyché, malgré son bonheur, est tourmentée du démon de la curiosité, et ses sœurs de celui de la jalousie. On a dit que *l'âne d'or* d'Apulée était une peinture fidèle de la société grecque. Je trouve au contraire que le livre laisse sur ce point des idées très-confuses. Ce qu'il nous apprend, ce sont une foule d'histoires d'amour qui sont de tous temps; la seule chose qui soit réellement de l'époque, c'est le passage relatif aux prêtres de Cybèle, aux magiciennes et aux brigands.

Ces contes d'Apulée sont comme ceux de La Fontaine et de Boccace. Ils sont bien plutôt faits pour amuser le lecteur et plaire aux amateurs de scènes amoureuses que pour instruire en quelque moralité. Je ne vois pas de maximes morales à tirer de ces contes, comme j'en vois dans Rabelais. Ce dernier nous apprend beaucoup plus de choses sur les sociétés humaines de toutes les époques, bien qu'il n'ait pas l'air de s'en attribuer le mérite. C'est là le grand côté moral de ses œuvres, qui n'ont de plaisant et de grossier que la forme. C'est une perle dans le fumier ! Les autres auteurs ont jeté des fleurs sur le fumier ; mais les fleurs se fanent, tandis que la perle reste !

Je trouve dans mes notes, à la date du 10 mai, la prédiction suivante qui ne s'est pas complétement réalisée : « Garibaldi part pour la Sicile avec une expédition ; s'il échoue, ce sera un Walker ; s'il réussit ce sera un Guillaume Tell. »

Il a réussi depuis, et n'a été ni *Walker* ni *Guillaume Tell*. L'Europe moderne est trop gâtée pour produire des Guillaume Tell ; puis il faut tout dire : Garibaldi est un illustre aventurier, mais c'est aussi, comme l'ont surnommé les Anglais, « une sublime ganache », et le roi Victor-Emmanuel, qui était bien le plus rusé des rois, lui a fait jouer, sans qu'il s'en doutât, le rôle de Raton, dans la fable de La Fontaine.

Le 30 mai, nous apprenons la prise de Palerme par Garibaldi. L'expédition dite des Mille avait eu son premier succès à Marsala. On attribue ce succès à l'attitude équivoque des vaisseaux anglais qui paralysèrent l'action de la marine du roi de Naples, en se plaçant entre les vaisseaux du roi et les insurgés.

A partir de ce moment, le voyage de Garibaldi jusqu'à Naples ne fut plus qu'une marche triomphale, et, n'était l'héroïque défense de Gaëte, les Bourbons de Naples seraient tombés sans coup férir.

Je dois au comte Alfred de La Guéronnière une petite anecdote historique que je veux placer ici, pour ne point l'oublier. On sait que le comte est Limousin ; il doit donc connaître son pays. Il m'apprit que le marquis de Pourceaugnac, illustré et ridiculisé par Molière, n'était autre qu'un grand seigneur limousin appelé le marquis de Pierre-Buffière. Le gentilhomme en question, choqué de ce que Molière l'avait tourné en ridicule, donna à ce dernier une correction avec d'autant plus de facilité qu'il était taillé en hercule. La vengeance de Molière nous valut un chef-d'œuvre de plus. Je laisse à M. de La Guéronnière la responsabilité de ce fait historique, qui m'a paru d'autant plus curieux à noter que la famille de Pierre-Buffière, aujourd'hui éteinte, était l'une des premières maisons du Limousin.

Nous avons eu à dîner, le 3 juin, un personnage dont la carrière diplomatique a été fort brillante, le comte de Chaudordy. Il a été chef de cabinet de M. Drouyn de Lhuys et plus tard, pendant la guerre de 1870, il rédigea ces remarquables circulaires qui ont fait honneur à son patriotisme éclairé. Le comte de Chaudordy avait, à l'époque dont je parle, des idées très-larges et très-hardies sur la politique extérieure. Il était partisan de l'annexion de la Belgique, et l'on peut affirmer que si cette idée eût pu se réaliser, sous l'Empire, notre frontière eût été moins exposée aux coups de l'invasion prussienne. Nous sommes loin aujourd'hui de ces rêves généreux, et je suis sûr que le sage et habile diplomate dont je parle ne les discuterait même plus, comme il le fit si brillamment ce soir-là.

J'avais un de mes amis qui allait bien plus loin — c'était Gilles de La Ronce, d'origine angevine. Il avait, il est vrai, publié un livre sur l'empire d'Occident, et, si noblesse oblige, ouvrage n'oblige pas moins !

Ce brave Gilles voulait annexer à la France, dans les beaux jours de Napoléon III, l'Italie, l'Espagne, la Belgique et la Suisse, les provinces rhénanes ! Ah ! j'oubliais le Portugal. Parlez-moi d'annexions pareilles ! cela en vaut la peine. Nous aurions eu 80 et quelques millions de sujets à opposer aux 40 millions de mangeurs de choucroute. Je ne sais pas si tout ce monde latin se fût bien accordé ; mais Gilles y avait pourvu. Il avait une petite constitution despotique et militaire qui aurait calmé les impatiences de tout ce vaste peuple latin. Au fait ! ce régime n'est peut-être pas le plus mauvais pour des latins ! Il a réussi aux empereurs romains. Napoléon Ier l'avait remis à la mode, et je ne sache pas que, sauf les Espagnols qu'il avait peut-être annexés trop vite, les autres aient eu la moindre velléité de se plaindre de leur nouveau régime !

Hâtons-nous de dire que Napoléon III, beaucoup

plus modeste qu'on ne l'a cru, n'a jamais songé qu'à régner paisiblement sur la France. Ah ! s'il eût été plus ambitieux, il n'eût pas fait la guerre d'Italie pour Victor-Emmanuel, mais pour son propre compte !

Vous verrez que sous Napoléon IV, il faudra en revenir au projet draconien de ce diable de Gilles de La Ronce !

Ce sera pour mon ami une excellente occasion de faire une seconde édition de son ouvrage. J'espère qu'elle aura plus de succès que la première, qui n'eut jamais pour lecteurs que quelques amis dont je faisais partie.

Puisque nous en sommes aux annexions, il faut rappeler que, le 14 juin, nous avons eu au Champ-de-Mars une grande revue de la garde nationale et de l'armée, à l'occasion de l'annexion de Nice et de la Savoie. Il y avait là 70,000 hommes sous les armes. Gilles de La Ronce y figurait comme officier de la garde nationale de la Seine. Le pauvre garçon était tellement engraissé qu'il ne pouvait plus entrer dans son uniforme. Voilà où mène la manie des annexions. Disons à propos de celles de Nice et de la Savoie qu'elles furent consacrées par le suffrage universel. On envoya quelques personnages en mission dans ces pays pour préparer les votes, et la chose réussit assez bien, avec moins d'ensemble pour Nice que pour la Savoie. On a beaucoup reproché à l'empereur cette extension presque insignifiante de nos frontières. C'est au prince qui a donné à l'Italie la Lombardie et la Vénétie qu'on fait ce reproche! Au fond, la pensée de l'empereur était de nous assurer les débouchés des Alpes qui nous étaient nécessaires, après l'agrandissement du royaume sarde. Si l'empereur eût été ambitieux, il pouvait se faire donner d'autres compensations auxquelles il n'a point songé. Le nouveau roi d'Italie, dans la première ardeur d'une reconnaissance qui ne fut pas de longue durée, comme tous les sentiments trop violents, nous eût cédé même la Sardaigne avec la Savoie et Nice.

Nous avons eu un congrès de rois d'Allemagne à Bade : c'était un nouvel Erfurth. Les rois présents étaient au nombre de onze : Prusse, Bavière, Hanovre, Saxe, Wurtemberg, Bade, Nassau, Hesse-Darmstadt, Saxe-Weimar, Saxe-Cobourg-Gotha, Hohenzollern, Meneingen. L'Autriche et les autres petits princes de l'Allemagne étaient absents à ce congrès, qui fut peut-être l'embryon d'un nouvel Empire d'Allemagne.

Le prince Jérôme Bonaparte, ex-roi de Westphalie, est mort. On a exposé son corps dans une chapelle ardente au Palais-Royal. Tout Paris est allé le voir. Le service a eu lieu le 3 juillet. La garde nationale convoquée est restée sous les armes depuis huit heures du matin jusqu'à trois heures de l'après-midi. Une grande pompe a honoré ces funérailles princières.

La littérature parisienne continue à être aussi extravagante que par le passé. Nous avons eu les mémoires de Rigolboche avec un portrait de l'auteur. On a lu partout ces misérables pages écrites par une célébrité de nos bals publics. Voilà ce qu'on aime à Paris !

Le 15 août, la fête de l'empereur a été très-brillante. On fait de grands frais pour ce jour-là afin de plaire au bon peuple de Paris, qui s'amuse volontiers mais n'en est pas pour cette raison plus attaché au pouvoir. C'était en général la place des Invalides qu'on prenait pour théâtre de ces divertissements populaires. On y installait des bals, des mâts de cocagne, des jeux, des théâtres où l'on jouait des pièces militaires. Le soir il y avait une brillante illumination des Champs-Élysées, de la place de la Concorde, des Tuileries et des monuments publics La fête se terminait par un feu d'artifice organisé par Ruggieri. On ne se figure pas la foule qui encombrait Paris ce soir-là. Il fallait interdire la circulation des voitures devenue, d'ailleurs, absolument impossible. Les promenades des piétons curieux étaient souvent fort dangereuses, tant il y avait de foule, et cependant le nombre des accidents était fort rare, grâce à la bonne organisation de la police. En somme, on dépensait beaucoup d'argent pour un peuple qui voulait tout voir, mais qui n'avait au cœur aucune reconnaissance !

Le 24 août, j'ai passé la soirée avec Raoul de Villedieu qui m'a lu ses poésies. Il y avait une ode à Lamartine, une chanson sur Pritchard, un petit poëme sur la famille, un morceau sur la création; c'était frais et gracieux, mais aujourd'hui ces vers sont perdus pour le public comme bien d'autres qui n'ont pas trouvé d'éditeur.

Raoul m'a raconté, ce soir-là, une histoire tragique d'un de ses parents maternels, Alexandre de P., frère de sa mère; ce jeune homme se brûla la cervelle, en Allemagne, pour une demoiselle devenue plus tard madame de R... Alexandre, déguisé en femme, fut surpris dans le couvent de sa maîtresse. Elle lui fit dire qu'elle allait s'empoisonner et qu'elle le savait assez homme d'honneur pour faire son devoir. Le crédule amant obéit à l'instant à ce mot d'ordre. Il avait seize ans et était fort joli garçon. Son sacrifice n'était pas sans mérite, mais à cet âge on est généreux. La demoiselle ne l'imita point et préféra vivre. Elle est devenue plus tard une femme du monde à la mode. Raoul, qui gardait religieusement toutes les reliques de famille, avait conservé le portrait du jeune Alexandre qu'il m'a donné et que j'ai conservé. On fait souvent des romans moins intéressants que cette histoire simple et vraie.

Le 16 septembre on apprend à Paris que les Piémontais — c'est ainsi qu'on les appelait encore — avaient envahi les États de l'Église sous prétexte d'y étouffer la révolution. On croit rêver quand on lit de pareilles choses ! Ils se sont emparés de Peruggia et de Sinigaglia.

Comment l'empereur Napoléon a-t-il pu supporter cette violation des traités et cette annulation des stipulations de Villafranca ? Napoléon n'en était point complice, comme on l'a cru. Il était victime de sa bonne foi et d'une politique fausse qui l'embarrassait. Napoléon avait fait la guerre pour délivrer l'Italie du joug de l'Autriche, mais il n'avait pas prévu que le Pape paierait les frais de cette guerre.

Retenu par le principe faux des nationalités, il a laissé faire, et il a dû le regretter plus tard, mais il avait les mains liées, et on a agi contre son avis et malgré lui.

Napoléon a regretté plus d'une fois cette fausse politique qui lui a causé tant d'embarras, et sa dynastie a expié cet abandon du droit traditionnel de la France.

Servir la Providence est d'une grande politique ; agir contre ses desseins est d'une politique dangereuse qui, tôt ou tard, mène à la ruine.

Aujourd'hui Napoléon est devant le grand juge, et l'histoire lui demandera compte de ses actes, tout en respectant ses intentions, qui étaient meilleures qu'on ne pense.

Napoléon, placé entre l'Italie et le Pape, n'a pas osé désavouer les empiétements de l'ambition italienne, et il a toujours pensé que le Pape finirait par accepter sa situation amoindrie.

Il s'est trompé, car le Pape ne pouvait pas déserter un devoir. Hier encore, ce vénérable vieillard était encore debout, malgré ses malheurs. Quant à l'empereur, il a été abandonné par la fortune et cruellement éprouvé comme son oncle.

Ces leçons de la Providence seront-elles oubliées dans l'avenir ?

CHAPITRE V

— 1861 —

L'année qui commence est une année de plaisirs et de fêtes beaucoup plus qu'une année d'affaires politiques. L'Empire était dans toute sa force et dans toute sa splendeur. Bien que l'ère des fautes fût ouverte, on n'en était pas encore aux conséquences de ces fautes. La campagne d'Italie avait donné un relief nouveau à nos armes et même à notre politique. On ne voyait pas encore tout ce qu'il y avait de dangereux à protéger l'Italie, qui grandissait aux dépens de la papauté. On était fasciné par la gloire des champs de bataille; les révolutionnaires eux-mêmes se taisaient. Ils étaient, je ne dirai pas séduits, car il faut avoir du cœur pour subir un charme quelconque, mais désarmés par la politique libérale, trop libérale, de l'Empire. Ils se taisaient, comme ces gens de mauvaise foi, qui désarment tout à coup, quand ils s'aperçoivent que l'on fait mieux qu'eux, et sans le vouloir, leurs propres affaires.

A la réception du jour de l'an, l'Empereur paraissait content et en bonne santé. Il n'en fallait pas davantage pour assurer la tranquillité publique. L'ordre régnait à Paris et en France. Les fonds étaient en hausse. Les affaires marchaient. Personne ne songeait à l'avenir et Paris s'amusait.

L'hiver était rigoureux. On patinait au bois. C'était une véritable fureur pour ce plaisir nouveau. Il y avait à Longchamps un cercle de patineurs qui a donné une soirée aux flambeaux fort goûtée des Parisiens élégants ! Je ne me charge pas de vous dire le nombre de fluxions de poitrine et de rhumes que ce plaisir barbare a produit chez nous. Le Parisien est un maître fou qui trouve charmant tout ce qui est à la mode.

A côté des séances de patins, il y avait des bals fort brillants et fort animés cette année. Madame la duchesse d'Istrie recevait, dans ses salons de la rue Saint-Florentin, l'élite de la société parisienne. Légitimistes et impérialistes fusionnaient dans les salons de cette grande dame, qui portait fort bien un beau nom du premier Empire.

Le 23 janvier, la cour avait un fort beau bal aux

Tuileries. L'impératrice était ravissante, et l'empereur on ne peut mieux portant. C'étaient les beaux jours ! M. de Morny, avec son amabilité habituelle, était fort remarqué dans les salons des Tuileries.

Ces bals étaient fort animés. Un chambellan de service recevait les invités au haut du grand escalier où les impassibles et gigantesques cent-gardes faisaient la haie. C'était très-élégant et en apparence fort imposant.

De son côté, le faubourg Saint-Germain dansait à l'instar de la cour. Madame de Béhague recevait toutes les semaines les gens du monde. C'était un salon de l'aristocratie du pur faubourg. Il rivalisait avec les fameux salons des ducs de Pozzo di Borgho.

Dans ce bon temps d'élégance et de fêtes, on jugeait les gens par le proverbe : « Dis-moi qui tu hantes et je te dirai qui tu es. » On ne vous demandait pas si vos ancêtres étaient à Crécy, à Azincourt ou à Bouvines. On vous disait : Allez-vous ce soir chez madame de Béhague ou chez les Pozzo. Celui qui ne pouvait pas répondre était jugé un fort petit seigneur !

Si l'empereur avait su triompher de l'influence fatale de son entourage révolutionnaire, il eût délivré l'Italie sans amoindrir la papauté. Sedan fut la réponse de l'abandon de Rome.

La fin chrétienne de l'empereur, son exil noblement supporté, sa dignité dans le malheur, tout montre qu'il méritait de suivre une plus grande politique, mais qu'il a eu un moment d'erreur et de faiblesse révolutionnaire qui ne convenaient pas à un souverain représentant la fille aînée de l'Église.

Les gens à courte vue diront que ce sont des songes et des prédictions faites après coup !

Il y a pourtant un grand rapprochement à faire, au point de vue de la foi, entre Chislehurst et Sainte-Hélène : ce sont deux grandes expiations supportées noblement, mais ce sont deux expiations !

Le 30 octobre, nous avons eu à Longchamps une belle revue de la garde impériale. Un pont fut jeté sur la Seine fort lestement par les pontonniers de la garde. Il y a eu de belles manœuvres de l'artillerie de campagne. L'empereur, on le voit, ne perdait pas de vue l'éducation militaire de la garde; mais ce n'était qu'une partie de l'armée, et malheureusement ce système intelligent ne fut pas appliqué au reste de l'armée et surtout aux troupes casernées en province. C'était toujours la même faute : une excellente pensée du chef de l'État, mais restée lettre-morte en dehors du rayon très-restreint de la cour et de la capitale.

Nous avions aussi dans la colonie américaine et dans la finance des soirées fort élégantes. Il y avait les bals de madame Pilié qui, plus tard, a marié sa fille au marquis de Chasseloup-Laubat, et ceux de l'aimable madame Furtado, une reine de la haute finance, qui méritait, par ses qualités, son esprit fin et délicat, le rôle important qu'elle a eu si longtemps dans le monde parisien. Madame Furtado passait son temps à imaginer des fêtes nouvelles pour ses invités. Son hôtel de la rue de Monceau était un véritable palais et un musée fort remarquable. On y voyait des tableaux de nos plus grands maîtres, des serres ornées avec goût, des tapisseries des Gobelins, et dans les appartements particuliers, des richesses que les connaisseurs pouvaient seuls bien apprécier.

On pourrait écrire un livre sur les soirées de cette femme remarquable. Son salon était le rendez-vous de toutes les illustrations du jour; ses concerts valaient les Italiens et l'Opéra; elle avait dans ses salons des curiosités et des porcelaines que son ami, M. Du Sommerard, aurait volontiers placées dans son beau musée de Cluny. J'ai rarement vu faire un meilleur usage d'une grande fortune. Madame Furtado, sans l'être par sa naissance, était une grande dame par la grâce et l'instinct.

Pendant que nous dansons à Paris, le roi François de Naples se rend, à Gaëte, après un siége héroïque. Il s'est embarqué le 13 février sur le vaisseau français *la Mouette*, commandé par un gentilhomme, M. de Besplat. La reine de Naples, dans ce siége, par sa belle et noble conduite, excita l'admiration de tous les gens de cœur. Allons!

voilà encore un Bourbon qui sait partir en roi !

Le 12 mars, nous avons eu à dîner un ancien collègue de mon père dans les chemins de fer, personnage fort connu, que quelques personnes ont appelé le Révérend Père Enfantin.

Enfantin était un homme aimable et gracieux, mais il avait sur toutes choses les idées les plus fausses. J'étais trop jeune alors pour causer philosophie avec un Père de la nouvelle Église. Cependant, je me souviens que dans une conversation que nous eûmes ensemble, je paraissais être le vieillard et lui semblait être le jeune homme. Il était plein d'illusions. Il disait que les hommes naissent sans défauts et que c'est la société qui les gâte ; que le péché n'est point originel, que nos vices seraient des vertus si l'on savait les tourner au bien ! Moi qui avais grandi à une autre école, j'étais abasourdi de tout ce système ; je répondis même que je voudrais bien que le monde fût ainsi fait. Je finis par dire au Révérend Père qu'il avait vu les hommes par leur beau côté, et que j'étais obligé de combattre ses illusions ! Enfantin me dit : « Jeune homme, vous en reviendrez de ces idées ! » Moi, j'ajoutai : « Le jeune homme, c'est vous, cher monsieur ; je suis, au contraire, en ce moment, ce que vous devriez être, l'homme mûri par les années. »

Nous avons eu encore quelques bals à la fin du carnaval, chez le marquis de Chasseloup-Laubat, ministre de la marine; chez le colonel Pajol et chez la duchesse de Dalmatie. Ces deux derniers étaient des bals de jeunes filles du faubourg Saint-Germain; le bal de la marine a été particulièrement élégant.

Il faut avoir assisté à ces fêtes pour en comprendre tout l'entrain. Ce sont des choses qu'on n'oublie pas. On y voyait les plus jolies femmes, les plus riches toilettes et une véritable exhibition de diamants. Il y avait des femmes du monde qui portaient sur elles jusqu'à près d'un million de bijoux, de perles et de pierres précieuses ! Il est difficile de se faire une idée exacte d'un pareil luxe. Il y avait dans ces bals une grande animation, une gaieté toute française et un laisser-aller qui était bien de l'époque, et qui ne contribuait pas à relever nos mœurs !

Quelques femmes à la mode donnaient le ton, et les autres femmes, moins légères, mais aussi futiles, s'empressaient de les imiter. Un misanthrope qui se serait mêlé à ces fêtes, eût été très-sévère pour les acteurs de ces scènes du monde. Il aurait impitoyablement noté tous les petits *à parte*, toutes les conversations galantes, la tenue peu modeste de certaines femmes, les épaules beaucoup trop décolletées de la plupart des danseuses, les allures trop libres des jeunes filles elles-mêmes. Il aurait certainement ajouté, dans ces notes, que cette école du monde officiel n'était pas bonne pour les familles.

Mais on se serait moqué de cet Alceste en le traitant de personnage ennuyeux. La cour donnait le ton, tout le monde la suivait, même les gens de l'opposition; car la mode est plus tyrannique encore que les lois et l'autorité. On s'amusait, on s'amusait beaucoup! On pensait que ce bon temps durerait toujours. Les commerçants faisaient leurs affaires! les banquiers remuaient l'argent à la pelle! les maçons bâtissaient et démolissaient pour rebâtir! — C'était une vraie ruche d'abeilles, moins la sagesse! Mais il y avait là une activité dévorante qu'on prenait pour de la force et de l'énergie, et qui n'était qu'une fièvre chaude, un cauchemar dont le réveil devait être terrible!

Je causais, un jour, de ces soirées avec un de mes amis, Gilles de La Ronce, danseur infatigable, mais homme de principes, qui fréquentait beaucoup les salons du noble faubourg. Je lui demandais son opinion sur les danseuses qu'il y rencontrait chaque soir. Mon ami ne paraissait pas très-enthousiaste. Au fond, il trouvait que les bonnes manières étaient allées rejoindre les bonnes mœurs dans la vieille histoire d'autrefois.

Il prétendait que ces jeunes filles de la bonne société n'avaient plus rien de modeste, ni d'innocent; elles avaient le langage et le regard par trop libres, et ne semblaient nullement embarrassées de leurs personnes.

Cette grâce enfantine et modeste qui plaît tant à cet âge d'innocence, avait disparu complétement.

« Mon cher, me disait-il, il n'y a plus de jeunes filles, ce sont des demoiselles Benoîton ! Elles vous toisent sans baisser les yeux, et quand vous hasardez quelque conversation qui pourrait les faire rougir, elles vous répondent avec le sans-façon et l'aplomb de véritables femmes du monde. »

Gilles de La Ronce était plus dans le vrai qu'il ne le pensait lui-même. Danseur et homme du monde, il aimait ces réunions brillantes si nombreuses sous l'Empire. Il ne voyait pas que la société française tout entière était entraînée sur une pente de plaisirs qui devait conduire à l'énervement des caractères.

Tous étaient complices dans ce suicide social. Ce n'est pas parce qu'on boudait l'Empire et qu'on l'accusait en dehors des salons officiels qu'on pouvait avoir le droit de protester contre une tendance fâcheuse. La seule protestation véritable eût été dans des mœurs sévères qui n'auraient plu à personne. En France on aime les petites choses, et les taquineries passent facilement pour des déclarations de principes. Pour un homme qui a connu les salons de l'Empire, il n'y avait pas de différence entre ceux du monde officiel et les autres.

Il s'est même fait dans notre manière de voir une transformation singulière, dans ces dernières années, au point de vue de la politesse et des usages. Le grand nombre des salons étrangers ouverts à Paris est venu modifier complétement nos anciennes coutumes.

Nous avons abdiqué devant l'or de l'étranger! On voulait s'amuser avant tout. Voilà le grand mal. Les salons où l'on causait, où l'on parlait de choses sérieuses sont devenus de plus en plus rares, et à part quelques réunions privées, tout Paris a subi le charme d'un luxe entraînant dont on jouissait avec folie, sans s'occuper le moins du monde de savoir d'où il venait.

Sans parler de certains millionnaires, qui ont reçu chez nous un accueil qu'ils n'auraient pas eu dans leur propre pays, constatons la fâcheuse influence de l'élément étranger qui a complétement modifié nos mœurs. Nous avons, avec une grande légèreté, imité ces nouveaux hôtes, sans songer que ce qui convient à une société, est inacceptable pour une autre. Pour ne prendre qu'un exemple entre mille, nos jeunes filles sont devenues de jeunes misses américaines, aux allures libres et indépendantes. La flirtation a été à la mode dans nos grandes soirées, au grand préjudice de nos familles. Il n'est pas sage d'imiter l'étranger par ses mauvais côtés. Je sais bien qu'un moraliste aura toujours tort devant l'entraînement de la mode et des plaisirs, mais quand on se voit pousser, avec d'autres, vers un abîme, on a bien le droit de crier « Gare. »

L'avenir sera-t-il meilleur ? Paris changera-t-il ? Je ne le crois pas. L'Empire est tombé, le mal lui a survécu, ce qui prouve bien que s'il ne l'a pas assez combattu, c'est qu'il se sentait impuissant à le combattre.

Mais revenons à ces fêtes si séduisantes dont on nous pardonnera de dire quelque chose, après la critique que nous en avons faite.

Le 6 mai, nous avons eu un grand bal chez M. de Morny, ce fut l'un des plus beaux de la saison. On avait ouvert la grande galerie. L'aspect du bal était splendide. Ce petit hôtel de la présidence est une délicieuse demeure. M. de Morny, qui s'y connaissait, l'avait admirablement orné. A côté de la grande galerie où l'on dansait, il y avait une autre galerie réservée aux promeneurs où l'on admirait les plus beaux tableaux. C'était un véritable musée.

L'orchestre était placé au fond de la galerie, et autour de cette pièce plus longue que large, étaient rangées, sur des chaises, les jeunes danseuses accompagnées de leurs mères. Les autres salons assez nombreux étaient remplis de groupes où l'on causait avec animation et gaieté. Il y avait là toute la partie élégante du monde officiel, beaucoup de diplomates, d'étrangers de distinction, de députés, de personnages de la finance et quelques personnes du faubourg Saint-Germain qui n'allaient pas à la cour, mais qui venaient en amies dans la maison du séduisant duc de Morny. Ce dernier, aussi galant que spirituel, savait attirer chez lui un essaim de jolies femmes qu'on retrouvait à toutes ses soirées.

Bien que la duchesse assistât à ces fêtes, c'était le duc qui recevait les invités, et il s'en acquittait à merveille. Il savait reconnaître chacun et avoir toujours à dire un mot poli pour les hommes, une parole aimable pour les femmes. Le duc n'était pas un homme ordinaire. L'histoire le jugera sévèrement au point de vue moral, mais elle ne lui refusera pas des qualités personnelles qui en ont fait l'un des premiers personnages de l'Empire. Il était très-bien doué sous tous les rapports. L'esprit, la grâce, les bonnes manières étaient en lui des dons naturels. Il y manquait cet air de noblesse que donne la dignité d'une vie irréprochable. Mais il avait cette fierté de l'homme qui se rend compte de sa force et du rôle qu'il joue dans le monde. Un certain scepticisme mêlé de dédain se remarquait sur son visage. On eût dit qu'il comprenait qu'il était moins adulé pour lui-même que pour sa haute position. En un mot, il y avait dans son attitude la conscience, non d'une grande valeur morale, mais d'une grande faveur de la fortune qui lui valait des hommages qu'il recevait pour ce qu'ils étaient.

Il y avait chez lui ce singulier assemblage d'une naissance illustre qu'il fallait taire, d'une situation très-élevée, mais peu définie. Ses succès mêmes ne devaient pas lui donner une grande opinion de la foule qui se courbait devant lui. Cependant il sentait qu'il était né pour la place qu'il occupait, et, dans le monde facile où il vivait, on lui pardonnait tout, à cause de la façon aimable dont il jouait son rôle.

Le duc de Morny, sous la légèreté apparente de l'homme du monde qui partageait sa vie entre les affaires, les plaisirs et les lettres, était un esprit audacieux et sûr. Il fut l'un des principaux auteurs du coup d'État, et l'empereur Napoléon III a trouvé souvent en lui un habile conseiller qui avait l'avantage de pouvoir dire tout haut ce que les courtisans pensaient tout bas.

Le duc de Morny était très-aimé dans son entourage intime. Il avait une petite cour de femmes charmantes et quand il est mort, plus tard, il a laissé bien des regrets, j'allais dire bien des veuves!

Mais comme on s'amusait à ces bals! Quelles ravissantes réunions! Il y avait les plus jolies femmes de Paris et de charmantes jeunes filles de la société française et étrangère! Gilles de La Ronce, qui ne manquait pas un cotillon, m'a dit qu'il avait dansé avec mesdemoiselles du Hallay, Slidell, de Errazu, de Heckeren, Haussmann, etc., un essaim de jeunes filles élégantes, qui sont aujourd'hui des mères de famille et des femmes du monde. Comme ces souvenirs joyeux sont loin de nous, depuis nos malheurs ! Décidément on s'amusait trop sous l'Empire et l'on ne songeait pas assez au lendemain.

Je dois aussi à mon ami de La Ronce des détails intéressants sur un homme qui a laissé des souvenirs à l'école de droit : je veux parler du professeur Oudot. Écrivain distingué et habile examinateur, M. Oudot était un homme à système. Il avait une philosophie à lui. Il croyait aux réformes chrétiennes ! Chose assez curieuse, il entrevoyait le moment où l'on introduirait dans les codes la charité obligatoire. Il disait même que la charité ne lui suffisait pas, elle ressemblait trop à l'aumône, il lui fallait le sacrifice. Oui, d'après ce professeur plus avancé que son époque, on en serait venu à punir l'homme assistant froidement à un malheur et n'y portant pas le remède de son dévouement. M. Oudot est mort avant d'avoir vu son système appliqué, et s'il eût vécu sous la Commune, il eût vu le contraire de ses idées érigé en système politique !

Le 1er juillet, nous avons eu une comète. C'est, je crois, la quatrième depuis le règne de Napoléon III ; — la première a paru en 1853 avant la guerre d'Orient ; la deuxième en 1858 avant la guerre d'Italie ! — Que nous annoncent les deux autres ? C'est ce que l'avenir nous apprendra ! Les gens qui croient aux signes du ciel seront effrayés d'en avoir tant vu à cette époque. Ils penseront peut-être que la fin du monde approche. Je dois dire que j'ai connu plusieurs esprits sérieux qui étaient convaincus que la fin du monde n'était pas éloignée.

A défaut de signes du ciel, si l'on s'en rapporte aux écritures, on ne doit pas être rassuré ! Car elles prédisent la fin du monde pour une époque où toutes les idées seront bouleversées, où les principes n'existeront plus, où mille systèmes bizarres apparaîtront, où les hommes s'entre-déchireront, où il n'y aura plus ni foi, ni morale, ni vertu, ni sentiments chrétiens !

Sommes-nous bien loin de ce triste programme !

Pendant que nous dansons à Paris, on se bat en Amérique. La grande République modèle est déchirée par une guerre civile gigantesque causée par la compétition des États du Sud contre ceux du Nord. On appelle cette guerre la guerre de sécession, parce que le Sud veut se séparer du Nord.

Nous apprenons à Paris, le 6 août, la nouvelle d'une grande bataille, celle de Manassas, qu'on prétend gagnée par les sudistes; le président Davis, du Sud, a pris part à l'action. Il y avait plus de 100,000 hommes en ligne. Nos militaires se moquent un peu de ces guerriers qu'ils appellent des gardes nationaux improvisés !

A Paris, nous sommes moins belliqueux, et nos gardes nationaux se contentent d'inaugurer les boulevards de M. Haussmann. Celui que nous avons fêté le 13 août était ce fameux boulevard Malesherbes déjà en projet sous Louis-Philippe. Quoi qu'on puisse penser de M. Haussmann, notre préfet, c'est un homme bien extraordinaire, et l'on dira de lui, un jour, qu'il a été une des grandes figures de l'Empire !

Malgré les grands travaux de Paris, le Parisien est resté très-froid à la fête du 15 août; évidemment il lui faut du nouveau. Il commence à se lasser de l'Empire, et s'il n'y avait pas la garde impériale, l'armée et les sergents de ville, ce dégoût pourrait se traduire par une révolution. Mais le Parisien sait attendre et n'aime pas à attaquer les gens décidés à se défendre. Si Charles X et Louis-Philippe l'avaient mieux connu, ils seraient morts sur le trône.

Gilles de La Ronce qui est avocat, poëte et amateur de musique, m'a fait connaître un jeune compositeur italien, nommé Traventi, qui vient de composer un album dédié à Rossini. Cette dédicace nous a valu l'honneur de visiter le maëstro. Il habitait rue de la Chaussée-d'Antin, dans un bel appartement situé au-dessus du café Bignon. Rossini était vieux quand je le vis pour la première fois. Il avait cependant conservé toute la vivacité de la jeunesse. Son esprit était caustique et sémillant. Il se moquait de tout, et même du patriotisme italien qu'il ne partageait pas. Il était entièrement dominé par sa femme, une femme d'ordre qui gérait bien sa fortune et n'entendait pas raillerie sur les dépenses inutiles. Je me rappelle une anecdote curieuse du maëstro. Il avait fait venir un harmonium pour exécuter un morceau avec le piano et cet instrument. Madame Rossini n'était pas dans le secret. Lorsque l'harmonium arriva, elle reçut fort mal les commissionnaires et renvoya le bruyant instrument. Rossini, qui n'aimait pas la lutte, se vit obligé de céder et de se taire. Il se vengeait, en racontant à ses invités ce trait de despotisme conjugal. Rossini aimait, dans ses dernières années, à se donner le titre de compositeur de quatrième classe ; il prétendait qu'il avait renoncé à ses travaux d'autrefois et qu'il était devenu un pianiste et rien de plus.

Ce qui n'empêchait pas qu'on l'entourât comme un prince et qu'il n'eût sa petite cour chaque soir, soit à la ville, soit à sa maison de Passy. Il fallait voir comme on le soignait, comme on le gâtait. N'était pas admis qui voulait dans ce petit palais du prince de la musique.

Rossini avait l'habitude de dire qu'il n'admirait qu'un compositeur ; c'était Bellini, dont il aimait à se dire l'élève. Il nous raconta que son *Barbiere* ayant été sifflé, il était au piano, dans la coulisse, fort ému de l'accueil fait à ce chef-d'œuvre ; il ajouta qu'il disait tout bas : Sifflez, mes amis, vous applaudirez plus tard. Il avait raison !

Ce diable de Gilles de La Ronce arrive de la campagne où il est allé faire une tournée de visites. Il m'a raconté une anecdote si singulière que je ne puis résister au plaisir de la reproduire.

Il s'agit du château de Mondragon, situé dans la Sarthe, et qui appartient au comte de Mailly, ancien colonel de la garde royale sous la Restauration. Ce château n'a pas toujours appartenu à sa famille. Il était autrefois la propriété d'un certain monsieur des Essarts qui a beaucoup fait parler de lui, de son vivant.

Il paraît que ce châtelain qui courait le guilledou, voulant avoir ses coudées plus franches, avait trouvé un singulier moyen, c'était de vendre son âme au diable. Grâce à ce procédé qui n'est plus de notre époque, il traversait les airs et passait une vie fort agréable, au milieu des champs ! Il aurait pu, sans se donner tant de mal, faire une saison à Paris ! Mais enfin, il paraît que le surnaturel lui semblait plus appétissant, voire même le surnaturel avec des cornes. Comme rien ne dure ici-bas, force lui fut d'abandonner sa vie d'aventures pour la vie de l'autre monde. Il trépassa dans son château de Mondragon. Le diable, comme un huissier habile, ne tarda pas à se présenter au domicile de son débiteur. Il y trouva madame des Essarts qui était une sainte et qui le pria d'attendre qu'un petit cierge qu'elle tenait à la main fût brûlé entièrement. Le diable, sans défiance y consentit ! Admirez cette naïveté des légendes ! c'est le diable qui est loyal et les gens de bien qui lui font des tours ! Quand Satan eut jugé que le temps suffisant pour que le cierge fût consumé s'était écoulé, il se présenta de nouveau pour réclamer son dû, c'est-à-dire l'âme de M. des Essarts. Mais il avait compté sans la supercherie pieuse de la bonne sainte du lieu. Cette excellente dame avait plongé le petit cierge dans l'eau bénite ; après quoi elle l'avait enterré profondément. Elle put donc répondre que le cierge n'était pas brûlé, et elle pensait *in petto* qu'il ne brûlerait jamais ! le diable ne pouvant toucher au cierge, à cause de l'eau bénite, sortit du château par une muraille qui donnait sur les fossés. Depuis lors, jamais on n'a pu réparer soliment la muraille et le fossé, les paysans sont même d'avis qu'il est inutile de les réparer. Ils ajoutent que M. des Essarts qui n'a pu aller ni en paradis ni en enfer, habite toujours son château et qu'on voit la nuit son ombre errer dans les salles et les corridors.

Aujourd'hui, 12 octobre, Gilles de La Ronce m'est arrivé furieux, exaspéré, bouleversé ! Je lui ai demandé ce qu'il avait : « Mon cher, me dit-il, je veux envoyer des témoins à un impertinent qui vient de m'écrire la lettre que voici. » La lettre en question était d'un vieux monsieur qu'il avait rencontré dans le monde et qui lui faisait naïvement la proposition suivante : « Connaissez-vous un jeune comte qui veuille épouser une princesse, toucher une inscription de 15,000 francs de rente, donner son nom et quitter sa femme le lendemain des noces ! » Je comprends qu'il ne soit pas agréable de recevoir, en pleine poitrine, une pareille missive ; mais quand on connaît les intrigues de Paris, il ne faut s'étonner de rien ! Je calmai La Ronce et lui représentai qu'on ne se bat pas avec de pareilles gens ! la seule chose qu'on doive faire, c'est de ne pas leur répondre et d'éviter de les saluer. Il suivit mon conseil et fit bien.

Ce qu'il ne pouvait pas comprendre, c'est que la police tolérât de pareils marchés et de telles intrigues. Hélas ! bien des mariages parisiens n'ont pas d'autre origine, ce qui explique pourquoi les ménages sont si désunis. L'Empire, au lieu de faire la guerre à ses ennemis, aurait mieux fait de faire une rude chasse à tous ces abus.

J'ai dîné, le 22 octobre, avec Pons, notre célèbre maîtres d'armes, et M. Edmond About, son élève. Pons a donné des leçons d'escrime à toutes les célébrités de ce siècle et il a été l'ami de tous nos grands personnages. S'il écrit jamais ses mémoires, ils seront plus curieux que ceux-ci ! Edmond About, que j'appellerai par son nom tout court, comme collègue d'escrime, est un homme d'autant d'esprit que de talent; mais il m'a paru d'un scepticisme déplorable. C'est encore un de ces élèves brillants de l'école moderne : du talent, du style, de la facilité, du latin, du grec, de l'audace, mais de la foi, nullement! voilà le grand mal de l'époque! Quand on ne croit pas à Dieu, peut-on croire à soi-même? Voilà pourquoi nos modernes s'arrêtent toujours en route et n'arrivent point au génie. On ne bâtit pas dans le vide. Cependant, je dois rendre à M. About la justice qui lui est due : il a une corde qui vibre bien fort dans son cœur, c'est son amour pour sa mère. Avec un pareil sentiment, on peut s'égarer, mais on est sûr de retrouver un jour la bonne route.

Nous avons eu, ces jours-ci, une affaire scandaleuse : l'affaire Mirès. Ce banquier audacieux et peu scrupuleux a été arrêté et conduit à Mazas. On l'accuse d'avoir joué avec les actions mises en dépôt dans la Caisse des chemins de fer.

Ce procès fut l'un des plus curieux de l'Empire. Mirès, condamné par la justice, a passé sa vie à lutter contre la magistrature et contre l'expert Monginot, qui avait examiné ses livres. Comme il arrive toujours sous un gouvernement personnel, on racontait tout bas que les plus grands personnages étaient compromis dans cette affaire.

Mirès était de bonne foi, disent certaines gens; il est moins coupable que bien d'autres financiers, parce qu'il opère au grand jour, c'est-à-dire qu'il a plus de cynisme et qu'il n'a aucun sens moral. Mirès, qui avait débuté dans un journal de Bordeaux, en annonçant les morts de certaines personnes et en nommant le médecin qui les avait soignées, était maître-passé dans l'art de faire *chanter* les gens.

Il agissait ainsi avec le public qui lui apportait son argent. Il avait une caisse de dépôts et il jouait avec les titres qu'on lui confiait. Il faisait souscrire des actionnaires à ses emprunts et il gardait les sommes qui dépassaient les souscriptions ; et il a trouvé des gens pour le plaindre et l'absoudre ! Cette faiblesse ne fait pas l'éloge de notre temps.

Je ne sais pas si Mirès avait compromis dans ses opérations des personnages de l'Empire ; c'est fort possible, mais, en tout cas, il n'a pas eu le courage de les démasquer. On n'a donc pas le droit d'invoquer cet argument en sa faveur.

L'Empire s'est montré très-indulgent pour Mirès, qui a pu recouvrer sa liberté et lutter avec scandale contre la magistrature pendant les dernières années de sa vie.

Gilles de La Ronce, qui était avocat, l'a entendu à la première chambre du tribunal de la Seine, pendant une suspension d'audience, tenir cet étrange propos que les avocats écoutaient sans rien dire :

« Oui, messieurs, je réformerai la magistrature et le barreau, je vous l'affirme. » C'était une gasçonnade. Il n'a rien réformé et il ne s'est pas même réhabilité. Il a continué sa lutte avec audace et cynisme, et ce qu'il y a de plus triste, c'est que si les événements ne lui avaient pas été contraires, il eût trouvé de nouveaux actionnaires pour lui donner raison ! O gente moutonnière et stupide !

Mais on dira : Mirès n'était pas seul coupable ; il a payé pour d'autres. Là n'est pas la question. De ce que des spéculateurs aussi éhontés ont pu réussir à éviter des malheurs judiciaires, en faut-il conclure que celui-là était une victime de nos lois? Nullement. Il faut dire que la sévérité des lois ne s'est point attachée à poursuivre ses semblables et qu'on avait alors des complaisances regrettables qui n'ont pas peu contribué à nos désastres.

On s'est beaucoup ému, de notre temps, au sujet de l'affaire Mirès. Ce dernier ayant été mis au secret à Mazas, on a crié à l'arbitraire ; on en a fait une victime. Enfin, la victime a été relâchée, elle est devenue intéressante, et on n'a pas eu le courage de faire taire cette fausse victime. Voilà la vérité.

Le reste de la vie de Mirès a été une lutte corps à corps avec la justice et avec l'expert Monginot. Mirès a été vaincu, et cependant il a su conserver, dans notre facile public, un grand nombre de partisans.

La seule chose qu'on puisse dire en faveur de Mirès, c'est qu'il n'a pas été seul coupable et que l'impunité florissante de plusieurs de ses pareils l'a presque rendu intéressant aux yeux de beaucoup de gens.

Cette pitié du public est une preuve nouvelle de l'abaissement de notre sens moral.

J'en pourrais donner une autre preuve dans ce fait étrange, bien connu, c'est que l'arrestation de Mirès a été l'occasion de quelques affaires de bourse qui ont assez bien réussi aux joueurs effrontés qui les tentaient à coup sûr.

J'ai fini l'année chez madame Charles Heine, la fille de madame Furtado, qui nous a offert un arbre de Noël dans son délicieux hôtel de la rue de la Pépinière.

On a dansé, on a fait de la musique. C'était une de ces soirées gaies et pleines d'entrain, comme il y en a toujours dans cette maison hospitalière.

Il y avait au piano l'habile et célèbre Waldteuffel, qui fait beaucoup mieux danser que Strauss.

Madame Otto Bemberg, une amie de la maison, a chanté des airs espagnols qui ont été fort admirés. Madame Bemberg a un talent de premier ordre et qui serait envié par plus d'une de nos grandes cantatrices.

Il y avait là une réunion élégante de gens du monde, et la soirée s'est prolongée bien avant dans la nuit.

L'hôtel de madame Heine est une de ces merveilles d'architecture qu'on rencontre rarement dans Paris. Il est fort bien disposé pour les réceptions, quoiqu'il ne soit pas très-grand. Un instant le marteau démolisseur de M. Haussmann a menacé cette splendide demeure, mais de puissantes influences sont intervenues pour retarder cet acte barbare. Puis les événements se sont succédé, et aujourd'hui, malgré la condamnation qui l'avait frappé, l'hôtel est encore debout à la grande joie des hôtes qu'on y reçoit si bien !

CHAPITRE VI

— 1862 —

La réception du jour de l'an chez l'empereur a été des plus brillantes. Malgré le grand froid, toutes les députations civiles et militaires attendaient fort nombreuses leur défilé dans la cour des Tuileries.

Le grand divertissement du moment est le patinage, qui a été véritablement florissant sous l'Empire, ce fut une occasion pour les femmes du monde d'exhiber leurs fourrures et de se faire traîner sur la glace par des jeunes gens assidus et galants.

Néanmoins, je suppose que les étrangers habitués au patinage ont dû bien rire souvent de nous, qui n'étions pas précisément experts en la matière.

Ce n'est pas que Paris manque de professeurs de patinage. Il y en avait même un fort original qui s'amusait, en plein été, à patiner avec des patins à roulettes, sur l'asphalte de la place de la Concorde. Tous les gens qui habitent ce quartier ont pu le voir donner ses leçons en plein air et distribuer ses cartes aux passants. Depuis la guerre cet original a disparu. Qu'est-il devenu ?

Il a peut-être eu le sort de l'ami des oiseaux, cet autre original que tout Paris a vu, pendant des années, donner la becquée aux moineaux et aux ramiers des Tuileries. Ce pauvre diable est mort pendant le siége ! Il n'y a que Paris pour produire de pareils types !

Gilles de La Ronce me raconte un déjeuner auquel il a assisté chez Edmond About. La table est restée servie jusqu'à deux heures. A chaque instant il arrivait un hôte nouveau. La politesse de l'exactitude n'existe pas dans la république des lettres. Mais, en revanche, la table de M. About est très-hospitalière aux amis attardés. On a beaucoup parlé littérature et philosophie. Au dessert, M. Sarcey s'est levé et est allé chercher dans une armoire une chemise, un faux-col et une cravate. Ce pauvre La Ronce, qui tient beaucoup à l'étiquette, était mal à son aise. Il fallut tout l'esprit de l'amphytrion pour le remettre en bonne humeur.

Le patinage continue avec une fureur nouvelle.

Pourtant nous avons eu au bois un affreux accident qui était bien fait pour calmer l'ardeur des amateurs de patinage. Sur le grand lac, vingt personnes sont tombées dans l'eau et l'on dit qu'il y a eu quatre victimes. En vain les gardes du bois, très-embarrassés dans leur difficile surveillance, défendaient d'approcher des endroits dangereux, le Parisien né frondeur ne tenait aucun compte de ces avertissements. Un premier patineur glisse et casse la glace, un second le rejoint; un troisième veut sauver le second et est entraîné avec lui. En vain la barque de sauvetage approche, en cassant la glace, elle arrive trop lentement et les noyés disparaissent sous les glaçons.

Le 7 février, nous avons eu un fort beau bal chez madame Gould, une Anglaise qui aime beaucoup Paris. Il y avait là de ravissantes jeunes filles, mesdemoiselles de Besplas, du Hallay, de la Grénée, de Genzano. On a dansé jusqu'à une heure fort avancée de la nuit. Madame Gould a également une fort belle installation à Londres; elle avait à cette époque un bel hôtel avenue de Matignon.

Gilles de La Ronce vient de passer sa thèse de licence en droit, le pauvre garçon va se voir obligé de couper ses moustaches, s'il veut plaider ! Voilà bien les sottes exigences de nos mesquines coutumes ! Dans un pays où Richelieu portait une barbe de colonel, on donne aux avocats une figure de maîtres d'hôtel. Il faut voir les jeunes stagiaires, la veille du jour où ils prêteront serment! Adieu, ce fin duvet d'une moustache vierge que jamais le rasoir ne toucha! mais la magistrature est impitoyable! sans la robe et les favoris il n'y aurait pas de bons avocats! la robe vous embarrasse; on a l'air de porter soutane, et l'absence de moustaches vous défigure absolument. Pourquoi ne plaiderait-on pas en habit noir, en cravate blanche, avec ou sans moustaches, selon l'air du visage de chacun! Puisque nous sommes dans un temps démocratique, il faut avoir la logique de ses opinions et ne plus garder de vieux usages qui ne sont plus de notre temps! Mais non, l'homme chasse Dieu de ses lois! il ôte leur épée aux gentilshommes, il impose la mode ridicule et bête d'un costume très-vulgaire destiné à toutes les classes de la société et ne gardant aucun de nos vieux usages, aucune de nos vieilles traditions, il s'avise de conserver un costume suranné et des formules de droit absolument incompréhensibles! Voilà bien la logique des révolutionnaires!

Le 20 mars, j'ai assisté à la fin chrétienne d'un homme d'esprit qui avait été libre-penseur et quelque peu Saint-Simonien, c'est le banquier Goupy, le traducteur des odes d'Horace. Goupy, confessé par l'abbé Ridoux, un saint qui le guettait depuis bien des années, et bien conseillé par Raoul de Villedieu, qui le connaissait, a abjuré toutes ses erreurs, pour mourir en bon catholique.

Voici les paroles que j'ai entendues de la bouche de ce mourant converti : « Mes amis seront contents, dites-leur ce que j'ai fait. J'ai lutté longtemps, j'ai beaucoup réfléchi, mais j'ai fini par comprendre et céder ; du reste, si j'en reviens, je veux persévérer, car j'ai promis et je ne fais jamais de promesses en vain ! » Il était radieux et calme en prononçant ces belles paroles. Voilà comment un homme qui a des intentions droites peut trouver le salut et la vérité à la dernière heure. C'est bien consolant dans ce siècle si démoralisé !

Un bienfait n'est jamais perdu. Raoul de Villedieu, avec sa belle âme, avait fait une bonne action. Plus tard, quand la mort l'a frappé, c'est ce même abbé Ridoux qui lui a fait faire ses pâques et c'est un ami de ce saint prêtre qui lui a donné les derniers sacrements. Qu'on dise, après cela, que Dieu ne s'occupe pas de nous ! On cherche bien loin des miracles que les incrédules tournent en ridicule. Je n'en sais pas de plus grand que celui dont je parle. Il se renouvelle bien souvent au lit de mort des chrétiens, et personne n'y songe !

Le public est très-occupé d'un nouvel ouvrage de Victor Hugo, intitulé *les Misérables*. Ce livre, écrit de main de maître, est inspiré par une pensée de réhabilitation des malfaiteurs que la société condamne. Il est triste de voir le génie servir à de pareilles apologies ! Ce livre a eu un grand succès et a rapporté beaucoup d'argent à son auteur. C'est peut-être là qu'il faut chercher la véritable cause de ces étranges publications ! De notre temps, on veut, avant tout, le succès pécuniaire, le reste n'est rien.

Nous avons eu à Paris, le 30 avril, un fort beau bal chez la marquise d'Aligre, dans son bel hôtel de la rue d'Angoulême. Cette soirée a été l'une des plus élégantes de la saison. Quelques jours après, une réception non moins brillante réunissait la même société d'élite dans la belle demeure de la comtesse du Châtel, rue de Varennes. De pareilles fêtes ne s'oublient pas, et il faut convenir que si la bonne société boudait sous l'Empire, ses bouderies fort estimables ne l'empêchaient point de s'amuser. Je doute même qu'elle se soit jamais plus amusée que sous ce régime exécré. L'Empire ne gênait réellement que les révolutionnaires et les farouches républicains. Quant aux gens de l'ancien régime et aux orléanistes, ceux qui n'avaient pas de bonnes places, parce qu'ils n'en avaient pas besoin, passaient la vie fort gaiement dans leurs hôtels et dans leurs châteaux. L'Empire ne les inquiétait nullement. On pourrait même dire qu'il avait pour ces notabilités mille prévenances destinées à les rallier au gouvernement, et, si notre mémoire est fidèle, il me semble qu'il avait assez bien réussi pour quelques-unes d'entre elles.

Le 6 mai, le général de La Woestine a passé en revue, à l'esplanade des Invalides, la garde nationale de la Seine. Il y avait dans cette milice cinquante bataillons formant un effectif de 25 à 30,000 hommes ; les quartiers réputés dangereux en étaient exclus. C'était une garde nationale expurgée. L'Empire n'a jamais voulu la compléter ni la dissoudre. Il s'en servait pour les fêtes nationales et la traitait même avec égard. On lui donnait la droite dans les mouvements de troupes. Les officiers étaient nommés par l'empereur, les sous-officiers par les commandants. Il n'y avait de soldé que le général, les gros majors et les tambours. Ces derniers avaient une fort bonne situation, qui s'augmentait par de petits profits provenant des compagnies. On voit par là le nombre de victimes faites par la loi de suppression de cette milice. Malgré la condescendance de l'Empire, on n'a pas obtenu grande discipline de ces soldats-citoyens. Il y avait parmi eux un laisser-aller qui prêtait au ridicule et qu'on ne réprimait pas, parce qu'on voulait avant tout empêcher qu'ils ne soient dangereux. Cependant il faut reconnaître que quelques bataillons étaient bien organisés et même suffisamment instruits. Nous avions à Chaillot un commandant, M. Duffié, qui connaissait son affaire et qui était parvenu à obtenir des exercices au cordeau.

Les rangs de la garde nationale de la Seine ont fourni de nombreux officiers de mobile et on y pris pendant le siége ces compagnies de marche qui, quoi qu'on en dise, ont montré quelque élan à la bataille de Buzenval.

Mais le principe de l'institution était vicieux. Un soldat qui raisonne sous les armes n'est bon à rien, et des officiers qui sont plus occupés de leur commerce que de leurs devoirs militaires ne valent pas grand chose ! Tout cela devait disparaître le jour où l'excès du mal serait arrivé. C'est la Commune qui a donné le coup de grâce à la garde nationale.

La République, en la supprimant, a fait ce que l'Empire n'avait jamais osé faire, bien qu'il en ait eu plus d'une fois l'intention.

Le 28 mai, le célèbre peintre Gudin a donné un grand dîner dans son château de Beaujon. Gilles de La Ronce, qui y assistait, m'a dit qu'il y avait treize convives, parmi lesquels figuraient : M. H. de Verne, le baron X., M. Coignard, M. Lorembert, de *la Patrie*, M. du Noyon, deux Anglais dont un sourd, le docteur Touarey et M. Ducoux, le directeur des Petites Voitures. Le dîner a duré trois heures et l'on a arrosé les mets des meilleurs crûs, pris dans les caves du château. La soirée s'est terminée par une promenade dans les galeries de peinture, où l'on voyait encore de fort belles toiles du grand maitre.

Depuis cette époque, Gudin, fort mécontent de l'Empire, a vécu dans la retraite, ne quittant les pinceaux que pour publier des mémoires intimes où il racontait ses anciennes relations d'amitié avec le prince Louis-Napoléon alors émigré en Angleterre. Cette publication, qui déplut en haut lieu, fut tout à coup interrompue ; on n'a jamais bien su pourquoi ?

Ce diable de Gilles de La Ronce qui va partout, me raconte chaque jour une soirée nouvelle. J'ai beaucoup de peine à le suivre dans ses pérégrinations à travers les salons de Paris. Il a dîné le 26 juin chez un banquier fort connu, M. de Rouville, qui habite une villa de l'avenue de l'Impératrice. Il y avait à cette table M. le vicomte A. de La Guéronnière, M. de Parieu, le président du conseil d'État, et le général Regnault de Saint-Jean-d'Angely. — M. de Parieu a produit sur mon jeune ami, une grande impression. C'est un homme instruit et d'une grande simplicité. Il est fort discret, contrairement à nos hommes d'État du jour. Il parle peu et semble tirer profit de tout ce qu'il entend. M. de Parieu, qui a été ministre, est une preuve vivante de la valeur réelle de certains hommes politiques de l'Empire.

Après ce dîner, voici un déjeuner chez le vicomte de La Guéronnière, à côté du fameux marquis de La Roche-Jacquelein et de M. de La Ponterie, jeune collaborateur de M. de La Guéronnière. M. de La Roche-Jacquelein était un type fort curieux à étudier. Ce gros homme avait beaucoup d'esprit et l'on retrouvait en lui quelque chose de ces grandes manières du gentilhomme qui, malgré son libéralisme, s'étonnait et du temps où il vivait et des hommes avec lesquels il était en contact. Il y avait du Mirabeau chez le marquis. Quand il paraissait à la tribune, on se rappelait le fougueux orateur de la Révolution ; mais bientôt les traits d'esprit remplaçant l'éloquence théâtrale du modèle, on retrouvait un personnage différent de celui qu'on s'était figuré au premier abord. M. de La Roche-Jacquelein a eu un fort beau rôle en 1848. Il était très-populaire, et si les Bourbons du drapeau blanc étaient revenus, à cette époque, il aurait joué un rôle important à la cour d'Henri V. Au point de vue légitimiste, il s'est trop laissé entraîner sur la pente dangereuse que suivaient les hommes de la *Gazette de France*. Pour le droit monarchique, il n'y a pas deux voies possibles, il n'y en a qu'une, le droit traditionnel ! Toute alliance avec la révolution équivaut à une abdication. Le comte de Chambord, on le voit, a été mieux inspiré que la plupart de ses plus fidèles partisans, il n'a jamais pactisé avec l'émeute, et les événements lui donneront un jour complétement raison.

Le 3 juillet, nous avons eu un brillant mariage dans le monde officiel, le marquis de Chasseloup-Laubat, ministre de la marine et membre du conseil privé, a épousé mademoiselle Pilié, la charmante fille de madame Pilié qui a donné de si beaux bals, dans son bel appartement de la rue des Champs-Élysées. Nous retrouverons plus tard la jeune marquise aux bals de la marine, dont elle faisait les honneurs avec une grâce parfaite.

Dans ce siècle étrange, entraîné par le tourbillon des affaires, il y avait parfois une étincelle de spiritualisme. C'est ainsi que le dimanche 20 juillet, monseigneur l'évêque de Versailles est venu bénir le nouveau village du Vésinet, bâti par des spéculateurs, sur les débris chèrement vendus d'un ancien parc. La cérémonie était imposante. Une messe en plein air attirait une grande foule. Je dois à la vérité de dire que l'attitude d'une certaine partie du public laissait beaucoup à désirer. A Paris, les masses ont cessé d'avoir cette foi naïve et honnête de nos pères. Il y a toujours des brebis galeuses qui gâtent le troupeau, c'était le germe de la Commune de l'avenir! Voilà pourquoi les processions ne sortent plus dans Paris. C'est une honte pour notre prétendu libéralisme, car la seule raison qu'on puisse donner de cette prohibition peu libérale, c'est qu'on craint les scènes de désordre et de scandale.

Quand un peuple en est là, il est bien malade. Il faut avouer que les gouvernements qui ont de pareilles craintes, ont une bien faible idée de leur autorité. Pourquoi ne pas essayer d'une liberté si respectable? Pourquoi ne pas jeter un défi aux perturbateurs ? Qui empêcherait de les conduire au violon, absolument comme s'ils avaient troublé l'ordre public, dans la rue, ou dans une fête nationale.

Il faut avouer que ces craintes de l'autorité sont une preuve de sa demi-complicité ; elle ne veut pas de ces manifestations religieuses, et pour les empêcher, elle fait apparaître le spectre rouge, qui n'est guère dangereux, quand on est décidé à le combattre, et surtout quand il en est averti ! Je ne puis passer sous silence une petite excursion que Gilles de La Ronce a faite en Algérie, à l'occasion de l'inauguration du chemin de fer de Blidah à Alger. Ce petit voyage étant fort intéressant, j'ai voulu en recueillir les impressions qui m'ont été communiquées par mon jeune ami ; elles ont leur intérêt, et font connaître ce qu'on a fait, de notre temps, pour cette nouvelle France qui nous a coûté si cher et qui pourrait un jour nous rendre au centuple ce que nous lui avons si généreusement donné.

Le départ des invités pour l'inauguration en question eut lieu le 7 août à 7 h. 45 m. du soir. Parti le 9 août à midi, sur un bateau à vapeur, aux frais de la Compagnie des chemins de fer algériens, les invités arrivèrent à Alger le 11 août à 2 heures du matin.

Théophile Gautier était du voyage, avec un grand nombre de délégués de la presse; il y avait entre autres M. Chambon, du *Siècle* et M. Walserre, du *Constitutionnel*. Théophile Gautier était vêtu d'une casaque rouge qui l'eût fait passer pour un garibaldien, aux yeux d'étrangers peu au courant de ses opinions. Il avait cette originalité des costumes bizarres, avec beaucoup d'autres. Sa présence animait le cercle des littérateurs qui faisaient partie de ce convoi parisien, en partance pour l'Afrique. Mais on pouvait lui reprocher un certain laisser-aller dans la tenue et dans les discours, habitude déplorable des journalistes parisiens. Pour ne citer qu'un trait en passant, Théophile Gautier, entraîné par sa propre conversation, en était arrivé à prétendre qu'il imiterait parfaitement tous les grands génies français. « Choisissez, disait-il. Voulez-vous du Bossuet, du Fénélon, du Boileau, du Molière ? je vous improviserai ce que vous voudrez, dans le style de ces maîtres. » Personne n'osait le mettre au défi d'exécuter sa promesse. Ce grand écrivain, on le voit, ne brillait pas précisément par la modestie.

Il y avait sur le bateau un passager plus modeste que l'on prenait pour le médecin du bord. Il donnait des conseils aux malades et semblait fort au courant de toutes les choses maritimes. Gilles de La Ronce, qui est très-curieux, le pressa de questions et finit par découvrir que ce passager obscur en apparence, était un certain marquis d'Aiguille, Provençal dépaysé, qui avait cherché fortune aux États-Unis. Cet homme persévérant s'était fait colon au nouveau monde pour y apprendre l'agriculture et pour en rapporter le pécule nécessaire à l'exploitation d'un domaine qu'il possédait en Algérie! Quelle persévérance! elle eut une triste récompense. Le colon courageux mourut, peu de temps après, assassiné par des Arabes, en voyageant dans ses terres. Parlez donc de coloniser un pareil pays, avant de l'avoir purgé des malfaiteurs qui l'habitent! Il y a pourtant des gens sensibles qui, lisant les journaux radicaux, au coin de leur feu, se prennent à maudire le régime militaire et à le représenter comme la plaie de l'Algérie; ce sont les Arabes qui sont la seule plaie de ce beau pays! Tant que les Arabes ne seront pas devenus français, de gré ou de force, ils seront les éternels ennemis de notre civilisation. Civilisez-les et, si vous ne le pouvez pas, chassez-les! tout le problème de notre colonisation est dans ce brutal dilemme.

Voyez ce qu'est devenue la province d'Alger? c'est presque une terre européenne! elle est florissante et riche! à quelques lieux d'Alger on y voit de ravissantes villas habitées par de paisibles et heureux colons! Est-ce que l'Arabe féroce est jamais venu troubler ces plages? Pourquoi? c'est que la population européenne, plus nombreuse que la population arabe, est capable de se défendre elle-même?

Que l'on fasse pour les autres provinces ce qu'on a fait pour celle d'Alger !

Cette terre est admirable. Mais elle manque de bras pour la cultiver. Le jardin des essais, sorte de jardin d'acclimatation, situé près d'Alger, est une merveille qui prouve toute la richesse de ce pays incomparable.

Gilles de La Ronce m'a raconté une fête arabe à laquelle il a assisté. Les invités du voyage officiel avaient loué une maison mauresque. Une troupe de musiciens et de danseuses y donnèrent ce qu'on appelle une *bitta*. C'est une danse monotone et lascive que l'on regarde en prenant du café et en fumant dans de longues pipes. — Il est impossible d'imaginer rien de plus original, mais de plus immodeste. Il faut les mœurs de l'Orient pour faire accepter ces danses qui dégradent la femme. Imaginez des danseuses le nombril découvert et imitant ce que la nature a de moins poétique. Voilà pourtant le régal des riches orientaux, à moitié abrutis par l'abus des sens et par une éducation absolument bestiale! Les danseuses n'étaient point jolies et celle qui eut le plus de succès, était une grosse négresse qui excellait dans ces gestes immodestes qu'on ne tolérerait pas chez nous à Paris, dans les mauvais lieux. Le Cancan est une danse de pensionnaires auprès de celles-là. Le 15 août, jour de la fête de l'empereur, fut choisi pour l'inauguration du chemin de fer d'Alger à Blidah. Une grande pompe avait été déployée pour cette cérémonie. Il fallait voir les figures ébahies de ces Arabes qui ne comprenaient rien à ce qui se passait. Assurément ils croyaient que ces voitures de feu étaient une œuvre satanique. A moins qu'ils ne fussent aussi naïfs que ce paysan de Valence, en Espagne, qui après avoir longtemps considéré une locomotive, s'écria comme un homme qui a tout deviné : « Eh ! c'est bien simple, le cheval est dedans ! »

A l'arrivée du train à Blidah, il y eut un déjeuner officiel présidé par le général Pélissier, duc de Malakoff. Ce grand homme de guerre essaya un petit discours qui ne fut pas très-éloquent, mais qu'il termina par ces mots que mon malicieux ami n'a point oubliés : « Messieurs, je profiterai de la circonstance pour vous dire que nous partons à 1 heure et que qui mâche le temps, le gâche ! » Décidément, il y a peu de grands hommes complets, surtout dans le temps où nous vivons.

La soirée se termina par un bal, une illumination et un feu d'artifice dans le jardin de Marengo, résidence d'été du gouverneur.

Le lendemain, les invités visitèrent la ville d'Alger; ils allèrent à la Kasbah, le palais des anciens deys, habité aujourd'hui par des soldats; virent en passant le belvédère où le bey d'Alger donna un coup d'éventail à notre ambassadeur ; le sérail situé non loin du palais. On y remarque des arabesques moins fines que celles de l'Alhambra, les plafonds ont encore conservé les couleurs algériennes, et certains vitraux assez beaux se voient aux fenêtres.

Le dimanche 17 août, il y eut une grand'messe à la cathédrale catholique, monument moderne en pierres de taille, d'un goût massif et douteux qui ne vaut certainement pas la grande mosquée.

Le soir, on conduisit les invités à une cérémonie assez burlesque donnée par une secte religieuse connue sous le nom d'Aï-Sawai. Ce sont des espèces de trembleurs qui s'excitent par des chants monotones au son du tamtam et qui, après avoir absorbé plusieurs plats de kous-koussou, avalent des feuilles de cactus, mordent des serpents, dansent sur des sabres, mettent des charbons ardents dans leur bouche, lèchent une pelle en fer rougie, se font sauter un œil et s'enfoncent des lames d'acier dans le corps. On appelle cela du nom de secte religieuse. Il faut l'ignorance de l'Orient pour accepter un pareil charlatanisme qui, dans nos foires d'Europe, se montre avec plus de modestie et de franchise.

Le dernier jour fut consacré à une excursion à la Kasbah, au palais du gouverneur, ancienne mosquée, à la maison du dey qui est fort curieuse, aux différentes mosquées, à la synagogue et au marabout des janissaires où est enterré un saint musulman fort respecté des gens du pays.

Gilles de La Ronce m'a raconté un curieux incident de l'une de ces excursions qu'il fit en voiture avec Théophile Gautier et M. Georges Bell. Les Français ont partout la manie de parler de la politique et de la religion, peut-être parce qu'ils n'entendent rien à ces deux choses. Ce jour-là, c'était le tour de la religion. On l'attaquait impitoyablement, Gilles de La Ronce, qui descend d'un écuyer de Duguesclin, n'entend pas raillerie sur ce sujet, son sang breton se révolte aisément. C'était M. Georges Bell qui avait pris la parole contre le catholicisme. Théophile Gautier écoutait en silence. Mon jeune ami impatienté, allait faire un éclat, lorsque mieux inspiré, il s'adressa en ces termes au célèbre rédacteur du *Moniteur* :

« Maître, lui dit-il, répondez vous-même, il est impossible qu'un homme tel que vous n'apprécie pas toute la grandeur de la religion. »

Théophile Gautier qui avait annoncé, sur le bateau à vapeur, qu'il donnerait du Bossuet, si c'était nécessaire, se rappela sa promesse et parla comme un père de l'Église. M. Georges Bell fut complétement battu, à la grande satisfaction de mon ami, qui s'applaudissait de sa petite supercherie. Plus tard, se trouvant à la table d'hôte de Marseille avec Théophile Gautier, ce dernier le plaisanta sur son déjeuner maigre du vendredi : « Maître, lui dit alors Gilles de La Ronce, avez-vous donc oublié votre beau sermon de la montagne d'Alger ! — Farceur ! » telle fut la seule réponse du pseudo-Bossuet pris en flagrant délit de contrefaçon littéraire.

Théophile Gautier n'avait voulu qu'une chose : démontrer que les poëtes peuvent tout dire et tout faire. Nous le savons bien. Lamartine et Victor Hugo nous l'ont appris à nos dépens ! Mais il n'y a pas que les poëtes qui ont cette prétention ; les avocats nous ont prouvé qu'ils avaient la même ambition et qu'ils se croyaient nés pour être hommes d'État et, au besoin, hommes de guerre. Après les avocats, nous avons eu les journalistes qui se sont également crus appelés à toutes les vocations possibles. Un jour viendra certainement où nous aurons les ouvriers arrivant au pouvoir, avec les mêmes prétentions et se croyant capables de tout, parce qu'ils savent bâtir des maisons et les démolir au besoin. Voilà bien, en deux mots, le grand mal de notre temps, c'est que, sous prétexte d'égalité, chacun se croit appelé à dominer son voisin. Il serait facile de gouverner un peuple qui se croirait tout entier destiné aux travaux les plus simples et les plus modestes et qui rêverait l'égalité dans la discipline et dans l'obéissance ! Mais, gouvernez donc une nation de généraux, de ministres, de préfets, de colonels, d'hommes d'État, de clubistes, de journalistes, d'électeurs souverains ?

Eh bien, qu'une pareille nation sache, au moins, se gouverner elle-même? Allons, nous verrons bien si elle réussit! Nous avons pour la troisième fois la République en France, allons! messieurs les latins! rappelez-vous vos classiques et gouvernez-vous en gens qui savent l'histoire.

Gilles de La Ronce, depuis son retour d'Afrique, a repris ses occupations au palais; car il est avocat, avocat-homme du monde! Il plaide de temps en temps, pas aussi souvent qu'un ancien clerc d'avoué, mais quelquefois, quand les présidents de cours d'assises lui donnent des causes d'office.

Grâce à lui, j'ai pu connaître un peu ce monde du palais qui mérite une étude particulière. Il y a les magistrats, les avocats et les avoués. Ces derniers sont des officiers ministériels qui achètent leurs charges et qui s'occupent très-sérieusement des affaires. Ils donnent des causes aux avocats qu'ils connaissent particulièrement. Les magistrats se tiennent fort à distance, dans ce monde-là. Ils sont très-réservés, un peu fiers avec les gens de robe, ce qui au premier abord est désagréable pour un homme du monde qui fait ses débuts. Cependant les magistrats ont une indulgence toute particulière pour les stagiaires, et quand on leur présente des jeunes gens qui sont désireux de plaider sérieusement des affaires d'office, ils s'empressent de les leur confier et de les protéger dans leurs nouvelles études.

Gilles de La Ronce a dû beaucoup de causes d'office à un magistrat fort distingué du parquet, M. l'avocat général Descoutures. Tous ceux qui ont assisté au siége de Paris se rappelleront la belle conduite de ce magistrat qui n'hésita pas à quitter la robe pour l'épée et qui fit toute la campagne, comme officier d'ordonnance du général Callié. Cette belle conduite est d'autant plus digne d'éloges qu'elle n'a pas été, pour son auteur, l'occasion de ces faveurs trop largement distribuées par le trop facile gouvernement de la défense nationale. M. Descoutures est rentré au Palais, à son poste, avec la même simplicité qu'il mit à revêtir l'uniforme et à remplir les devoirs les plus périlleux.

A l'époque dont je parle, le barreau de Paris était fort brillant. Les confrères de Gilles de La Ronce comptaient dans leurs rangs des sommités de toute sorte.

Il y avait d'anciens procureurs généraux, d'anciens ministres, d'anciens conseillers d'État et tout ce monde d'élite rivalisait de zèle et de talent.

Il est impossible de nier que sous l'Empire, le barreau de Paris ne fût excessivement remarquable et brillant. On y admirait les Jules Favre (c'était son beau temps, sa meilleure manière), Dufaure, Berryer, Hébert, Allou, Crémieux, Nicolet, et une pléiade de jeunes avocats moins illustres, mais qui annonçaient déjà ce qu'ils seraient un jour. Gambetta, si célèbre depuis, était dans les rangs des stagiaires, où il se faisait remarquer par sa pétulance et son esprit d'opposition. Il avait eu quelques succès dans les discussions si utiles de la conférence des avocats. Mais déjà le tribun se réveillait en lui, avant la tribune. Il ne lui manquait qu'une occasion pour donner carrière à sa fougue méridionale et révolutionnaire.

Gilles de La Ronce, habitué à d'autres manières, à d'autres idées, se trouvait un peu dépaysé dans ce palais de la chicane, où la fraternité n'est pas précisément la vertu dominante; aussi ne s'y plaisait-il qu'à demi. Il est fort difficile de parvenir dans la basoche quand on n'a pas acquis le droit de cité, par certaines relations, par certaines traditions, ou par quelque circonstance fortuite qui vous fait accepter et vous fait connaître. Le Palais est comme Paris, c'est un monde immense, indifférent, égoïste, inconscient, comme les foules. — Se faire jour à travers ces rangs trop serrés, est chose excessivement difficile !

A défaut de succès oratoires, Gilles de La Ronce a rapporté de son stage des impressions curieuses à relater, car elles font connaître des personnages qui ont joué un grand rôle dans le pays. On dit que les Français aiment les soldats de fortune: c'est une erreur; ils aiment surtout le clinquant et le bavardage, c'est pourquoi les perroquets de talent sont toujours appelés, chez nous, à un grand avenir, quand les circonstances y viennent aider.

L'Empire étant réputé, à l'époque dont nous parlons, pour une période de compression, on prisait fort les parleurs habiles et l'on voyait dans chacune de leurs plaidoiries, dans chacun de leurs discours, un grand acte de révolte qui devait chagriner le tyran. Voilà tout le secret de certains succès du barreau ! Voilà aussi la cause de la sympathie curieuse qui entraînait la foule au prétoire !

Il était alors fort brillant, il faut en convenir. A côté de magistrats remarquables, comme MM. Devienne, Chaix-d'Est-Ange, Descoutures, Falconnet, Pont, Saillard, Gouget, Guillemard, Puget, Oscar de Vallée, etc., il y avait de véritables illustrations dans le barreau.

On nous pardonnera de les passer ici en revue. C'est de l'histoire.

Commençons par M. Jules Favre. La postérité sera probablement très-sévère pour l'homme d'État, si l'on peut appeler de ce nom le personnage politique très-malheureusement accolé à un grand talent oratoire ; mais il est incontestable que M. Jules Favre était, au barreau, le plus habile, le plus séduisant, le plus lettré des orateurs. On restait des heures entières sous le charme de cette parole harmonieuse et facile. Il faut chercher dans l'antiquité pour trouver des avocats de cette taille ! Hélas ! l'antiquité nous montre aussi que le caractère n'était pas toujours à la hauteur du talent. Cicéron et Démosthène en sont la preuve.

On pouvait écrire les plaidoiries du maître sous sa dictée, elles eussent supporté la lecture, elles étaient toutes d'un style incomparable; cela tient à ce que le grand avocat a débuté par de sérieuses études. On disait au Palais que Jules Favre avait écrit ses premiers plaidoyers.

Mais comme on n'est pas parfait, il faut ajouter qu'il n'avait jamais la main heureuse dans le choix de ses causes. On eût dit qu'il se plaisait à vaincre des difficultés et que son esprit n'était attiré qu'à la défense des paradoxes; en un mot, ce grand avocat a toujours eu, au dire de ses confrères, un talent hors ligne, mais un esprit absolument faux.

Tel n'était pas Berryer, ce grand maître qui brillait en même temps au barreau de Paris. Moins habile que le précédent, il avait plus que lui la passion du juste et du beau. L'un était un habile rhéteur; l'autre un homme naturellement éloquent. Cependant on a beaucoup exagéré la personnalité de Berryer. Les circonstances ne l'ont point fait homme d'État, et c'est peut-être pour cette raison qu'on a supposé chez lui des aptitudes qu'il n'avait pas. Il a été mieux servi par sa modestie que M. Jules Favre par son ambition. Berryer a été surtout grand, parce qu'il est resté toute sa vie dans la sphère restreinte du barreau. La politique ne l'a porté qu'à la tribune, comme député, mais jamais au pouvoir. Il eût peut-être succombé devant cette terrible épreuve qui a été un coup mortel pour son confrère.

A côté de ces deux maîtres qui charmaient les magistrats et les avocats, on pouvait encore admirer la belle parole et l'habileté oratoire des Allou, des Sénard, des Hébert! Quels terribles champions! le premier surtout avait ce talent calme et limpide qui reste toujours à la même hauteur. Mais quelle vigueur avaient les deux autres ! Quels coups terribles ils portaient à leurs adversaires.

A côté d'eux, il serait injuste de ne pas placer M. Dufaure, dont le caractère net et loyal donnait tant d'autorité à une parole sobre, mais sûre d'elle-même. C'était un mathématicien démontrant un théorème; sa logique ne se démentait jamais. Il avait d'ailleurs la réputation de repousser absolument toute cause qui lui paraissait mauvaise. Ce n'est, au surplus, que le strict devoir de tout avocat qui se respecte. Mais il faut avoir le cœur et l'esprit bien choisis pour savoir toujours discerner les bonnes causes. M. Dufaure est aussi un travailleur infatigable. La nature ne l'a pas servi comme Berryer et comme M. Jules Favre. Tout ce qu'il possède de talent, il le doit à l'étude, et à quelle étude acharnée! M. Dufaure se retirait de bonne heure chez lui pour se mettre au travail dès l'aurore. C'est, dans la longue pratique de ce travail assidu, qu'il sut conquérir la grande place qu'il a gardée dans le barreau de Paris.

A côté de ces grands noms, comment ne pas nommer le célèbre M. Lachaud, cet avocat incomparable qui, depuis tant d'années, s'est placé au premier rang parmi les défenseurs de cours d'assises ! Quel talent ! quelle âme ! quelle verve ! quelle puissance oratoire ! Le vulgaire, d'ordinaire peu indulgent, lui a quelquefois reproché la nature de ses causes ! Mais les criminalistes, qui savourent tout ce qu'il y a de grand dans ces études des défaillances humaines, admirent le talent et le courage de l'avocat qui s'est consacré à ce genre, dont le caractère dramatique ouvre un champ immense au philosophe qui veut connaître les passions humaines. Il faut être bien sûr de soi pour rester dans un pareil milieu. Il faut être un pilote bien habile pour naviguer dans cet océan toujours agité par la tempête ! Qui pourrait reprocher à M⁰ Lachaud, plaidant pour les criminels, l'abandon d'un seul des grands principes de la morale éternelle ! Lachaud est resté à la cour d'assises, éloquent, honnête, moral et religieux ! C'est le plus bel éloge qu'on puisse faire de son talent et de sa personnalité. Nul ne l'a égalé dans ce genre oratoire, et il a été, pendant de longues années, l'un des plus beaux champions de cette grande lutte oratoire du Palais de Justice.

Pour n'oublier personne, rappelons en passant ces noms honorables qui contribuaient à augmenter le relief de cet ordre si bien représenté du barreau de Paris. Nous avions à cet époque : les Marie, Nogent-Saint-Laurent, Plocque, Grévy, Desmarest, Léon Duval, Nicolet, Arago, Crémieux, Leblond, Bétolaud, Carraby, Laurier, Busson-Billault, de Lamberterie, Falateuf, Faverie, Saglier, Rivolet, Gatineau, Maurice Joly, Hubbard, Lassis, Paillard de Villeneuve, Pelvey, Petit d'Auterive, Prin, Fontaine de Rambouillet, de Cagny, Celliez, Bertin, Rendu, Léon, de Barthelémy, Delpon. Les premiers, habiles jurisconsultes, sûrs d'eux-mêmes, moins brillants que les grands maîtres, mais souvent plus heureux par une pratique qui suffisait aux causes qu'ils défendaient ; les derniers, jeunes et brillants émules, avocats de l'avenir, qui se faisaient largement leur place dans ce corps d'élite où les derniers sont loin d'être sans mérite et sans talent.

Chacun se rappelle la physionomie particulière de ces maîtres déjà très-connus. MM. Carraby, Nicolet, Léon Duval, Laurier, étaient de spirituels et dangereux adversaires. MM. Bétolaud, Leblond, Arago, de Lamberterie, attiraient sur leurs clients la faveur qui s'attachait à leur caractère.

Quelques-uns des jeunes atteignaient déjà les hauteurs de leurs devanciers. M. Rendu pouvait porter sans faiblir le fardeau d'un grand nom dont il héritait par droit de naissance et par droit de nature. Delpon attirait les regards des magistrats qui s'intéressent plus qu'on ne le pense au succès du jeune barreau. Léon, moins soucieux de ces éloges, semblait les braver jusque sur leur siége, avec son impétueuse nature. Maurice Joly, plus porté vers les lettres que vers la barre du tribunal, préludait à ses succès futurs par des audaces littéraires qui lui valurent des démêlés avec la justice. Il a su éviter l'écueil de la tourbe révolutionnaire et, resté bel esprit, quoique railleur et caustique, il a frappé ses plus rudes coups contre les ennemis de l'ordre social, dans des articles de *la Liberté* marqués d'un grand cachet d'originalité.

Saglier est mort trop tôt, au milieu d'une brillante carrière. Il y avait du Mirabeau, dans cet homme vigoureux qui est tombé au milieu de la lutte. Pelvey, Lassis, Hubbard, de Cagny, Celliez, Bertin étaient des stagiaires remarqués de leurs camarades et qui débutaient, comme dans *le Cid*, par des coups de maîtres.

Il me reste à dessiner trois personnalités qu'à dessein j'ai gardées pour la fin de ces portraits. Ils ne se ressemblent pas, mais ce sont des indisciplinés et des isolés qu'on ne peut classer nulle part. Je les nomme : ce sont MM. É. Ollivier, Gambetta et l'avocat Bonjour. Ce dernier était un déclassé du barreau, un ancien avocat qui avait vieilli sous le harnais, luttant jusqu'à la fin contre l'obscurité et contre la sévérité de la nature qui ne l'avait pas fait éloquent. Il n'avait pas une grande conception de la mission qu'il était appelé à remplir, sa robe ne le gênait pas pour causer familièrement avec le bon public, son cabinet était dans les galeries du palais. Se méfiant sans doute de lui-même, il avait pris le parti de n'étudier ses causes qu'à l'audience même, et comme cette audience était presque toujours une des chambres de la correctionnelle, l'étude n'était pas longue à faire. Cependant Bonjour parlait souvent de toute autre chose que de sa cause. Il était vieux et incorrigible ; les magistrats le supportaient, on le laissait parler assez pour que son client fût content de lui, et entre deux sourires, le juge reprenant sa sévérité, prononçait la sentence, et Bonjour fermait sa serviette sans trop se soucier de ce qui allait ariver. Il avait rempli sa tâche.

Me Ollivier était un homme d'une autre trempe ; esprit distingué, homme de talent, il se serait fait une grande place au barreau, s'il avait su s'y faire aimer. Il y était généralement détesté et ses confrères saisirent le premier prétexte plausible pour le faire rayer du tableau. Il touchait des honoraires comme conseil du vice-roi d'Égypte. Ce grief parut très-suffisant, il servit d'occasion, et É. Ollivier quoique déjà fort lancé dans la politique, se trouva exclu du prétoire. Le grand reproche qu'on lui faisait au Palais, était probablement de s'être rapproché du gouvernement qui n'était pas en odeur de sainteté dans la basoche. Pour tout autre qu'Émile Ollivier, le péché eût été pardonnable ; mais il s'était tellement compromis avec l'extrême gauche que cette désertion de l'un des cinq ne pouvait être oubliée par les républicains du Palais.

Gambetta ! le point d'exclamation n'est point inutile après ce nom aujourd'hui célèbre et alors bien obscur. Gambetta était, comme stagiaire, le confrère de Gilles de La Ronce, qui l'a souvent vu à la conférence ou dans les couloirs du Palais.

Il ne paraissait pas s'occuper beaucoup de droit, de plaidoiries et de clients. — Il ne cherchait déjà que les questions politiques, et, toujours disposé à se révolter contre les magistrats, le stagiaire était le centre de réunion d'un groupe de mécontents qu'on aurait pu appeler « le parti révolutionnaire du Palais. »

Ses premiers succès eurent pour théâtre la conférence des avocats. Il y plaida fort bien du reste, avec cet accent et cette vigueur méridionale qui sont tout son talent, des questions de droit qui touchaient à la politique. La question des lettres-missives par exemple, l'attribution du pouvoir de police judiciaire aux agents du gouvernements, etc. Ces questions n'étaient jamais traitées dans l'enceinte étroite de la bibliothèque des avocats sans amener des allusions très-vives contre César et son gouvernement. Le bâtonnier qui présidait se gardait bien d'imposer silence à l'orateur, et les gendarmes de César montaient la garde aux portes du Palais, pour assurer la tranquillité de ces factieux en robe que personne ne troublait dans leur inoffensive révolte.

Gambetta y gagna d'être connu pour un irréconciliable ; mais l'occasion lui manquait pour sortir de l'ornière, car véritablement il ne travaillait pas assez au Palais pour espérer de longtemps une carrière qui lui permît de vivre indépendant. Cette occasion se présenta sous la forme d'un procès de presse en police correctionnelle. Gambetta fut mis en relief par quelques audacieuses paroles contre le lion moribond de l'Empire. Il n'en fallut pas davantage pour en faire un héros aux yeux du peuple de Paris. Il fut donc nommé député. Voilà le commencement de sa rapide et étrange fortune.

Maintenant quel est l'homme ! Comme il appartient à l'histoire et que tout n'est pas fini pour lui, qu'il peut même encore jouer un rôle important dans l'avenir, il n'est pas sans intérêt de dire ce qu'en pensait alors un stagiaire de ses confrères.

Gambetta n'est point méchant, il n'a même aucun mauvais instinct. Il y a quelque élévation dans son caractère et dans ses aspirations. Mais il est lié par son passé et par ses débuts. C'est une nature ardente et fougueuse! Cet homme, qui est révolutionnaire par état, serait plus absolu qu'un autre, s'il avait le pouvoir. Il ne déteste la religion, les prêtres, les nobles que du bout des lèvres. Au fond, il rend justice à la supériorité des gens et des choses qu'il attaque.

Ce n'est point un esprit, mais un caractère absolu. Il serait despote, mais ne serait pas idéologue. Il a d'ailleurs nié le premier l'existence des questions sociales, par la raison qu'il n'est point de l'école de Louis Blanc et Cie. C'est un tribun, mais un tribun élevé à l'ombre des lois et de la justice. Il a des dons naturels qui ont fait une partie de ses succès. Sa parole est ample et sonore. Il a la faconde méridionale. Ses idées sont loin d'être très-précises sur les questions spéciales. Il y a beaucoup d'éclectisme dans sa manière de voir et de juger les questions politiques.

C'est un taureau qui irait se briser contre un mur, sans s'arrêter en chemin. S'il revient au pouvoir, il se laissera entraîner, par sa fougue et sa folie, à une politique désordonnée qu'il ne saura plus maîtriser lui-même, après la première impulsion.

Gambetta est un exemple de ces hommes dont la nature, s'élevant au-dessus du vulgaire, ne peut se résigner à rester confondue dans la foule. Il leur faut des révolutions à tout prix, pour arriver à ces hautes sphères du pouvoir qui tentent tout le monde aujourd'hui, mais que personne ne veut atteindre par le mérite, la patience et le travail.

Et maintenant sortons du Palais, non sans avoir salué l'aimable greffier de la cour, M. Fauche, jeune homme plein d'avenir, qui était le contemporain et l'ami de tous ces jeunes avocats. Sortons du Palais, pour rentrer dans les salons, où se jouent, sur un autre ton, les autres actes de l'éternelle comédie humaine.

C'est là que nous verrons finir l'année 1862, dans le beau salon de madame Heine, qui donnait une soirée avec un arbre de Noël pour fêter les quinze printemps de sa fille, devenue plus tard la duchesse d'Elchingen.

Il est impossible d'imaginer quoi que ce soit de plus gracieux et de plus coquet que ce délicieux hôtel de la rue de la Pépinière, chef-d'œuvre d'architecture oublié par le marteau démolisseur du préfet de la Seine.

Cet hôtel est un petit palais qui contient des richesses artistiques dignes d'un musée. On y voit une galerie de tableaux des plus grands maîtres.

La soirée fut très-animée. Il y avait là un essaim de jeunes filles appartenant à l'aristocratie financière. Mesdemoiselles Fould, Moreau-Châlon, Say, Meyer, Clary, Errazu, Rosalès, etc. Il y avait un entrain et une gaieté qu'on ne trouvait nulle part, grâce à mesdames Furtado et Heine qui savaient s'oublier, pour ne penser qu'à leurs invités. Dans ce salon se pressaient la haute société officielle et quelques membres du noble faubourg. La musique était entraînante ; il y avait partout des corbeilles de fleurs. Des flots de lumière éclairaient les gracieuses toilettes et les parures de diamants ! Quelle cour de souverain pouvait unir un pareil luxe à tant d'animation ! C'étaient les beaux jours que l'Empire avait faits pour les riches salons de l'époque ! Tout le monde y trouvait son profit, les gens du monde s'amusaient, les ouvriers travaillaient ! Nous sommes loin de ce temps qu'on a si critiqué et qui faisait de Paris la première ville du monde !

CHAPITRE VII

— 1863 —

L'année commence par un fort beau bal aux Tuileries, le 7 janvier. J'y rencontre le comte de Labourdonnaye, dans son nouveau costume de chambellan, le marquis Pallavicini, le président Falconnet, magistrat des plus distingués, ancien procureur général à Pau ; les Richemond, la famille Donon, le comte de Chaudordy ; le marquis de Barbançois, qui représente l'une des plus nobles et des plus anciennes familles du Berry ; M. Loubat, jeune Américain millionnaire, et la famille Pilié, qui était de toutes les grandes réceptions.

Les costumes militaires étaient fort nombreux et donnaient au bal un aspect plus riant que la vue ordinaire des habits noirs de maîtres-d'hôtel, costume officiel de nos gens du monde de l'époque. Les magistrats eux-mêmes portaient l'épée au côté, mais on leur avait donné un costume noir si sombre qu'il les faisait ressembler à des huissiers de ministères. Parmi ces magistrats, on remarquait M. Rohault de Fleury, si redouté à la police correctionnelle où il a présidé quelque temps l'une des chambres. J'ai remarqué que les laquais de l'empereur ne servaient point le public ; les tables étaient fort bien garnies, mais elles n'étaient pas moins bien gardées et il n'était guère facile d'en approcher. Le bal fut des plus animés. Comme toujours, il y avait une foule compacte dans le salon des Maréchaux. Les cent-gardes se tenaient comme des statues sur les degrés du grand escalier d'honneur. Ils avaient fort grand air, et leur impassibilité les eût fait prendre pour des chevaliers tout armés, sortis de quelque vieux musée féodal.

Il y avait de brillants officiers de cent-gardes. Le colonel Verly les commandait. Ces officiers remplissaient leur consigne avec une bonne grâce parfaite èt une exquise galanterie. J'ai remarqué parmi eux le capitaine Fiéron et le lieutenant Teyssou, qui, depuis, ont fait noblement leur devoir sur nos glorieux champs de bataille de l'Alsace.

Gilles de La Ronce a fait ses débuts au Palais dans une cause correctionnelle que je ne saurais raconter. C'est toujours dans de pareilles affaires que nos jeunes stagiaires font leurs premières armes. On dirait que l'on se complait à les éloigner d'avance d'une carrière déjà bien épineuse à parcourir ! Mon ami m'a raconté sa cause avec enthousiasme. Ce que c'est que d'être néophyte, et il m'a montré avec orgueil ses premiers honoraires. Je lui ai demandé s'il n'avait pas rougi de les recevoir d'une main si peu honorable. Ma question l'a beaucoup embarrassé. Je pense qu'il y a là, en effet, une lacune dans les usages du Palais.

Pourquoi ne pas assigner une rétribution fixe, payée aux stagiaires pour les causes criminelles et correctionnelles! Il est vraiment honteux de penser que le talent de nos avocats est payé par l'argent de voleurs ou de vagabonds éhontés.

Le plus curieux de l'affaire, c'est qu'en réalité il est perçu, dans les frais de justice, 17 francs pour chaque plaidoirie d'avocat d'office. Et savez-vous qui touche cette somme ? Ce sont messieurs les greffiers ! C'est sans doute pour les dédommager de l'audition forcée des mauvaises plaidoiries ! Mais ce tarif et son emploi ne manquent pas d'originalité. C'est l'un de ces milliers d'abus dont le Palais fourmille. La routine est si grande, dans le temple de la chicane, que personne ne songe à réclamer, et nos législateurs du suffrage universel, qui ne brillent pas toujours par les connaissances pratiques, aiment mieux faire des discours inutiles que de proposer de bonnes lois pour réformer tous ces usages absurdes.

On dit que la France est le pays du progrès ! C'est une grande erreur. C'est, au contraire, la terre classique des abus et des règlements surannés.

Mais quittons encore le Palais pour le monde. Le 3 février, nous avons eu un bal fort animé chez la comtesse de Rutant, où l'on voyait les familles de Tilière, de Chabrillan, Blin de Bourdon, de Gasc, Odoard, des Rois, de Béthune, de Gourgues, de Neubourg, Portalis, etc... J'oubliais MM. de Champeaux et de Valori. Ce dernier est un descendant des ducs de Toscane. La soirée fut très-brillante et se prolongea jusqu'à six heures du matin. Madame de Rutant, qui est une habile chasseresse, avait permis le cigare à la fin du souper. Les gens comme il faut, on le voit, s'amusaient assez bien sous ce maudit Empire qu'on accuse d'avoir corrompu la France.

Parlons d'un autre bal, c'est-à-dire d'un essai de bal, chez un Anglais, M. Bowes. C'était un salon qui s'ouvrait; aussi y voyait-on peu de personnes du noble faubourg. Il se réserve toujours pour les salons en vogue. En revanche, la société étrangère est moins exigeante et ne demande qu'à s'amuser : elle va partout. C'est pourquoi nous avons vu, dans cette soirée, quelques jolies Espagnoles de l'Amérique, entre autres mesdemoiselles Salcedo de Incera.

Le grand monde donnait aussi de fort belles réceptions, profitant gaiement des loisirs que lui faisait cet Empire détesté. Le dimanche, il y avait, entre autres, les raouts de la marquise de Pomereu, dans son bel hôtel de la rue de Lille, qui appartient aujourd'hui au marquis Armand de Pomereu, son fils.

La marquise recevait tout ce qu'il y avait de noble et de distingué sur la rive gauche de la Seine. Aller dans ce salon, c'était, en quelque sorte, monter dans les carrosses du roi. La dernière affirmation des principes légitimistes se retrouve dans ce soin tout particulier que mettent les gens du monde à n'aller que chez leurs pareils et à ne point se prodiguer au dehors. Malheureusement, ce reste de la tradition aristocratique a presque disparu aujourd'hui. On va partout, et surtout chez les gens riches; c'est même la richesse qui est l'aristocratie le plus en faveur à présent.

En province, on est peut-être plus collet-monté qu'à Paris et les classes y sont moins mêlées. Dans l'un de mes voyages à Bayeux, j'eus l'occasion d'assister au bal donné par M. et madame de Saint-Priest, à la sous-préfecture. Ces aimables amphitryons avaient réuni dans leurs salons toute la noblesse du département. On y voyait les de Tourtain, de Cambon, du Manoir, de Cussy, de Roux, de Saint-Ange, etc. Pourtant M. le baron de Saint-Priest était un sous-préfet de l'Empire !

Le 13 février, j'ai assisté à la mort d'un homme

fort original, mais qui a marqué dans son temps, M. Féline, ancien élève de l'École polytechnique, ingénieur distingué, qui avait su acquérir une fortune de plusieurs millions et qui employait ses loisirs à l'étude des lettres. C'était un homme distingué et fort instruit, mais il avait un travers d'esprit que les journaux du temps lui ont souvent reproché avec beaucoup d'ironie. Sa prétention, disons sa manie, était de transformer l'orthographe de notre langue, et de substituer à l'écriture actuelle une écriture bizarre, adaptée servilement à la prononciation. On arrivait, de la sorte, à des résultats qui choquaient tellement les yeux du lecteur que les journalistes, assez malins d'ordinaire, n'avaient trouvé de meilleure critique du système que de soumettre l'écriture nouvelle aux regards de leurs lecteurs. C'était la condamnation certaine de cette réforme bizarre, mais peu sérieuse. Dire qu'un homme de la valeur de M. Féline a consacré ses dernières années à cette malheureuse et ingrate tâche, qu'il a même écrit sur ce sujet des volumes entiers que personne ne lira ! On a bien raison de dire que les mathématiques ne rendent pas toujours l'esprit juste et qu'elles le faussent quelquefois.

Citons, parmi les autres bals de ce carnaval, ceux de madame la comtesse de Béhague, du comte de Morny où l'on remarquait mesdemoiselles Barrère, de Rocque, Hein, de Jouvencel, de Chancel, Ihmans, d'Heckeren, de Montauban ; le bal de M. Simons, dont les salons réunissaient tous les grands financiers de l'époque. La fille de M. Simons a épousé, depuis, M. Laurent, agent de change, et son fils s'est marié avec mademoiselle Béhic.

M. et madame Simons faisaient les honneurs de leurs salons avec une grâce parfaite, et dans leur bal on retrouvait les administrateurs des grandes lignes de chemins de fer, les principaux personnages de la haute finance et beaucoup de hauts fonctionnaires de l'époque. Telle était l'animation d'une société qu'on a représentée comme en décadence et qui était, au contraire, quoique peu semblable à notre ancienne société, tellement vivante et prospère qu'elle a su donner au pays une vitalité qui a survécu à tous nos désastres.

Les Parisiens n'ont pas seulement des bals et des soirées ; ils ont aussi des dîners. Ces repas sont une des formes de l'hospitalité parisienne. Il y a les dîners intimes ou sans cérémonie ; il y a aussi ce qu'on appelle les dîners priés : c'est une expression qui veut dire que ces dîners donnent lieu à des invitations spéciales, faites huit jours à l'avance, sur de grandes cartes ainsi conçues : « M. et madame X... ont l'honneur d'inviter M. Z... à dîner chez eux, le 20 février, à sept heures du soir. R. s. v. p. » Ce qui veut dire : Réponse, s'il vous plaît !

Ces dîners se ressemblent tous pour le menu, qui ne

varie guère : volailles truffées, pâté de foie gras, parfait à la glace, vin de Champagne, etc. Quant au personnel, il se modifie suivant les différentes coteries parisiennes. Néanmoins, dans un dîner prié, on est à peu près certain de rencontrer certains personnages qui acceptent toujours et qui sont comme l'inévitable galerie de ces agapes du grand monde.

Le 26 février, il y avait un dîner prié chez le président Falconnet, magistrat fort connu par un remarquable ouvrage sur d'Aguesseau et par un talent oratoire qui méritait un théâtre plus brillant que celui de la magistrature assise.

Le président Falconnet et la présidente recevaient avec beaucoup d'amabilité. A leur dîner on pouvait voir M. le baron Gislain de Bontin, magistrat sympapathique au Palais, aujourd'hui à la retraite ; M. Frédéric Thomas, président de la Société des gens de lettres, auteur de plusieurs ouvrages sur le droit et avocat fort estimé au Palais ; M. Caro, jeune philosophe dont les études furent très-remarquées sous l'Empire, dans le journal *la France*, où il traitait, de main de maître, les plus hautes questions de la philosophie ; M. Pallu de La Barrière, officier de marine distingué, qui avait fait le tour du monde et avait rapporté de ses voyages des impressions très-présentes à sa mémoire qui donnaient beaucoup d'attrait à son intéressante conversation.

Il n'y a qu'à Paris qu'on puisse ainsi rencontrer, dans l'espace restreint d'un salon, des personnes d'un mérite aussi différent qui se trouvent réunies par une même invitation et qui se retirent tout heureuses de s'être ainsi rencontrées sur un terrain neutre.

On remporte de bons souvenirs de pareilles soirées ! Mais il y a le revers de la médaille ! Après s'être ainsi connus, appréciés, on se perd de vue, quelquefois pour longtemps, souvent pour toujours, et l'on ne se rencontrera de nouveau que dans ce salon hospitalier où l'on s'est trouvé une première fois. Souvent, on se perdra de vue tout à fait et l'on finira par ne plus même se saluer dans la rue. Telle est la vie parisienne ! vie excessivement légère, changeante, variée et absolument futile ! — Je veux raconter ici l'entrevue privée d'un de mes amis avec M. de Morny. — Raoul de Villedieu, qui rêvait pour son fils la députation, avait demandé une audience au président du Corps législatif qu'il avait connu autrefois dans le monde. M. de Morny s'était empressé d'accorder l'audience demandée. Raoul et son fils furent introduits dans une fort belle salle du Palais de la Présidence, véritable musée chinois, rempli de curiosités qu'ils eurent le loisir d'admirer tout à leur aise, car le président, j'allais dire le prince-président, les fit attendre une bonne heure. Il parut enfin, vêtu d'un veston de velours vert, fort élégant, se dandinant et fumant une cigarette. Que les temps sont changés ! Je me souviens d'une aventure qui me fut racontée, jadis, au sujet d'un vieux marquis de Pierre-Buffière qui devait prêter serment de foi et hommage au comte d'Artois, en Berry. Cela se passait, bien entendu, avant la glorieuse de 93. Le vieux gentilhomme se présenta en costume officiel, et l'épée au côté. — Monseigneur le comte d'Artois était en habit de ville. M. Pierre-Buffière refusa le serment, prétendant que le prince devait le recevoir en habit de cour et en costume militaire. Le comte d'Artois fut obligé d'envoyer chercher à Paris ses habits de gala, et le serment fut reçu alors, en bonne et due forme. M. de Morny se serait fâché pour tout de bon, si nos deux gentilshommes avaient exigé au moins l'habit noir et la cravate blanche qu'ils portaient eux-mêmes ! Le président se montra d'ailleurs fort aimable et promit son concours pour la candidature du futur député, mais cela ne fut qu'une bonne parole de prince et ne produisit aucun effet. Nos deux gentilshommes en furent pour leur visite, et ils n'eurent qu'une satisfaction : celle d'avoir vu, jusqu'en robe de chambre, un grand du jour.

Pour changer de sujet, je veux parler d'un personnage que j'ai rencontré, le 6 mai, à la table de ma famille : Mgr Tomine des Mazures, missionnaire apostolique et évêque du Thibet. Cet apôtre était le frère de l'avocat si connu du barreau de Caen. Mgr Tomine a fait beaucoup de bien au Thibet, où il est resté de longues années. Il nous a raconté les difficultés inouïes d'un pareil apostolat, et, ce qu'il y a de plus triste à dire, l'absence complète de protection que nos missionnaires trouvent dans ces pays lointains.

Pendant que l'Angleterre fait un *casus belli* de la moindre offense faite à ses clergymen, nous laissons martyriser nos évêques, sans nous en occuper. On dirait presque que nous trouvons leur conduite imprudente et indiscrète, tant l'esprit catholique a disparu de nos habitudes diplomatiques.

Tout Paris se rappelle un original appelé le chevalier Machado, Portugais fort riche et non moins impie, qui n'aimait que les corbeaux qu'il nourrissait et qui fit le plus curieux testament qu'on puisse imaginer. Il ordonna que son enterrement se ferait sans pompe et, bien entendu, sans cérémonie religieuse. Il avait déjà inventé les enterrements civils. On devait retarder le repas de ses corbeaux pour qu'ils aient à suivre son corps au cimetière. Il y avait aussi des dispositions fort bizarres au sujet de sa sépulture, qui n'ont point été exécutées par simple mesure d'ordre public. Enfin, il avait fait des legs à des particuliers. — La justice fut saisie de cette singulière affaire, et elle décida que les volontés de ce maniaque seraient respectées en ce qui n'était point contraire aux lois et à la morale. Ajoutons que le chevalier était millionnaire.

Quand on voit l'usage que font certaines gens de leur grande fortune, on comprend mieux les déchaînements féroces du peuple témoin de pareilles aberrations.

On n'en finit jamais avec la justice. Voici un autre procès dont tout Paris s'occupa pendant plusieurs semaines et qui fit, je crois, plus de bien aux inculpés qu'à la morale : je veux parler du procès de Calzado et Garcia, où se trouvait appelée, comme principal témoin, la trop célèbre Barrucci. On se rappelle que Calzado et Garcia avaient été surpris dans une soirée donnée par ladite demoiselle, jouant avec des cartes bizeautées. La jeune aristocratie française avait quelques-uns de ses membres parmi les convives de la Barrucci. Tout ce monde galant et écervelé comparut devant la 6e chambre, présidée par M. Rohaut de Fleury, nommé peu après conseiller à la Cour.

Il est impossible d'exprimer le laisser-aller de la Barrucci et son aisance en face de la justice. On eût dit qu'elle s'était fait une petite cour de cette audience où l'amenait sa coupable négligence. Tous les yeux était tournés vers cette beauté peu farouche qui eut un petit succès oratoire, rendu facile par la bienveillance dont on l'entourait. On sait que Calzado et Garcia furent condamnés, mais la séduisante Phryné sortit du prétoire la tête haute et le sourire aux lèvres.

Trop facile morale parisienne, voilà bien de tes coups ! Mais tout cela devait nous conduire un jour au régime de la Commune !

Il était fort triste de voir figurer à cette audience correctionnelle le duc de Grammont-Caderousse, l'un des invités de la Barrucci ! Le jeune duc parla avec assez de facilité : c'était pour lui comme une petite tribune. Il savait d'ailleurs qu'il était populaire dans Paris où l'on aime le désordre, surtout quand il s'abrite sous de grands noms. On dirait que les communards de la plèbe y trouvent comme une excuse de leurs propres vices ! La magistrature, d'ordinaire si sévère dans les procès politiques, se montre parfois trop douce dans ces procès de mœurs qui sont plus dangereux que ceux de pauvres exaltés qui rêvent le martyre politique ! Je ne sais vraiment pas à quoi sert le huis-clos, puisqu'on ne l'emploie point lorsqu'il s'agit de ménager les oreilles d'un public qui, loin de s'effaroucher des scandales, les recherche avec passion ! Le huis-clos serait une leçon salutaire, et pour les coupables qui rêvent une mauvaise renommée, et pour les amateurs de scandales qui trouvent dans certaines affaires judiciaires un divertissement à la place de l'exemple que la loi veut donner, dans l'intérêt de la morale.

Soyons donc sévères pour tous ces habitants de la bohême, grande ou petite, et surtout gardons-nous, en les punissant, de leur faire une réclame de ce qui ne doit être qu'un juste châtiment !

Le 11 avril, nous avons eu une charmante soirée chez la jeune baronne Reille. Il y avait dans ce salon la comtesse des Rois, madame de Chabot, la famille Amelot de Chaillou et la famille du comte de La Borde, directeur des archives de l'Empire. Toutes ces jeunes filles se sont mariées depuis, et sont des femmes du monde et du meilleur monde.

Le 13 avril, madame la comtesse Terray de Morel de Vindé donnait aussi un bal où nous avons remarqué, à côté de sa charmante fille, mesdemoiselles du Hallay, de Lancome-Brèves, de Terray, de Marolles.

Ces soirées étaient pleines d'animation et d'entrain, et l'on se serait crû en pleine Restauration, en voyant ainsi notre aristocratie donner des fêtes brillantes. On boudait contre l'Empire, mais on profitait très-largement du calme que nous laissait son autorité fort redoutée des révolutionnaires et des anarchistes.

Le 15 avril fut un jour de deuil pour une famille d'amis intimes. J'apprenais la mort, arrivée en Espagne, de mon ami Édouard de Rodenas. Ce gentilhomme espagnol était un type accompli de bonne éducation, de bravoure et d'honneur. Il habita longtemps la France et il avait l'habitude de dire que Napoléon était l'homme qui avait le mieux compris ce pays. Poëte distingué autant que modeste, il a laissé un volume de poésies qui n'ont point vu le jour de la publicité, mais qui cependant ont été imprimées, grâce au pieux souvenir de quelques amis ! Il est à désirer que ces œuvres remarquables soient un jour traduites en français par quelque plume digne d'elles !

Rodenas était un de ces hommes distingués qui eussent rendu de grands services à leur pays, dans des temps moins troublés que les nôtres. C'était un homme remarquable qui s'éloignait de la politique, parce qu'il la voyait livrée à toute sorte d'intrigants qui trompaient leur pays. Il avait coutume de dire qu'un homme qui se respecte se tient en dehors de toutes ces agitations malsaines. Il aimait beaucoup la France et admirait la prospérité qu'elle devait à l'Empire. Malgré ses grandes relations, il vivait très-retiré et n'eut jamais la pensée d'aller à la Cour. Sa famille, fort ancienne, datait des premiers âges de l'Espagne. Il avait une généalogie qui remontait à l'époque de Charlemagne. Bien peu de gentilshommes pourraient fournir de pareilles preuves.

Sa fin fut celle d'un chrétien et d'un homme fort. Se sentant mourir, il fit demander un prêtre et un notaire. Du premier, il reçut pieusement les derniers sacrements ; au second, il dicta son testament d'une voix ferme et assurée. Le pays qui produit de tels hommes est un grand pays, et pourtant il se meurt dans les convulsions de la guerre civile, comme tous les peuples latins. On y voit de brillantes et remarquables individualités, mais la machine sociale est tellement usée que toutes ces forces isolées sont impuissantes à la conduire.

Nous périssons, étouffés sous les décombres de notre vieille demeure que nos propres enfants ont démolie pierre à pierre !

Est-ce la décomposition finale? Est-ce le trouble d'une nouvelle organisation ? Aurons-nous une restauration réparatrice? Verrons-nous l'ère nouvelle des États-Unis de la République latine? Les esprits sérieux et les hommes de bonne foi se perdent en conjectures sur tous ces bouleversements et se prennent à désespérer des peuples latins, qui ne peuvent plus supporter l'antique monarchie et qui ne savent pas fonder la République sur les solides assises du patriotisme, du travail et de la vertu!

Le 16 mai, nous avons eu une soirée fort intéressante à la Société d'escrime. Le grand professeur, M. Charles Pons, le roi des maîtres d'armes, présidait à cette fête militaire. Il y avait de nombreux invités. J'ai remarqué parmi les amateurs étrangers MM. le baron Fin, Ferry d'Esclands, le baron Gourgaud, de Borda, de fines lames d'amateurs !

Un pays n'est point perdu quand on y aime

à ce point le noble métier des armes. Ce n'est pas une prédiction après coup. Mais on a revu ces tireurs, au premier rang dans les deux siéges de Paris, contre les Prussiens, les étrangers du dehors, et contre la Commune, l'étrangère du foyer domestique ! Ils se sont vaillamment comportés, et ont montré qu'à l'occasion, l'étude des armes pouvait former de braves soldats. C'est une véritable école de chevaliers et de gentilshommes !

J'ai fait, ces jours-ci, une petite excursion à la campagne. Je suis allé jusqu'au fond du Limousin chez un de mes amis, M. l'avocat général Descoutures, qui possède une fort belle propriété à Royères, près d'Ambazas, dans les belles montagnes qui avoisinent Limoges.

J'ai assisté là à un spectacle à la fois original et consolant pour l'avenir de la France. J'ai vu ce magistrat distingué transformé en agriculteur et appliquant lui-même la science à la culture de la terre. En quelques années, M. Descoutures est arrivé à doubler la valeur de ses propriétés en y établissant des canaux d'irrigation qui ont porté la vie dans ce sol déshérité. Avec du soleil et de l'eau, on peut faire des merveilles, et M. Descoutures l'a bien prouvé ! Que nous serions riches en France, si au lieu de perdre notre temps en luttes stériles, nous appliquions toute cette intelligence, qui se perd dans les horizons politiques, à bien faire seulement nos propres affaires ! Tout le secret de notre avenir est là. Quand la France, qui est un pays dont on soupçonne à peine la richesse, aura lâché l'ombre pour la proie, lorsqu'elle se sera mise avec son ardeur habituelle au travail sérieux et pratique, nous aurons réalisé le rêve des utopistes, la vie facile et abondante pour tous !

Le 11 juin, j'ai assisté au mariage de M. Gédéon de La Guéronnière, le fils du comte Alfred de La Guéronnière et le neveu du célèbre et sympathique sénateur, avec mademoiselle Ida Mummy, la fille d'un riche armateur de la Nouvelle-Orléans, récemment établi à Paris.

Ces Américains, qui sont si fiers de leur pays, ont une secrète passion pour la France qui les attire toujours à Paris. Ils y passent une partie de leur vie, ils y marient leurs filles, ils finissent par s'y établir eux-mêmes, et, quoique républicains, ils ne dédaignent point des alliances dans notre monde aristocratique. Cette farouche vertu républicaine, plus farouche de loin que de près, se prend d'une certaine sympathie pour notre monarchique pays ! C'est une émigration de millionnaires qui nous rend au centuple ce que l'Amérique nous enlève chaque jour.

Je ne veux pas blâmer cet amour des Yankees pour la bonne ville de Paris. Mais je dois constater que nous avons fini par nous identifier un peu trop avec les mœurs et les défauts de nos nouveaux hôtes ! Des jeunes filles qui sortent seules, des pères qui n'aiment que l'argent, et des usages que nous n'admettons qu'avec réserve !

Ces Américains sont très-habiles, et notre Paris, si prompt à l'imitation, leur a pris leurs mœurs, en attendant mieux !

Un de mes amis m'a raconté le trait suivant, qui prouve qu'il y a un Dieu pour les voleurs comme pour les ivrognes. Il assistait à l'enterrement d'une femme du monde à Sainte-Clotilde et il remarqua un dangereux escroc qui se faufilait dans les rangs des assistants. Il sortit immédiatement et alla faire sa déclaration au commissaire de police, lui disant qu'il n'y avait pas de temps à perdre, puisque la cérémonie funèbre allait finir. Quel ne fut pas son étonnement en entendant le magistrat de police lui répondre : « C'est dimanche aujourd'hui, je suis en congé ; adressez-vous à mon confrère de la rue de Verneuil ! » Mon ami, qui n'était pas chargé de faire la police, se récria et s'en retourna chez lui, en disant qu'il comprenait que les voleurs soient si nombreux, puisqu'on refusait de les poursuivre !

Gilles de La Ronce vient de plaider un procès en province, à Châteauroux. Son affaire prouve qu'il vaut mieux s'arranger que de gagner un procès. Son client, pauvre cultivateur berrichon, avait acheté une portion de ferme ; le bâtiment qu'il occupait était entouré d'une large cour dont il avait acheté le quart. Grâce à une mauvaise délimitation du terrain, il y eut litige entre l'acheteur et les voisins ; la cour valait bien deux cents francs. Le procès même gagné en coûta plus de quatre cents. La cour était plus que payée par les frais : si l'on avait continué à plaider, la ferme y eût passé tout entière. Quand donc aurons-nous des frais de justice proportionnés aux affaires que l'on plaide !

Gilles de La Ronce a été membre du jury de la Seine. Il m'a raconté des détails curieux sur le fonctionnement de cette institution.

Les jurés sont toujours très-embarrassés de leur rôle et de leur responsabilité. Maintenant, il y a mille petits détails qui les troublent beaucoup plus qu'on ne le croirait dans l'exercice de leur ministère. Ils doivent ignorer la loi et ne se préoccuper que du fait matériel qu'ils ont à constater, je ne dis pas juger. Mais ils sont loin d'accepter le rôle modeste que la loi leur fait. Leur grande inquiétude est dans le résultat de leur verdict au point de vue de la pénalité. De là des contradictions singulières qui étonnent le public ; de là des circonstances atténuantes qu'on ne se serait pas attendu à voir dans certaines affaires. Les jurés sont, en général, si peu au courant de leurs terribles fonctions que le temps qu'ils emploient à délibérer sur le crime qui leur est soumis, est employé à remplir les formalités que la loi leur impose. On voit souvent des jurés retourner dans leur salle des délibérations pour n'avoir pas compris les prescriptions les plus simples de la loi.

Gilles de La Ronce a été victime de l'une de ces fréquentes irrégularités qu'on remarque dans nos listes des jurés comme dans nos listes d'électeurs. Il y en a tant dans la grande ville! Le recenseur chargé de le porter sur la liste du jury l'avait inscrit sous le nom de M. La Ronce.—Il eut le courage de réclamer sa particule. — Croirait-on qu'il ne put l'obtenir ni du greffier, M. Commerson, ni de la cour, présidée par le conseiller Metzinger? Il eut l'ennui, pendant toute la session, de s'entendre appeler M. La Ronce. A quoi servent donc les actes de l'état civil dans cette bonne société démocratique où l'on refuse si facilement aux gens comme il faut leurs titres et leurs droits?

Le 28 octobre, j'ai assisté à une fort belle fête donnée par madame Furtado, en son château de Rocquencourt.

Cette demeure est un petit palais, entouré d'un parc admirable; c'est un séjour véritablement princier. A l'intérieur du château, on peut admirer la plus belle collection de tableaux de maîtres et de magnifiques tapisseries d'Aubusson et des Gobelins.

Le parc est dessiné à ravir : il y a des cours d'eau, des bosquets, des corbeilles de fleurs exotitiques. Les cuisines du château sont dissimulées sous des touffes d'arbustes. Une vacherie, dont les auges sont en acajou, ressemble véritablement à un kiosque destiné à être habité par des êtres humains.

Joignez à tout ce confortable l'hospitalité la plus gracieuse, et vous aurez une faible idée de ce qu'étaient ces fêtes dignes de celles que Fouquet donnait jadis en son château de Vaux.

Depuis cette brillante soirée, le château de Rocquencourt a été habité par les Prussiens. Madame Furtado, déjà si cruellement atteinte par des deuils de famille, n'a pu supporter ce dernier deuil de la patrie, et elle s'est éteinte elle-même, frappée au cœur par tant de désastres.

Rocquencourt, grâce à sa fille, madame Charles Heine, s'est relevé de ses ruiues, et aujourd'hui, en visitant cette splendide demeure, personne ne pourrait y retrouver la trace de l'occupation étrangère.

Un pays qui se relève si vite est encore un grand pays. Ce qui lui manque, c'est un homme capable de maîtriser les traîtres de l'intérieur, pour nous préparer en silence, sous l'abri des lois et d'une forte autorité, à la revanche certaine de l'avenir!

Il y a au château de Rocquencourt un colonel, aujourd'hui général, gendre de la châtelaine, le duc Michel Ney d'Elchingen, qui compte bien, quelque jour, rendre aux Allemands la visite qu'ils ont faite à Rocquencourt, sans y être invités!

On ne sait pas assez combien à Paris, cette ville de plaisirs, il y a de gens qui s'occupent de choses sérieuses et utiles, sans y être obligés.

Le 7 novembre au soir, j'assistai à la réunion d'une société savante qui date de Franklin et qui a été relevée, il y a quelques années, par un homme d'esprit, de valeur et de cœur, l'honorable docteur Charruau. Cette société, sous le nom de Société libre des sciences, arts, belles-lettres et industries de Paris, siégeait à l'Hôtel de Ville, une fois par mois, et y décernait des récompenses aux inventeurs et aux travailleurs.

La soirée, à laquelle j'ai pris part comme vice-président, fut consacrée à l'étude du système ingénieux de l'abbé Latouche, vénérable prêtre et célèbre hébraïsant qui ne connaît pas moins de quinze langues.

L'abbé Latouche qui a formé de nombreux élèves, admirateurs de sa méthode, ramène tout à l'hébreu, qu'il prétend être la mère de toutes les langues. C'est aussi l'opinion de quelques savants israélites. mais ce n'est point celle des linguistes le plus en renom. Beaucoup d'entre eux donnent la priorité au sanscrit et quelques-uns vont même jusqu'à disputer à l'hébreu son ancienneté pourtant si caractérisée !

L'abbé Latouche, qui descend d'une famille noble de Normandie, fut autrefois missionnaire et professeur d'hébreu dans un séminaire. Il étudie cette langue depuis plus de soixante ans ; il faut se hâter de dire qu'il en a presque quatre-vingt-dix.

L'abbé Latouche a trouvé des affinités qu'il affirme entre l'hébreu et toutes les langues connues. Il est partisan d'une méthode phonétique qui donne une grande importance à la prononciation de certains radicaux empruntés à l'harmonie imitative. Une autre partie du système, ce n'est pas la moins curieuse, classe les mots comme les idées, en certains groupes qui se retrouvent dans toutes les langues. On pourrait dire que c'est une sorte d'anatomie de l'esprit humain, et comme on le trouve chez tous les peuples doué d'organes semblables, il en ressort clairement ce grand principe de l'unité des races qui a pour corollaire indispensable l'unité des langues.

Quelle que soit la vérité en pareille matière, il est certain que le système de l'abbé Latouche offre un côté pratique qui n'est pas à dédaigner. Ceux de ses élèves qui ont suivi sa méthode avec ardeur, intelligence et persévérance, ont fait de grands et rapides progrès dans l'étude de ces langues, le latin et le grec, auxquelles nous consacrons, la plupart du temps, les plus belles années de notre jeunesse.

Si le bon et vénérable abbé avait pu nous débarrasser des Grecs et des Latins, il aurait bien mérité de la science !

J'ai visité l'hôtel Soubise où sont les archives de l'Empire. Le directeur, M. le comte de Laborde, s'est montré particulièrement aimable et prévenant. Il m'a donné toutes sortes d'explications sur ces belles archives, où sont réunis des millions de chartes que personne ne verra jamais. Quelle folie insigne d'enfermer dans un même local, fût-ce un palais, tous ces papiers historiques qui seraient beaucoup mieux placés dans les archives des départements respectifs qu'ils concernent. Supposez un incendie et tout est détruit à la fois. D'ailleurs, on ne trouve pas toujours un directeur intelligent, complaisant et lettré, comme l'était ce gentilhomme accompli que l'Empire avait mis à la tête des Archives et dont l'une des filles devint plus tard madame Sellière. La famille de Laborde est de vieille et noble race, et son chef représentait dignement la France d'autrefois, dans cet hôtel splendide où les archives impériales avaient été centralisées.

Le 2 décembre, une famille respectable a été plongée dans un deuil affreux. Le jeune baron de Besplas, brillant officier de marine, s'est noyé à Cherbourg, en organisant le sauvetage de plusieurs naufragés.

C'était un homme du monde fort connu dans Paris, et ses sœurs étaient de tous les bals et de toutes les soirées du grand monde. L'une d'elles, mariée depuis, avait une fort belle voix et chantait quelquefois, dans les concerts intimes de la bonne société.

Paris vient d'avoir une de ces émotions qu'il aime par-dessus tout. Une fille de marbre a tué son amant, le jeune de Berthier. On ne parle que de cette affaire dans tous les salons.

On parle aussi beaucoup d'un poëme provençal qui vient de paraître et dont l'auteur se nomme Mistral. Le nom du poëme est *Miréio*. Les enthousiastes disent que c'est une page d'Homère. Il faut convenir qu'il y a deux épisodes charmants : le bailli de Suffren, et le chant de Magali popularisé depuis par le Théâtre-Lyrique, dans une pièce qui est tirée du poëme.

La mort vient de frapper le général de Chasseloup-Laubat, le veuf de cette aimable marquise chez laquelle tout le Paris élégant dansait chaque hiver. Le général s'était remarié ; il avait épousé une jeune fille belge, qui n'a pas eu dans le monde les succès de celle qu'elle avait remplacée. Le général était le frère du ministre de la marine, membre du conseil privé ; ce dernier avait épousé mademoiselle Pilié, qui fit avec tant de naturel et de grâce les honneurs des grands bals officiels de la Marine, pendant les dernières années de l'Empire.

CHAPITRE VIII

— 1864 —

Comme tous les ans, il y a eu réception brillante aux Tuileries à l'occasion du 1er janvier. Il faisait un froid très-vif dans les cours du Palais, et la bonne garde nationale s'y trouvait mal à l'aise. Il n'y a pas eu d'incident à cette réception. — L'empereur se portait bien. — Il n'en fallait pas davantage pour rassurer la population de Paris, j'entends celle qui aime l'ordre, car l'autre ne s'est jamais réconciliée avec l'Empire depuis le 2 décembre.

Toutes ces réceptions se ressemblaient. De nombreux officiers dans les cours, de longues députations avec le costume officiel, passablement bizarre. Les avocats et les magistrats en robe ; les médecins avec leur tenue bizarre et surannée; les membres de l'Institut en couleurs voyantes, comme des perroquets; les prud'hommes et les sociétés laïques, en babit noir. Le Conseil d'État, le Sénat et le Corps législatif avec de beaux habits chamarrés d'or. Tout ce long cortége défilant rapidement devant l'empereur entouré des princes, des maréchaux, des membres du conseil privé, des ministres et de sa maison militaire.

L'empereur faisait de temps en temps un salut aussi rapide que le passage des nombreux visiteurs officiels. Puis tout était dit. Il n'y avait là, ni grandeur, ni pompe, ni cordialité, On eût dit une foule, comme celles de Paris, défilant rapidement pour entrevoir une seconde celui qui était le souverain de la France.

Telles étaient toutes ces réceptions officielles que l'usage avait consacrées, mais qui n'avaient pas la solennité d'une revue militaire et surtout n'offraient pas la même utilité.

Le 8 janvier, les échos du Palais de justice ont redit de grands plaidoyers, dans l'affaire de M. de Lesseps, contre Nubar-Pacha et M. Eugène Forcade, directeur de *la Semaine financière*. Sénard et Jules Favre plaidaient cette affaire à la première chambre du tribunal. Ce fut un beau tournoi d'éloquence. Jules Favre s'éleva à une grande hauteur comme orateur.

Une période à la grecque de son remarquable

discours produisit sur tous une grande impression. Il rappelait les souvenirs de Crimée et s'écriait avec cette indignation feinte qui sent le rhéteur plus que l'orateur. « La guerre de Crimée n'aura-t-elle fait reculer la Russie derrière les steppes que pour faire triompher les plans financiers de M. de Lesseps. » M. Sénard qui n'est pas moins mordant que Jules Favre, fit la description de ce qu'on appelle un journal financier. « Il faut passer à la caisse, » disait-il à propos du procès, « cela vous explique, messieurs, le vrai motif des articles qui ont paru contre M. de Lesseps, dans la *Semaine financière !* »

Ce grand patriote, qui a nom Ferdinand de Lesseps, devait triompher dans cette affaire, avec la même énergie qu'il mit à triompher des obstacles de la nature, dans la construction du chef-d'œuvre auquel il a su attacher son nom.

J'ai assisté à une réunion très-intéressante d'une société savante connue, pendant de longues années à Paris, sous le nom de Société du Berry.

Les personnes d'élite des deux départements de l'Indre et du Cher s'étaient réunies chez M. Chaix, imprimeur et trésorier de l'œuvre, sous la présidence des ducs de Maillé, comte Joubert et de Raynal, avocat-général à la Cour de cassation. L'âme de cette réunion savante était et fut pendant toute sa durée, l'honorable docteur Fauconneau Dufresne, et aussi M. Chaix, qui prêtait gratuitement le local d'un des salons de son bel établissement.

Parmi les membres actifs de cette société qui a rendu de grands services et publié de curieuses annales, figuraient des hommes de mérite et de talent, tels que MM. de la Tremblaye, Crombez, Vallet de Viriville, et beaucoup d'autres que je ne puis nommer. A la soirée dont je parle, je fus chargé de rendre compte d'un intéressant ouvrage intitulé : « Les légendes pieuses du Berry. » C'était l'histoire touchante et édifiante de tous les saints et de toutes les saintes du Berry. Le livre eut l'approbation de la société qui protégeait et encourageait toutes les œuvres utiles. Aujourd'hui, cette société a vécu, par la retraite de son survivant et aussi grâce à la coupable indifférence des Parisiens chez lesquels rien de solide et d'utile ne peut durer. Si la Société du Berry avait été une réunion de plaisir, un club, une association de viveurs ou de gens légers, elle existerait encore aujourd'hui. Mais on n'y parlait que d'agriculture, de littérature, de monographie, d'archéologie, et ces choses peuvent bien intéresser les Parisiens pendant quelques jours, mais pendant des années, c'est un tour de force qui ne se renouvelle qu'une fois, et en effet, c'est ce qui est arrivé à l'honorable société.

Le 3 février, j'ai appris la conversion d'un de mes amis, viveur aimable et léger qui s'est décidé, après dix années de vie mondaine, à rentrer dans la voie régulière. Puisqu'il faut le dire, ce mondain, galant et dissipé, s'est confessé *et a communié*. il y avait dix ans que pareille chose ne lui était arrivée. D'ordinaire, les gens du monde attendent la mort, pour se réconcilier avec Dieu. C'est bien tard. Il faut admirer les jeunes gens doués d'une foi vive, qui savent mettre de l'ordre dans leur conscience, avant ce terrible moment. De nos jours, ces exemples sont très-rares et généralement on y croit peu. Notre société est si pervertie qu'elle ne croit pas plus à la religion qu'à la sincérité de ceux qui se repentent de leurs fautes. Il doit y avoir un calcul, dans cette conversion, disent les gens graves. Les uns disent : C'est un esprit faible ; les autres : C'est un homme malheureux que les revers ont affaibli. Beaucoup ne se gênent pas pour le traiter de jésuite ! Attendez quelque temps, disent les plus malins, et vous verrez le néophyte retourner à ses erreurs d'autrefois. Eh bien ! quand cela serait ? que prouverait cette chute nouvelle ? le monde gardera-t-il toute son indulgence pour les endurcis et les blasés ? N'aura-t-on de confiance que dans les sceptiques ou dans les irréconciliables. Ah ! nous sommes dans un drôle de temps ! on aime mieux la logique de celui qui persévérera dans le mal, que l'inconséquence de celui qui se débat contre ses propres passions.

Allons ! nous avons perdu toute notion du bien, du vrai, de l'honnête ! nous ne méritons que le fouet ; je me trompe, c'est le sabre qu'il nous faut, car le fouet ne tue pas et le sabre seul peut effrayer les gens corrompus, car ils sont toujours lâches devant la mort.

Eh bien ! il y a plus encore qu'on ne le croit, dans cette ville de Paris, de natures nobles et généreuses, qui servent de dupes à l'occasion, mais qui n'ont dans le cœur d'autre vengeance, que celle qui consiste à faire du bien à leurs ennemis.

J'ai eu l'occasion, le 14 février, d'être le témoin oculaire d'une de ces vengeances chrétiennes. Un de mes amis, Raoul de Villedieu, nature honnête et candide s'il en fut, avait été indignement trompé par un malheureux barbouilleur qui lui vendait des toiles de sa façon pour de grands maîtres. Depuis de longs mois, il nourrissait ce malheureux qui n'avait aucun scrupule, en acceptant une charité si peu méritée. Un voyage en Espagne que fit mon ami, l'éloigna momentanément de son protégé. Ce dernier tomba malade et alla mourir à l'Hôtel-Dieu, le jour même du retour de mon ami. Raoul, dont la belle âme était incapable d'une faiblesse, apprit en même temps la mort du rapin et la disparition d'une partie des toiles qu'il lui avait confiées. Vous croyez qu'il abandonna ce misérable à son juste châtiment : vous ne connaissez pas Raoul. Il le fit enterrer à ses frais et suivit son convoi jusqu'au cimetière, comme il eût suivi celui d'un parent.

Si je n'avais été dans le secret de cette belle action, dont Raoul s'est bien gardé de me parler lui-même, il ne se serait trouvé personne pour la raconter.

Le 25 février, nous avons eu à la Cour d'assises, un jugement sur un nouveau complot contre la vie de l'empereur. Les prévenus étaient *Greco, Trabuco, Imperatori, Scaglione.* Singuliers noms! Leur attitude n'était pas moins singulière. Ils riaient, comme s'ils étaient sûrs de l'impunité. Au fond, je crois qu'ils étaient enchantés que leur complot fût découvert, avant d'avoir été mis à exécution. Ces hommes étaient fatigués du rôle odieux qu'ils avaient entrepris. Ces misérables ont été très-bien défendus par des avocats d'élite. Mᵉ Allou, dont la plaidoirie a été admirable comme toujours, Mᵉ Colmet d'Aâge, un noble et beau caractère, Mᵉ Rousse, une belle nature aidée d'un grand talent, Mᵉ Delpont, un jeune avocat de beaucoup d'avenir, qui ne s'est point montré inférieur à ses célèbres confrères.

Le résultat a été une condamnation aux travaux forcés.

Pendant que la Cour siégeait, le monde parisien dansait avec fureur. Il y a eu de fort belles soirées chez la marquise de Chasseloup, chez la marquise de Lagrange, femme du sénateur et fille d'un

Caumont-Laforce, chez la marquise de Tilière, dont la petite fille, mademoiselle de Grétry, était fort admirée, chez la comtesse de Rutant où M. de Caston, l'admirable et habile prestidigitateur, a fait des tours merveilleux.

A côté de ces fêtes mondaines, le 27 mars, le dimanche de Pâques, Paris a eu sa fête chrétienne, bien faite pour consoler de tant de légèretés, de tant de défaillances, de tant d'impiétés. Les hommes de Paris ont communié à la métropole, au nombre de quatre mille, des mains du R. Père Félix qui avait prêché, avec son talent ordinaire, la retraite de la semaine sainte.

Paris est une ville étrange, inouïe. Dans la même semaine on y voit un complot contre la vie du souverain, des bals brillants chez les riches habitants de la ville, puis une cérémonie touchante à Notre-Dame, ayant pour acteurs des gens du monde. Comment coordonner toutes ces choses ensemble, comment tirer une conclusion, au milieu de ces folies et de ces actes de vertu, au milieu de ces crimes et de ces actes d'héroïsme? Vraiment, c'est à croire que la grande ville n'est qu'une vaste maison de fous qu'on a le grand, le grave tort de laisser trop libres dans l'intérieur de ce vaste Charenton où ils peuvent amener les plus graves accidents.

C'est à ces gens qu'on veut donner le gouvernement de la France et la direction du grand mouvement civilisateur ! mais c'est absolument insensé. Laissez ces pauvres fous s'amuser, rire entre eux, se croire des sages et des grands hommes, rien de mieux ! Respectez leur liberté tant que leur folie ne deviendra pas furieuse; j'y consens, c'est de la pure humanité ! Mais, pour Dieu, au moindre indice de folie furieuse, enfermez-les et ôtez-leur le pouvoir de nuire ; prenez en pitié l'état moral de ces malheureux, mais ne les chargez pas de conduire la chose publique ! Ôtez-leur des mains tous les jouets dangereux, soignez-les, mais ne les quittez pas du regard un instant, sinon ils se tueront entre eux et finiront par mettre le feu à la maison de santé qui les abrite.

Quand on écrit l'histoire de cette triste époque, il y a toujours quelque drame horrible à raconter. Le 17 mai, le docteur Couty de la Pommerais a été condamné à mort aux assises de la Seine, pour avoir empoisonné sa maîtresse, la malheureuse Paw. Dans cette affaire, il n'y a ni amour, ni vengeance, ni passion, mais un contrat d'assurances sur la vie qui devait produire au meurtrier la somme de cinq cent mille francs. C'est cynique et simple à la fois : voilà les drames modernes. La Pommerais n'est point un homme ordinaire, grossier et sans éducation, c'était un raffiné qui aimait le luxe et en avait besoin. Il n'empoisonne pas sa victime dans un mouvement de colère et de jalousie, mais par un calcul longtemps raisonné et froidement exécuté ; le poison était versé par une main amie, avec des soins d'une tendresse feinte ! Il s'en est fallu de bien peu que ce crime n'échappât à la répression de la loi. Seulement la Pommerais s'était trop pressé de se faire payer l'assurance qu'il convoitait. Il avait eu soin de faire écrire d'avance des lettres par sa victime. Ces précautions odieuses l'ont perdu. Il a expié sa peine, et l'on vendit sa photographie, que les badauds achetaient à l'envi. On aime tant les criminels à Paris ! surtout ceux qui se distinguent par quelque forfait remarquable ! Cette affaire fit beaucoup de bruit et l'on en parla longtemps dans la capitale.

Le 19 mai nous avons eu une grande revue à Longchamps. Il fallait de temps en temps une fête de ce genre pour occuper les Parisiens. Si encore ces revues avaient servi à montrer les abus qui s'introduisaient dans l'armée. Mais elles devenaient des spectacles militaires qui amusaient le Parisien et trompaient l'Empire, en lui faisant croire qu'il était invincible.

Qu'est-ce en effet qu'une revue de cent mille hommes, à présent qu'il est prouvé qu'on ne peut tenir campagne qu'avec des armées d'un million d'hommes !

Gilles de La Ronce, qui est toujours avocat, — il faut avouer qu'il y met de la persévérance, car c'est un triste métier quand on veut en vivre — a eu, ces jours-ci, une grosse affaire qui a son côté philosophique. Un de ses amis avait souscrit pour 6,000 francs de billets qu'un homme d'affaires s'était chargé d'escompter. Il garda les billets et ne donna point l'argent. Quand arriva l'échéance, il fallut payer les tiers porteurs de bonne foi. Voilà une singulière situation. Gilles de La Ronce s'en tira avec honneur. Il cita en partie correctionnelle les escompteurs et les porteurs de billets, et parvint à faire rembourser son client qui n'avait rien reçu. Cette affaire alla à la Cour en appel. Je ne puis m'empêcher de signaler l'inconvenance d'un avocat rouge, adversaire de Gilles de La Ronce. Il osa parler des prodigalités de la jeunesse dorée !

Cet avocat, qui a été sur les pontons, après les affaires de juin 1848, était dans son rôle d'ennemi de la société, mais il est étrange qu'on lui ait permis de si mal porter la robe. La robe de l'avocat devrait être l'uniforme d'un défenseur des lois, et il devrait être interdit de transformer des questions de bonne foi, en questions de politique contemporaine.

Voilà pourtant comment les Rabagas font fortune et comme ils réussissent toujours dans ce Paris léger et révolutionnaire, ami du désordre et de la canaille. Malgré cette plaidoirie d'insurgé, Gilles de La Ronce triompha, grâce à la fermeté de la magistrature. Espérons que son client ne s'adressera plus aux hommes d'affaires pour escompter ses billets et aussi qu'il renoncera pour toujours à ce mode dangereux d'acquérir un prêt qui coûte plus cher qu'il ne vaut!

L'empereur a perdu un de ses plus grands ministres, M. Billault. C'était un homme d'État d'un esprit très-net et très-lucide. Avocat de beaucoup de talent, il avait fini par être un des plus grands personnages de l'Empire. M. Rouher seul a su, depuis, le remplacer dans les conseils de l'Empire.

Au Sénat, ce fut le vicomte Arthur de La Guéronnière qui prononça l'oraison funèbre de cet homme d'État très-regretté de la cour. M. de La Guéronnière, dans ce discours, s'éleva à une grande hauteur. Il est peu concevable que cet homme de talent ne soit pas arrivé au ministère sous l'Empire. Il y avait en lui plus d'étoffe que dans l'avocat ministre Émile Ollivier.

M. de La Guéronnière, avec son caractère conciliant et son intelligence remarquable, ne nous aurait point exposés aux fautes de notre politique étrangère sous le ministre Ollivier. Il aurait été, au pouvoir, un esprit moins absolu qu'Émile Ollivier. Mais s'il est permis d'être absolu quand on est dans le vrai, c'est un crime de l'être quand on juge mal les hommes et la situation. — Nous sommes si peu parlementaires, en ce pays léger, qu'un ministre se disant libéral, a pu entraîner les Chambres et la nation, dans une guerre mal engagée, que personne ne désirait. Jamais M. de La Guéronnière n'eût commis une pareille faute!

Le 5 juin, nous avons eu le grand prix de Paris, aux courses du bois de Boulogne. Il a été gagné par *Vermouth*, cheval français appartenant à M. Henri Delamare. On ne se figure pas l'enthousiasme qui accueillit cette victoire. On eût dit que c'était une revanche de Waterloo. — Ce sont de tristes symptômes, qui prouvent combien nous nous passionnons pour de misérables questions! Ces fausses émotions font beaucoup ressembler Paris à la ville de Byzance au moment où les Turcs en faisaient le siége!

Paris est la ville des contrastes. A côté d'une grande course de chevaux, nous avons à placer une cérémonie religieuse des plus imposantes : le Jubilé décrété par une bulle du Saint-Père. Il a été célébré, avec une grande pompe, dans les églises de Paris, et ce qui est très-consolant, avec une grande piété de la part des fidèles.

Gilles de La Ronce a plaidé, le 9 juillet, à la cour d'assises une affaire extraordinaire qui peint bien les mœurs des quartiers de la banlieue de Paris. Six misérables, qu'il est inutile de nommer, puisque ce sont aujourd'hui des forçats, se sont entendus pour faire violence à une malheureuse fille publique qu'ils ont presque assommée et martyrisée de la façon la plus odieuse. Un détail très-curieux de cette vilaine affaire a été donné par les sergents de ville, qui ont déclaré qu'à une certaine heure de la nuit, ils n'osaient plus s'aventurer dans le quartier appelé *la Fosse aux lions*. Cette désertion du devoir a été très-fortement blâmée par la cour, qui s'est montrée fort sévère contre les dangereux malfaiteurs qu'elle avait à juger. Voilà l'un des côtés odieux de notre Paris !

La mort vient de frapper, le 15 juillet, un homme de bien, possesseur d'une grande fortune gagnée par le travail, M. Simons, ancien administrateur des chemins de fer d'Orléans et de Lyon, beau-père de M. Béhic et de M. Charles Laurent, agent de change.

M. Simons était un homme infatigable, qui a travaillé toute sa vie, pendant plusieurs heures par jour, ce qui ne l'a pas empêché d'ouvrir ses salons de la rue Saint-Honoré, où il recevait l'élite de la haute finance et beaucoup de familles du meilleur monde parisien.

Je suis allé faire une excursion dans un château de Normandie. Je n'en parle que pour esquisser, en passant, la vie des grands seigneurs de province. Il y en a encore, et pas assez malheureusement ; car on déserte trop les départements pour la grande ville. C'est à cette désertion qu'il faut attribuer le peu d'influence que nos grands propriétaires ont sur les paysans, au moment des grands votes politiques.

L'abstention a produit ses fruits ; — excepté le parti impérial et le parti avancé, personne n'a d'influence sur le peuple de province. J'ai vu de mauvais petits avocats sans causes, l'emporter dans les élections sur de riches propriétaires, possédant de grandes terres dans un département. Ah ! vous avez voulu vous amuser, Messieurs les grands ! c'est très-bien, mais nous sommes dans un temps où il faut savoir mener de front le plaisir et les affaires. Vous aviez la fortune et l'éducation, de grands avantages sur vos adversaires, et tout cela ne vous a servi de rien. Les mauvaises doctrines ont poussé dans vos champs mal cultivés. Il est trop tard pour les arracher. L'ivraie a étouffé le bon grain. La France est perdue, si on ne refait pas l'éducation des hautes classes. Il nous faut des hommes. Les cocodès sont très-élégants, j'en conviens. Sont-ils amusants ! J'en doute. Mais, en politique, ils sont ineptes. Il est grand temps de les remplacer !

Au château de Frontebosc, on avait les bonnes habitudes anglaises, la vie grandiose à la campagne et un court séjour à la ville. Aussi Frontebosc a conservé son influence locale à travers tous nos désastres. Il y avait, lors de ma visite, une brillante réunion dans ce château. J'y ai trouvé de grands personnages du monde le plus aristocratique. On a joué la comédie de salon, dans un théâtre improvisé.

La représentation se composait des trois pièces suivantes : « *Après le bal,* — *l'Ours et le Pacha,* — *les Filles savantes.* » Des invités sont venus tout exprès du fond de la Touraine.

Les bons paysans furent admis à cette représentation donnée par le châtelain. Comme ils étaient fiers de cet honneur qu'on leur faisait ! le souvenir en est resté longtemps sous leur chaume. Pourquoi cette vie de château n'est-elle pas ainsi comprise partout? Pourquoi lui préférer le luxe malsain et ruineux des grandes villes. Mon Dieu, parce que, en général, ces dames aiment mieux les salons de Paris où elles trouvent plus d'admirateurs ! Si elles savaient ce que coûte au pays et à leurs familles, ce luxe qui leur plaît tant, elles lui préféreraient sans doute la vie moins brillante, mais plus réellement confortable des grands seigneurs et des grandes dames qui restent presque toute l'année dans leurs terres ! — Le grand mal de cette époque c'est que chacun ne songe qu'à son propre plaisir et à sa convenance personnelle. Nous sommes devenus profondément égoïstes, et les grandes traditions ne sont plus pour nous qu'un mot vide de sens ! Je ne sais si le roi Henri reviendra régner parmi nous ! Je le désire pour la France, car c'est le dernier gentilhomme de ce pays. Mais ce qui n'est que trop certain, c'est qu'il aura bien de la peine à retrouver cette belle aristocratie qui fut l'ornement des cours de ses aïeux. La révolution a fait chez nous autant de ravages dans les hautes classes que dans le peuple. Avec notre état moral, il n'y qu'un seul régime monarchique solide : c'est le régime militaire. Voilà pourquoi l'Empire a été si solide et si prospère pendant les dix premières années du règne de Napoléon III.

Je ne veux pas quitter Frontebosc sans raconter une petite légende qui a bien sa couleur locale.

Il y avait dans les vallons de Sainte-Austreberthe une église et un couvent situés auprès d'une rivière du même nom. Une fontaine servait de lavoir pour les abbés de la grande et célèbre abbaye de Jumièges, dont les ruines appartiennent à M. Lepel-Cointet, qui en est à la fois le propriétaire et l'intelligent conservateur. Le couvent des moines communiquait à l'ermitage de Sainte-Austreberthe par un souterrain. La sainte lavait le linge des abbés, lorsque son âne fut mangé par un loup. Mais la sainte, sans se déconcerter, chargea le loup de porter lui-même le linge que portait l'âne. La légende dit que cette pénitence très-méritée fut exécutée ponctuellement par le coupable.

A mon retour à Paris, j'ai failli servir de témoin à un de mes amis dont je vous tairai le nom. Son aventure pouvant servir d'exemple aux parents imprudents, je la raconterai très-brièvement. Il était à la campagne, dans un château. Il y avait là plusieurs personnes invitées, autr'autres une charmante jeune fille, bien faite pour tourner plus d'une tête d'adolescent. Avec cette naïveté trop fréquente chez les gens même les plus raisonnables, on employait les soirées à lire des romans. Mon ami, qui était lettré, fut chargé de la lecture à haute voix. Le sujet était *l'Antiquaire*, de Walter Scott. Les aventures de Lovel firent une telle impression sur le lecteur, qu'il s'éprit de celle qui l'écoutait en faisant de la tapisserie. La lecture dura plusieurs jours. Mon ami eut l'imprudence de déclarer un peu vite une passion qui n'était pas du goût de la famille. Il y eut une grosse explication avec l'un des parents de la jeune fille. *Indè iræ!*

Je fus assez heureux pour arranger l'affaire. Mais pour Dieu! braves châtelains pieux et honnêtes, conduisez vos hôtes à la chasse, à la messe, tant que vous voudrez, mais ne faites pas lire de romans aux jeunes filles par vos jeunes invités ; c'est de la prudence élémentaire.

L'amour perdit Troie, mais il a gâté chez nous plus d'une existence. Je connais l'histoire d'un de mes amis, Pierre de la Maillardière, qui a perdu sa jeunesse à soupirer pour une belle pendant plusieurs années qu'il eût mieux fait d'employer à se faire une carrière honorable.

Pierre avait vingt-cinq ans lorsqu'il eut cette aventure. Il oublia tout : ses affaires, ses études, et, un beau jour, il lui fallut quitter la partie, lorsque le temps perdu ne pouvait plus se réparer. Presque tous nos jeunes gens riches en sont là. Pourquoi ne pas les occuper à servir le pays dans l'armée ou dans l'administration? Pourquoi les laisser oisifs? Quelques années de régiment mettraient du plomb dans ces cervelles creuses! Puis, la fougue de l'âge une fois passée, on marierait ces enragés que la discipline aurait calmés, et ils se trouveraient eux-mêmes heureux d'avoir conservé leur liberté, leur santé et leur fortune.

En France, ce sont les basses classes qui se plaignent des lois et de la société. C'est un reproche bien injuste, car tout leur sourit et semble fait pour elles. Ce sont véritablement les hautes classes qui devraient se plaindre, car tout conspire à les détruire. La spéculation les ruine, l'oisiveté les corrompt, l'abstention les rend incapables, les mœurs et les lois ne les protégent plus contre elles-mêmes. On dirait que tout les invite à descendre, et elles ont si peu l'instinct de la conservation, qu'elles ne font rien pour résister à ce courant qui perd la France.

Le 25 décembre, nous avons un froid intense ; la Seine charrie des glaçons ; les plaisirs du patinage se renouvellent au bois de Boulogne, au fameux cercle des patineurs. Comme dans les froides années qui ont précédé celle-ci, on y voit la cour et la ville représentées par tout ce que Paris a de plus officiel et de plus élégant. L'impératrice elle-même prend part à ce dangereux divertissement, qui a causé la mort de plus d'une élégante.

Cette petite Parisienne si frêle et si délicate, qu'on dirait faite pour vivre sous verre ou dans du coton, affronte tous les dangers, quand il s'agit de se montrer au grand jour, dans une toilette nouvelle.

Le patinage a, chez nous, la vogue comme tout le reste, et chacun ne consulte que la mode, aux dépens même de la santé.

Voici venir le premier de l'an, ce jour qui fait tant d'heureux parmi les petits et grands enfants. Aux premiers on donne des jouets, aux seconds des places et des décorations, les grands jouets de ces grands bambins. Avec quel bonheur ces faveurs de l'an nouveau ne sont-elles point reçues dans les familles ! Comme on lit avec avidité *le Moniteur officiel !*

J'ai connu un gendre fort impertinent qui avait eu l'idée bien malencontreuse de se brouiller avec sa belle-mère, parce que cette dernière, frappée par des revers de fortune, n'avait pas rempli vis-à-vis de son gendre tous ses engagements d'argent. Le gendre était officier ; vient le jour de l'an, il est décoré. Tout le monde l'embrasse et l'on croyait la paix conclue ; mais, le premier enthousiasme passé, le nouveau décoré reprend sa mauvaise humeur. On ne rappelle pas assez, par ces temps de démocratie, aux décorés, qu'ils sont chevaliers et qu'ils doivent se conduire en chevaliers !

CHAPITRE IX

— 1865 —

Nous avons eu la visite officielle aux Tuileries, comme tous les ans. L'empereur avait l'air fatigué; il souffrait déjà probablement de la maladie qui l'emporta en 1873. C'est peut-être l'explication la plus rationnelle à donner de son changement de politique. En perdant la santé, l'empereur dut perdre une grande partie de cette énergie morale qui donna tant de force à son autorité pendant les dix premières années de l'Empire.

Le Saint-Père vient de promulguer une encyclique qui jette le désarroi dans les cervelles. Le pape a osé toucher au libéralisme et au suffrage universel. Dans quel drôle de temps nous vivons! Si le pape avait dit qu'il est absurde de prendre les décisions du plus grand nombre dans les matières scientifiques, qu'aurait-on pu répondre? S'il avait dit qu'il est inepte de soumettre à la sanction du peuple les principes absolus des mathématiques, de la physique et de la chimie, qu'aurait-on pu lui répondre? Absolument rien. Mais il a dit qu'il était impossible de prendre comme critérium absolu, en matière de foi, l'opinion du plus grand nombre. De là, grande colère dans le camp des philosophes! La science est au-dessus du suffrage universel, c'est-à-dire au-dessus de la portée d'esprit des ignorants, des sots, des niais et des illettrés. Va pour la science ! Mais la religion, allons donc! cela, c'est de la politique. On admet facilement que les masses sont parfaitement incapables de juger une œuvre d'art, un poëme, un livre, un chef-d'œuvre, qu'elles ont sifflé Corneille et Racine ! Mais on leur reconnaît le droit de régler non-seulement les rapports de l'État et de l'Église, mais encore les principes mêmes de cette dernière ! Ainsi, le suffrage universel sera rejeté par les savants, par les grands esprits, pour tout ce qui ne peut être jugé que par un petit nombre de personnes d'élite; et la religion, qui vient de Dieu, sera livrée à la merci de ce public grossier, fanatique et ignorant. C'est tout simplement la plus grande absurdité qu'on puisse imaginer, et pourtant il n'y a pas eu assez de haine et de colère dans le camp des adversaires de l'Église pour renverser cet abominable monument religieux qu'on nomme l'encyclique.

Cependant il s'est trouvé un évêque, homme de talent, Mgr Dupanloup, pour expliquer toute la simplicité de ce document si calomnié.

Peu s'en fallut que le gouvernement ne se fâchât, et l'on interdit la lecture de l'encyclique dans les églises de Paris. C'est trop juste; en temps de révolution, il faut, pour marcher vite, beaucoup de liberté pour les ennemis de tout ordre, de toute religion; mais pour les évêques, pour le pape, pour les honnêtes gens qui croient à quelque chose, qui aiment l'autorité et savent lui obéir, pour ceux-là, il faut réserver toutes les foudres du pouvoir. C'est la logique des révolutions.

Pour faire diversion à cette grosse question religieuse, nous avons eu un procès bien étrange. On s'est disputé, à la première chambre du tribunal, le beau titre de duc de Montmorency donné par l'empereur à M. Adalbert de Talleyrand-Périgord. Le titulaire du nouveau duché a été défendu par Me Nicolet avec son esprit si railleur et si fin. Me Berryer avait mis sa puissante parole au service des adversaires, qui étaient les membres actuellement vivants de la famille de Montmorency. La question de droit était assez délicate. Assurément les duchés n'existent plus que d'une façon fictive; peut-on, dans ce cas, les faire revivre au profit d'un étranger. Le gouvernement s'est cru dans le droit de le faire. Il s'est appuyé sur des traditions monarchiques qui avaient déjà fait passer ce beau titre dans d'autres familles que celle des Montmorency. L'opinion publique n'a pas approuvé cet acte de gracieuseté souveraine : elle n'y a vu que l'usurpation d'un nom historique. Tout cela se réduit à bien peu de chose, si l'on songe que la lignée mâle des Montmorency est condamnée à mourir faute de descendants, et que d'ailleurs M. de Périgord est lui-même fils d'une Montmorency. Il y a gros à parier que si le roi de France avait donné ce titre à quelqu'un des adversaires du nouveau duc, celui qui eût été l'objet de cette faveur royale l'eût trouvée fort naturelle. Mais un Bonaparte oser porter la main sur une couronne ducale de l'ancien régime! c'était un scandale qu'il fallait flétrir énergiquement!

Me Berryer l'a fait avec toute l'autorité et toute l'ampleur de son magnifique talent. « A la bataille de Bouvines, s'est-il écrié dans une belle péroraison, le roi de France voyant un Montmorency couvert de blessures, traça de sa main royale, avec le sang du noble guerrier, des aiglons qui portèrent à seize ceux qui figuraient sur l'étendard des Montmorency.... Pourquoi tant de valeur et d'héroïsme.... c'était pour que M. de Talleyrand-Périgord pût s'appeler un jour duc de Montmorency! »

Après bien des plaidoiries, bien des cancans de salon, bien des articles de journaux, les choses en restèrent là. M. de Périgord eut un duel dont il sortit vainqueur, et il continua à porter son nouveau titre, dans les salons officiels, sans que tout ce bruit et toute cette grosse question aient beaucoup avancé les affaires de la France et celles de l'Empire.

Les personnes sages qui ont jugé cette question et qui savent ce qui se passait à la cour, ont avoué, depuis, que l'empereur ne s'attendait pas à l'accueil fait à cette mesure, qu'il considérait comme une pure gracieuseté. L'empereur croyant ce titre éteint et peut-être aussi le nom, avait pensé donner quelque lustre à sa cour, en le relevant au profit d'un gentilhomme rallié à sa dynastie. La morale de cette affaire, c'est qu'il faut laisser les morts tranquilles et qu'il vaut mieux créer de nouveaux titres gagnés sur les champs de bataille, que de faire revivre des titres glorieux qui sont plutôt un fardeau qu'un honneur !

Le 25 janvier, le célèbre Proudhon est mort. Singulière nature ! Logicien toujours dans le faux, mais impitoyable dans ses déductions tirées de fausses prémisses, Proudhon était un mauvais esprit. On lui a prêté des mots qui dénotent sa mauvaise nature ; les suivants, par exemple : « La propriété c'est le vol ! » « Dieu, c'est le mal ! » Proudhon était un de ces produits malsains de notre éducation athée et révolutionnaire. Il avait du style et de la verve. C'était un Veuillot Jacobin. Il a laissé peu de regrets. Personne ne l'aimait, même dans son parti.

Les bals ont recommencé. La société étrangère en donne chaque année un plus grand nombre. Dans quelque temps les salons de Paris seront tenus uniquement par des étrangers. Ce qu'il y a de curieux, c'est qu'ils aiment Paris et détestent les Français. Ils restent chez nous, mais ne se gênent point pour nous critiquer, toutes les fois que l'occasion s'en présente. C'est une conspiration permanente de nos hôtes. Nos succès les affligent et nos revers les réjouissent! Pourquoi donc ne restent-ils pas chez eux et pourquoi nous montrons-nous si pressés de les attirer chez nous? C'est toujours la légèreté française et aussi la question d'argent. Paris est devenu un grand hôtel meublé où l'on vit beaucoup plus de l'or étranger que de l'or français. Afin de rendre le séjour agréable à ces nomades qui paient bien, on leur passe toutes leurs folies et même leurs critiques à notre endroit. Voilà où en est réduit le patriotisme, le chauvinisme national! Nous sommes devenus des aubergistes, et nous laissons dire nos voyageurs, pourvu, bien entendu, qu'ils paient leur note sans la regarder.

Nous avons eu deux beaux mariages, celui du vicomte Gaston de Poix avec mademoiselle Louise Lecomte, la fille du député de l'Yonne. La famille de Poix descend des Tyrel de Poix, compagnons des rois d'Angleterre; elle habite le Berry depuis quatre siècles. Bien que la maison de Noailles porte le titre de duc de Poix, ce nom glorieux ne lui appartient pas. La famille de Poix, branche cadette de la maison de Poix éteinte à Azincourt, est la seule qui ait le droit de porter le nom de Poix, comme nom de famille. Cette singularité d'un nom porté par deux maisons me rappelle une anecdote du roi Charles X, qui, comme tous les Bourbons, connaissait bien la noblesse française. Il avait à sa table le prince de Poix et M. le comte Charles de Poix, propriétaire de la belle terre patrimoniale de Marécreux, en Berry. Le prince de Poix, s'adressant à M. Charles de Poix. affectait de ne l'appeler que M. de Marécreux. Ce dernier ne répondait point, ce dont le prince se plaignait. Le roi prit alors la parole et donna une leçon au prince, en lui disant : M. de Poix vous répondra quand vous l'appellerez par son nom. Ce même comte de Poix avait été page de la reine Marie-Antoinette et on ne l'appelait alors que le beau page. Il resta depuis fidèle à ses maîtres, comme toute la famille qui porte encore si dignement ce beau nom.

Le second mariage a été celui du marquis de Canisy, brillant officier, avec la belle mademoiselle Sckappers, d'une riche famille de Belgique. La nouvelle marquise fut longtemps l'ornement de la cour, où son mari avait le titre d'écuyer de l'impératrice.

La famille de Carbonel de Canisy est originaire de la Normandie et alliée aux plus grandes maisons de France.

Le 2 février, madame Furtado a donné un de ces

beaux bals dont elle savait si bien faire les honneurs dans son palais de la rue de Monceau. On a beaucoup remarqué à ce bal une charmante jeune fille, véritable bouton de rose, mademoiselle Say, devenue plus tard marquise de Cossé-Brissac et aujourd'hui comtesse de Trédern. Le nouveau duc de Montmorency a dansé avec mademoiselle Heine, la petite fille de madame Furtado. Il y avait, ce soir-là, une réunion choisie de charmantes jeunes femmes et jeunes filles. Je n'ai jamais vu tant de grâce et de beauté, dans notre noble faubourg. Citons : mesdames Rodrigues, de Brymond (il y en avait trois aussi admirées les unes que les autres), Say, Péreira, la sœur du regrettable Brégaro, de Chasseloup-Laubat ; mesdemoiselles Clary, Say, Moreau-Châlon, de Haber (aujourd'hui comtesse Octave de Béhague), Slidell, Nègre, de Boygne, de Grétry (véritable médaillon Louis XV), Pilié, Barrière, etc.... Ajoutez à la beauté naturelle, celle des plus élégantes toilettes et des plus riches parures, et vous aurez une faible idée de ce bal où les diamants jetaient autant d'éclat que les lumières qui les éclairaient.

Le bal de jeunes filles, donné le 8 février, par madame la comtesse de Béhague, dans son hôtel de la rue de Poitiers, pouvait cependant faire oublier un instant celui dont nous venons de parler. Il n'y avait pas le même luxe, les mêmes diamants, les mêmes toilettes, mais on y voyait une charmante réunion de jeunes filles du plus grand monde, vêtues avec cette simplicité pleine de convenance qui disparaît complétement de nos mœurs.

Le salon de madame de Béhague était devenu le rival de celui de la famille Pozzo di Borgho. Autrefois, pour être bien vu d'un certain monde, il fallait, comme on dit, « aller en Pozzo ». Aujourd'hui, il suffit « d'aller en Béhague ». La composition de ces salons était véritablement choisie; on peut dire qu'ils furent et qu'ils sont encore les derniers salons du grand monde.

Mais ce grand monde lui-même disparaît, chaque jour, par les catastrophes de fortune, par les mésalliances, par le mauvais goût et les mauvaises habitudes du moment. Il y a loin du faubourg Saint-Germain moderne, à celui de la Restauration! Les noms, les fortunes (en partie du moins) ont résisté au temps qui détruit tout, mais les idées, les usages, les mœurs et l'esprit, tout cela jure avec ces vieux noms qui rappellent une autre époque!

Je ne veux faire le procès de personne, mais pour des gens sérieux et de bonne foi, la Révolution a laissé, dans les salons, des traces aussi ineffaçables que celles qu'on voit dans les rangs du peuple.

Le faubourg Saint-Germain, au lieu de bouder l'Empire, aurait pu s'occuper des affaires publiques, conserver une légitime influence dans les départements, agir sur l'esprit public, donner l'exemple d'une attitude ferme et éclairée, Il s'est contenté de s'amuser à des réceptions banales. Il a joui de la prospérité de l'Empire, tout en blâmant tout bas le régime qui la donnait. Prenant pour prétexte le mot d'ordre de l'abstention, il s'est désintéressé de toutes les questions politiques et sociales. Toute son activité s'est concentrée dans les plaisirs faciles d'une vie inoccupée et mondaine.

Ses principes n'ont plus été un culte que l'on garde avec soin, jusqu'au jour de la revanche. Ils ont été une affaire de mode et un mot de ralliement d'une certaine coterie. On n'aimait pas Napoléon III, mais on lui savait gré d'être le gendarme de la civilisation. En un mot, on se désintéressait de toutes les grandes questions, pour vivre entre soi, ne recevoir, ne voir que les siens et pour se séquestrer, en quelque sorte, du reste de la nation. Mais il y avait une question qui s'imposait et qui était menaçante : la question d'argent. Une classe qui ne produit pas et qui n'est plus rien dans l'État est condamnée à périr, si elle ne se renouvelle pas et si elle n'accroît pas sa fortune. On ne songea point au commerce, comme la noblesse anglaise. Les vieux préjugés, l'élégance de convention s'y opposaient. On préféra l'industrie, qui montrait ses richesses à travers un prisme. On s'y lança hardiment et tous les grands noms s'inscrivirent dans les conseils d'administration des grandes affaires. La fortune de plusieurs familles fit les frais de cet essai malheureux. Quelques-uns, moins aventureux et plus positifs, ne spéculèrent que « sur la savonnette à vilain. » Cette savonnette fut renouvelée de l'ancien régime et elle introduisit dans le noble faubourg une foule de bourgeoises qui en modifièrent l'esprit, les mœurs et les allures ! — C'était le coup de grâce !

Toutes ces circonstances nous ont donné une génération de gentilshommes imbus des idées et des erreurs modernes, ayant perdu la foi politique et même la foi religieuse, avides de plaisirs et de luxe, incapables de gagner la fortune par le travail et non moins capables de conserver les biens reçus par droit de naissance. Voilà ce que l'esprit révolutionnaire a fait de nos classes élevées. La guerre seule a réveillé ce vieux sang engourdi. — Il a produit des soldats et des héros à l'heure du danger. — Mais à présent que le canon a cessé de gronder et que chacun est rentré dans sa demeure, toute cette activité s'est éteinte, et si le roi de France, appelé par l'Assemblée, voulait conquérir son trône, comme son aïeul Henri IV, il ne trouverait pas vingt mille gentilshommes pour lui servir de garde royale.

Dans la vie militaire, il y a encore, en France, des gentilshommes, et, au surplus, le moule qui les faisait jadis existe toujours dans l'armée. Dans la vie publique, il n'y a plus à proprement parler d'aristocratie, pas plus que dans la vie privée. Tout ce monde élégant est sec, égoïste, personnel, et fort peu capable de diriger les destinées du pays. La France est envahie par la démocratie. C'est ce qui explique la difficulté d'y établir les mœurs de la vie parlementaire. Un parlement suppose une classe d'élite ayant ses traditions, sa force, son caractère et son influence, comme l'aristocratie anglaise. Chez nous il n'y a plus rien de semblable.

Nous sommes destinés à subir, sans résistance possible, le flux et reflux de cette mer houleuse qu'on nomme le suffrage universel. D'après les vents du moment, ils nous apportera le pouvoir absolu d'un César ou celui d'un tribun populaire. Il faut en prendre son parti. Dans un pays où les lois sont impuissantes, il n'y a de possible que la force.

Notre seul espoir, c'est que cette force ne tombe pas dans de mauvaises mains.

Quant à espérer que la classe moyenne prenne le rôle que la noblesse a laissé échapper, il n'y faut pas compter. Cette classe intelligente, nombreuse et riche, n'a pas de traditions, ni de foi politique, et d'ailleurs, elle manque absolument d'énergie dans les moments de crise révolutionnaire.

Napoléon III avait bien compris cet état des esprits, quand il s'est appuyé sur les paysans et sur les ouvriers. Malheureusement son système le condamnait à être toujours heureux, et il devait s'attendre à un abandon complet, le jour où les revers viendraient.

Des gentilshommes peuvent suivre un roi en exil, mais les masses se moquent toujours de l'idole tombée de son piédestal.

Ces considérations une fois posées, revenons à nos bals. Le 20 février, madame Drouin de Lhuys a donné le bal costumé, paré et masqué du ministère des affaires étrangères. Il est impossible de mieux faire les honneurs d'un grand salon. On y voyait une brillante réunion du monde officiel, de la société étrangère, et beaucoup de personnes de l'aristocratie qui considéraient ce salon comme un terrain neutre, où l'on pouvait se présenter, sans paraître rallié à la dynastie régnante. A ce titre, sans doute, se trouvait à cette soirée madame la comtesse Raoul du Hauvel, qui donne elle-même de fort brillantes soirées où l'on retrouve la meilleure société.

Le bal de madame Drouin de Lhuys fut l'un des plus beaux de la saison. On y dansa fort tard avec le plus grand entrain. Parmi les personnes admirées, il faut citer la belle princesse Anna Murat, mademoiselle Haussmann, madame Say, enfin une fort belle Américaine, petite-fille d'un millionnaire, mademoiselle Torrens. Cette dernière était vraiment la reine du bal; elle trônait avec complaisance, comme font d'ordinaire les jeunes Américaines, qui ont tout l'aplomb d'une éducation presque masculine. Comme il y a toujours dans nos salons des fureteurs de millions, vous jugez si la belle Yankee était entourée. On en causa quelque temps dans Paris. On parlait de têtes tournées par cette beauté d'outre-mer; mais elle est repartie, depuis, avec ses millions, et si nous la revoyons un jour, elle reviendra chez nous, pour y donner à son tour des fêtes, dans quelque bel hôtel des Champs-Élysées.

Le carnaval, cette année, a été très-brillant. Après le bal dont je viens de parler, nous avons eu un grand bal chez madame la comtesse de Béhague; le lendemain un bal chez madame Furtado. Le surlendemain, madame Constant Say donnait son premier grand bal dans son grand hôtel de la place Vendôme. Le noble faubourg s'y pressait en foule autour de jeunes et jolies héritières, dont la reine était mademoiselle Jeanne Say, la fille du riche raffineur.

Citons encore le beau bal donné par madame Sellière dans son magnifique hôtel de la rue de Grenelle. Des valets de pied, poudrés et en grande livrée, attendaient, comme à la cour, les invités sur les marches du bel escalier de l'hôtel.

Cette série de fêtes se termina par le bal masqué de la Marine où nous eûmes, comme nouveauté attrayante, un défilé cochinchinois. Il est impossible de faire une description complète de ces fêtes officielles, que nous ne reverrons pas de longtemps.

et où le plus grand luxe était étalé. Costumes brillants et curieux, diamants étincelants, réunion des plus jolies femmes, entrain exceptionnel, petites intrigues sous le domino, présence des souverains, choix heureux de l'élite du monde parisien, rien ne manquait à cette soirée présidée avec une grâce parfaite par la jeune marquise de Chasseloup-Laubat.

Après les bals, vinrent les dîners et les raouts. C'est ainsi que le Parisien comprend le carême. On ne danse plus, mais on dîne en robe décolletée, on entend de la musique et l'on mange des gâteaux, ce qui apparemment ne rompt pas le jeûne! Le 23 février, nous avions à notre table un futur ministre, monsieur Teisserenc de Bort, ancien élève de l'École polytecnique et administrateur du chemin de Lyon. M. Teisserenc de Bort est un homme d'esprit qui aime la controverse et qui cause volontiers religion et philosophie. Il possède en Limousin le beau château de Bort, qui est une merveille au point de vue de l'architecture. Il est gendre de M. Muret de Bort qu'on fait descendre du Romain Muretus, comme les Marcellus d'un consul du même nom, comme les Courtarvel de Curtius. Ces étymologies sont plus vraies qu'on ne le suppose généralement et il y a encore en France beaucoup de familles qui datent de la conquête Romaine. C'est une loi fort curieuse à étudier que celle de la conservation, à travers les siècles, des familles patriciennes. Les incrédules pourront rire tout à leur aise. Mais pourquoi les races d'hommes seraient-elles moins favorisées que les races de chevaux par exemple. Il y a, en Afrique, des coursiers arabes qui ont leurs parchemins fort en règle. La pureté du sang est une loi de la nature que la Révolution n'a pu détruire. C'était jadis la seule raison sérieuse qui faisait prohiber les mésalliances dans les familles nobles. Ils n'étaient pas si dépourvus de sens, nos aïeux ! Aujourd'hui, quand la dot est bonne, on passe facilement sur la mésalliance, mais aussi la vraie noblesse, au sang bleu (comme disent les Espagnols), disparaît comme l'or dans un alliage où le cuivre domine. Dans quelques années, nous n'aurons plus d'autre aristocratie que celle de l'argent. Nous verrons si cette dernière vaudra l'ancienne !

Le 7 mars, nous avons eu une réunion trop curieuse pour que je n'en parle pas : c'était le dîner annuel de la Société d'escrime. Il y avait là 60 convives réunis aux Frères-Provençaux, sous la présidence du comte de Mailly, tué à la bataille du Mans, comme chef de bataillon des mobiles de la Sarthe. Les vice-présidents du cercle, MM. le marquis de Nettancourt et Bartholoni assistaient à la réunion, placés aux côtés du général comte de Chanaleilles, le président d'honneur du cercle. Le fondateur de la Société d'escrime, M. Charles

Pons, qui en est le professeur depuis plus de vingt ans, avait la place d'honneur à ce banquet d'une famille militaire qni continuait les bonnes traditions de l'illustre maître en l'art de l'escrime. Après un compte rendu consciencieux des travaux de l'année, fait par le secrétaire, M. le marquis Armand de Pomereu, il y eut une série de toasts portés à M. Pons, à l'escrime, à l'armée et aux armes.

On ne saurait se figurer l'influence que cette Société d'escrime a eue sur la génération actuelle. Tous les jeunes gentilshommes du monde élégant de Paris ont tenu à honneur de figurer dans les rangs de ce nouvel ordre de chevalerie. Quand la guerre éclata en 1870, entretenus qu'ils étaient dans l'amour des armes, ils se trouvèrent préparés pour les rudes travaux de la guerre, et l'on trouva parmi ces gens d'épée plus d'un brave officier qui n'avait eu pour école militaire que la salle d'armes de Pons.

De nos jours, l'escrime est plus à la mode qu'autrefois, les salles d'armes sont nombreuses. Il y a des cercles de tireurs, mais c'est à la Société d'escrime que revient l'honneur de cette résurrection du vieil honneur français.

Le 10 mars, à huit heures et demie du matin, la mort à frappé, au milieu de sa grande fortune publique, le célèbre duc de Morny, président du

Corps législatif. Cette mort fut comme un coup de foudre dans le monde officiel de l'Empire.

Les obsèques eurent lieu le 13 mars, avec une pompe inaccoutumée et tout à fait digne de l'un des plus grands personnages de l'Empire. Le peuple de Paris, qui aime les grands spectacles, se pressait en foule sur le passage du cortége qui se rendait à la Madeleine. Le public ne manifesta aucune hostilité en face de cette mort prématurée qui frappait l'un des auteurs, peut-être le principal auteur du coup d'État de décembre 1851. Il serait difficile de décrire la magnificence déployée à ces funérailles auxquelles prenait part une réunion imposante de tous les personnages marquants du monde officiel.

L'empereur, très-affecté de cette perte, fit rendre les plus grands honneurs à celui qui était plus que son ami !

La mort du duc de Morny fut considérée comme un présage de mauvais augure pour l'Empire. Le duc était un homme habile, un bon conseil et une forte tête. Il avait une liberté de langage que les courtisans n'ont point d'ordinaire avec les souverains. Il présidait fort bien le Corps législatif, dont il avait su gagner la confiance, par cette espèce d'ascendant qu'il exerçait même sur ceux qui ne lui accordaient point leur sympathie ou leur estime. En lisant le livre du *Prince* de Machiavel, on comprend toute la profondeur des maximes de ce grand écrivain, qui disait « qu'il préférait le prince, cruel, barbare, impie, débauché, immoral, déshonnête, qui se montrait dans les affaires publiques, bon, doux, religieux, vertueux, honnête et probe, au prince, bon, doux, religieux, vertueux et probe qui laissait, par sa faiblesse, triompher sous son règne, la cruauté, la barbarie, l'iniquité, la débauche, l'immoralité et l'improbité ». M. de Morny était un sceptique qui ne croyait ni à la vertu, ni à la religion, ni à la probité. Mais il savait se faire aimer, se faire craindre et se faire obéir. Il avait toute l'audace et tous les attraits d'un Catilina que la fortune a poussé, du sein d'une conspiration, jusque sur les marches du trône. L'histoire sera sévère pour sa mémoire, mais comme elle juge plutôt la vie publique que la vie privée, elle trouvera quelque grandeur dans cet homme public qui a su rester à la hauteur de sa rapide et inconcevable fortune. M. de Morny était un homme d'esprit, un causeur, un lettré et un judicieux homme d'État.

Il était sinon estimé, du moins accepté par les hommes, et on le disait adoré de toutes les femmes !

Les funérailles eurent lieu avec une pompe inusitée. Le char funèbre, en bois d'ébène, recouvert de lames argentées, était traîné par huit chevaux tenus à la main par des hommes à pied. Aux quatre coins il y avait des anges debout, se voilant la tête de leurs ailes. Ce char valait 150,000 francs ; il n'avait servi que neuf fois, ce fut celui du prince Jérôme. Une double haie de soldats s'étendait du Corps législatif à la Madeleine. Un long cortége de grands personnages et de notables suivait à pied le corbillard. Les cordons du char étaient tenus par des dignitaires de l'État. Des laquais en livrée de deuil portaient l'uniforme et les décorations du défunt. Une salve de pièces d'artillerie placées sur la berge de la Seine commença sans interruption, lorsque le cortége se mit en marche. Il y avait loin, sans doute, de cette pompe à celle qu'on déployait jadis pour les funérailles des princes du sang. Mais elle dépassait de beaucoup ce que l'on voit aux obsèques des grands personnages de l'époque.

Cette mort fut un vrai deuil pour la cour, et elle produisit une vive impression sur ce public léger de Paris, qui malgré ses impressions fugitives et changeantes, a toujours conservé le respect des morts. Le duc fut regretté, car à Paris, si on oublie vite les vertus et les grandes actions, on se rappelle davantage les qualités brillantes et les faveurs de la fortune.

M. de Morny avait épousé une princesse russe qui montra la plus grande affliction de la perte de son mari. Depuis cette époque, et même avant la fin de l'Emipre, la veuve se consola pour épouser un riche Espagnol, le duc de Sesto.

Le public et la presse se sont longtemps occupés du duc de Morny, et dernièrement encore, comme nous l'avons déjà dit, *le Figaro*, par la plume de son rédacteur en chef, faisait du duc un portrait habile et fidèle qui pourra servir un jour à l'histoire.

Cet événement, qui était un deuil pour le monde officiel, n'empêcha pas les simples particuliers de continuer la série de leurs bals. On dansa le 14 mars chez le comte d'Algarra, riche Espagnol, connu dans le monde parisien par ses belles réceptions et par son attachement à la cause de don Carlos. Un autre bal fut donné par un Espagnol, le riche banquier Abaroa. Il y avait là toute une colonie parlant la belle langue de Cervantès. L'Espagne et l'Amérique y comptaient des représentants. Une belle Mexicaine, madame Redo, fut beaucoup admirée. C'était la reine du bal, et quelle vraie reine par la beauté !

J'ai assisté, le 1er avril, à une expérience de magnétisme donnée à la séance de la Société des sciences, arts et belles lettres de Paris, fondée par le regrettable Charruau. Un membre de la société, M. Nidelay, avait amené plusieurs sujets sur lesquels il fit des expériences fort curieuses dites phénomènes de catalepsie ou de tétanos. Le plus curieux de ces phénomènes fut le sommeil d'une dame qui, du fond de la salle, se trouva magnétisée sans le vouloir et sans le savoir. On eut beaucoup de peine à la réveiller. Quant à la conclusion pratique, elle est encore fort incertaine sur cette prétendue science dont personne ne connaît les principes. Il y a dans tout cela beaucoup de hasard et pas mal d'illusions, pour ne pas dire autre chose.

Je ne connais que le baron du Potet qui ait utilisé le magnétisme, en guérissant des malades.

La fureur du magnétisme a beaucoup diminué de nos jours. On s'en occupe fort peu, presque aussi peu que des fameuses tables tournantes qui nous sont venues d'Amérique. En général, tous les gens qui ont cultivé cette prétendue science y ont perdu leur latin, quand ils n'y ont pas perdu leur raison, ce qui est arrivé à plusieurs d'entre eux. Cependant il y a encore à Paris des somnambules que l'on va consulter et qui disent le passé, le présent et l'avenir. Le public est crédule : c'est, je crois, tout le fond de ce commerce, qui ressemble assez à celui des tireuses de cartes.

Ce qui précède me rappelle une aventure arrivée à un étudiant de mes amis, il y a plus de vingt ans. Il passait sur la place Saint-Sulpice, pour aller à l'école de droit. Comme les étudiants ne sont jamais pressés d'aller aux cours, il s'arrêta dans un groupe qui entourait un nécromancien de place publique. Ce dernier disait l'avenir aux badauds et faisait payer ses consultations la modique somme de cinquante centimes. C'était déjà bien cher pour une telle marchandise. Mon jeune étudiant venait de payer comme les autres flâneurs, sans être plus avancé qu'eux. Le saltimbanque voyant que la curiosité de son jeune auditeur était très-excitée, lui glissa dans l'oreille ces paroles dangereuses : « Monsieur, si vous voulez en savoir davantage, suivez moi, je vous ferai le grand jeu du tarot. » L'étudiant accepta et entra avec le devin dans un cabaret voisin. Là, il eut une conférence assez longue qui ne lui apprit rien de plus, mais lui coûta vingt francs. Voilà toute la morale des jeux de cartes. Je crois qu'il faut en dire autant du magnétisme !

Pour passer à un sujet plus sérieux, disons qu'on a beaucoup remarqué parmi les prédicateurs de ce carême, M. l'abbé Goubaud, grand-vicaire de Mgr d'Orléans, qui a prêché à Saint-Thomas-d'Aquin.

L'abbé Goubaud est un orateur sacré qui appartient à l'école romantique. Il sème ses sermons de phrases imagées qui produisent beaucoup d'effet. Je me rappelle encore sa comparaison hardie et brillante, du soleil émergeant de l'horizon des vapeurs de l'Océan et inondant la terre de sa lumière. Ce soleil, c'était le Christianisme dont les vives clartés avaient dissipé les ténèbres du paganisme,

Le 20 avril, nous avons eu l'un des derniers bals de la saison, chez M. et chez madame la marquise de Louvencourt, dans leur demeure de la rue de Clichy. J'y ai retrouvé la belle madame Say et sa fille. Au souper, j'étais à côté d'un homme du monde, qui est à la fois, un brillant cavalier et un homme sérieux, M. le baron Georges de Plancy. Il m'a raconté son voyage en Égypte. Entre plusieurs incidents curieux, j'ai relevé le suivant :

M. Renan était du voyage, et comme M. Mariette avait découvert, sur les monuments de la haute Egypte, des inscriptions qui annonçaient le christianisme et les mystères de la divinité du Christ, M. Renan ne voulait pas y croire et n'en revenait pas. Cette découverte expliquée, sur place, par un savant sérieux et convaincu, dérangeait les plans de l'auteur « de la *Vie de Jésus* ».

C'est l'histoire éternelle du fameux mot : « Mon siége est fait. » M. Renan s'est d'ailleurs quelque peu converti depuis lors, je ne dirai pas aux idées catholiques, mais aux idées conservatrices, ce qui est déjà un pas vers la vérité. Nous avons tous lu, dernièrement, un livre fort curieux de ce philosophe, qui déclare très-nettement que la démocratie a beaucoup amoindri la France et qu'un grand peuple vit très-mal sans aristocratie et sans traditions.

C'est, en effet, le grand mal de la France. Mais les livres de M. Renan n'y changeront rien. Pour faire une aristocratie, il faut des aristocrates, c'est-à-dire des gens qui font métier d'être meilleurs que le commun des hommes. Il a fallu des siècles pour fonder cette vieille noblesse qui a fait la grandeur de la France d'autrefois. Aujourd'hui elle n'existe plus qu'à l'état de fantôme. Je doute que la noblesse d'argent qui l'a remplacée, soit jamais capable de jouer le grand rôle de son aînée.

Un véritable aristocrate est un vrai patriote qui place au-dessus de tout, le pays, la religion, le roi, la loi et l'honneur. Nos aristocrates du jour ne songent guère qu'à leur fortune et au bien-être de leur propre personne. Allez donc leur demander de sacrifier leur vie et leur fortune pour un principe ou pour une idée, ils vous riront au nez et, si la situation devient grave, ils prendront le chemin de fer et partiront pour la Belgique.

J'admire beaucoup l'aplomb de ces écrivains qui après avoir attaqué la religion, notre seule planche de salut, font des livres sérieux pour nous démontrer que la société moderne fait fausse route. Nous le savons bien! Mais à qui la faute! A ceux qui ont détruit chez nous toute croyance et toute tradition.

Rendez-nous la foi de nos aïeux, et nous aurons leur grandeur morale et leur courage. Sans tradition, sans principes, sans respect pour la loi, pour l'autorité morale, religieuse et politique, nous resterons ce que nous sommes : un peuple de moutons poursuivi par des loups affamés !

Le 6 mai, nous eûmes un bal chez madame la vicomtesse Walsh. Il y avait là beaucoup de jeunes filles de la bonne société, mesdemoiselles de Dyon, des Cars, de Mercy-d'Argenteau, de Montsaulnin, de Slam, de Cessac, de Saluces, de Clermont-Tonnerre, de Merlemont, de Maillé, d'Aramon, la fille de la maîtresse de la maison, enfin mademoiselle Salovoï, une charmante Russe, qui était la reine du bal et qui est devenue, depuis, la comtesse de Raineville. Il y avait aussi deux riches héritières, mesdemoiselles de B., qui ont refusé les plus beaux partis, et que les mauvaises langues accusent d'avoir voulu épouser l'empereur et M. de Morny. Ce sont des personnes très-distinguées, mais ayant tout à fait les idées du héron de La Fontaine.

Le 7 mai, nous avons eu à dîner Mgr de Mermilliod, évêque d'Ébron. C'est un homme fort séduisant. Il avait, ce soir-là, une belle croix d'émeraudes valant 12,000 francs, qui lui a été donnée par le Pape. Mgr Mermilliod est à la fois un apôtre et un homme du monde. Il a eu beaucoup de succès à Paris, où il était venu chercher des fonds pour une œuvre pieuse destinée à la Suisse. Il travaillait pour des ingrats. Je me rappelle à cette occasion un incident fort curieux. M. Carteret, membre du conseil d'État suisse, avait demandé à être présenté à l'évêque qu'il voulait placer à la tête d'une entreprise financière, sorte de Banque catholique. Mgr Mermilliod déclina cette rencontre. C'est le même M. Carteret qui plus tard (en 1873), contribua à l'expulser de son diocèse.

Par le temps où nous vivons, la mémoire a son côté piquant.

Mgr Mermilliod a prêché à Notre-Dame-des-Victoires pour son œuvre suisse. Il a beaucoup de talent naturel. C'est un esprit fin et distingué.

Madame Drouyn de l'Huys a donné son dernier bal aux affaires étrangères, — on y a beaucoup remarqué une belle étrangère, madame de Hatsfeld. Ce salon du ministère du quai d'Orsay est l'un des plus beaux de Paris. Il est immense et très-favorable à cette danse qui finit les bals et qu'on nomme *le cotillon*. Aussi les *cotillons* y finissent-ils toujours longtemps après le lever de l'aurore.

On m'a raconté une bien triste histoire qui montre, une fois de plus, comment se font chez nous les mariages. Il s'agit d'une séparation. Madame de Saint-A. se voit obligée de plaider contre son mari qui l'abandonne pour courir après une jeune intrigante de seize ans.

Il a une excuse, c'est qu'il est fou et qu'il l'était déjà quand il se maria. Sa mère elle-même est morte folle. Comment madame de Saint-A. a-t-elle pu ignorer ces détails avant le mariage ? C'est parce que ces mariages, étant des affaires de pure spéculation financière, c'est à qui saura le mieux tromper son partner. La pauvre jeune femme ne tarda pas à s'apercevoir qu'elle avait été dupe dans cette affaire. Femme d'esprit et de cœur, elle n'en montra rien et soigna si bien son malade, qu'elle le crut complétement guéri. Il le fut, en effet, pendant plusieurs années, jusqu'au jour où une circonstance, sous la forme d'un cotillon, vint déranger de nouveau son cerveau malade.

Il y eut procès. Bien entendu la femme gagna. Mais quel est celui qui gagne en pareil cas, et que gagne-t-on, même quand on sort vainqueur d'une pareille lutte! On a pour soi la loi, soit! Mais, en vous rendant votre liberté, cette loi vous rend-elle votre bonheur brisé, votre jeunesse perdue, votre avenir compromis? Que vous donne-t-elle en échange de votre isolement légal? Absolument rien! — Et cependant cette leçon n'empêche pas les gens de se jeter, comme par le passé, très-légèrement, dans toutes ces aventures matrimoniales qui ressemblent assez au fameux chemin de fer de *Memphis* des États-Unis.

Le 30 mai, nous avons eu un beau mariage dans le grand monde. Le marquis Ludovic de Courtarvel a épousé mademoiselle des Isnards. Les Courtarvel sont l'une des plus anciennes familles de l'Ouest. Le dictionnaire de la Sarthe les fait descendre d'un nommé *Curtius*, Romain dont le château s'appela « Curtii arua », la terre de Curtius. Une tour conservée porta longtemps ce nom altéré, depuis, en celui de Courtalvert, qui devint aussi Courtarvel. Au xve siècle, l'héritier des Courtarvel épousa la dernière descendante des marquis de Pézé, et le roi de France érigea la terre de Pézé en marquisat, au profit de la maison de Courtarvel. Dans la guerre des Bourguignons et des Parisiens, un Courtarvel se distingua et s'empara d'une des portes de Paris, celle de Saint-Germain-des-Prés. C'est non loin du théâtre de ce fait d'armes, dans la rue Saint-Guillaume, que se trouve actuellement l'hôtel de la maison de Courtarvel. La mère du marquis de Courtarvel est une demoiselle de Bec-de-Lièvre. — Il y eut un instant, à l'hôtel de Courtarvel, cinq générations abritées par le même toit. C'étaient la mère et la grand'mère de la marquise de Courtarvel; sa fille, madame la comtesse de Monteynard, et la fille de cette dernière. Ce fait est assez curieux pour qu'on le cite en passant. C'est tout le secret des vieilles traditions de la noblesse française. Allez donc chercher une pareille longévité chez nos démocrates modernes. Ils n'y tiennent pas, du reste, car leur plus grand désir est de faire vite disparaître tout ce qui les gêne, et les vieux parents sont pour eux au nombre des choses inutiles de l'ancien régime.

Voilà Gilles de La Ronce qui vient me raconter

qu'il fait partie d'une société dite des Bons-Livres, pour la propagation de la saine littérature. Cette société, placée sous l'invocation de saint Michel-Archange, a pour directeur le célèbre père Félix. C'est une excellente idée, mais il ne suffit pas de faire de bons livres, il faut surtout rendre inutiles les mauvais, en faisant des livres amusants. Rien n'est ennuyeux comme la vertu, la morale, le droit, etc..., toutes ces saintes choses que le lecteur ne cherche nullement dans les livres! Il faut prendre le public tel qu'il est. C'est un estomac fatigué qui ne supporte pas les choses fades. Il lui faut des mets épicés! Obtenez donc d'un écrivain vertueux de faire une pareille cuisine! Il vous jettera au nez le tablier, avec indignation. Et pourtant il faut surtout se faire lire quand on écrit des livres.

Le père Félix, avec une grande persévérance, a continué pendant des années cette œuvre utile, sans se laisser décourager par les résultats insignifiants qu'il a obtenus. Le père Félix a une foi d'apôtre et il sait que la charité parisienne est inépuisable : aussi ne se rebutera-t-il pas. Il y a pourtant là un grand écueil : l'ennui. Les bons livres ne sont pas lus, parce qu'ils sont ennuyeux! Il y a cependant quelques bons ouvrages dans la collection de Saint-Michel. Gilles de La Ronce, qui fut longtemps président du comité de lecture, m'a même montré des romans intéressants et moraux.

Ce qu'il y a de fâcheux dans ces essais de bons livres, c'est qu'ils sont faits généralement par des gens de lettres peu convaincus qui, travaillant aujourd'hui pour des gens pieux qui les paient bien, courront offrir demain leur plume vénale à des athées qui la paieront mieux.

Nous avons encore un beau mariage à citer. Mademoiselle de Bonneuil, la reine des bals de jeunes filles du noble faubourg, a épousé M. le comte de Chatellux, riche propriétaire de l'Est. La cérémonie a eu lieu, le 8 juin, à Saint-Thomas-d'Aquin, où depuis longtemps l'on n'avait vu pareille réunion de gens élégants et de personnes de la haute aristocratie française. Le monde est si mêlé de nos jours que ces réunions deviennent de plus en plus rares.

Le dimanche 11 juin, tout Paris a été sur pied pour assister à la lutte du grand prix de Paris, aux courses de Longchamps. C'est un cheval appartenant au comte de la Grange qui l'a facilement emporté sur ses concurrents. Il se nomme Gladiateur et a beaucoup de sang anglais dans les veines. Le public applaudit à outrance, et l'on eût dit que cette victoire avait effacé les vieilles défaites d'*Azincourt* et de *Crécy*. Le Parisien est un grand enfant qui met de la politique partout, excepté dans les urnes électorales !

L'empereur profita de la belle humeur du public. Il fut acclamé lui-même avec enthousiasme. On lui sut gré de cette belle journée, absolument comme on lui en aurait voulu s'il avait fait mauvais temps. Voilà le grand peuple qui se dit démocrate et républicain !

L'empereur recevait avec d'autant plus de plaisir ces marques d'enthousiasme, qu'il avait la conscience d'avoir beaucoup fait en France pour relever notre race de chevaux. C'est à lui qu'on doit ces nombreuses courses qui ont été les fêtes populaires de l'Empire. Du même coup, elles résolvaient plusieurs problèmes très-différents. La race chevaline s'améliorait, et, ce qui n'a jamais nui aux dynasties, le peuple de Paris s'amusait ! Nous serons longtemps avant de revoir les courses brillantes de cette époque !

Le 23 juin, nous avons eu la grève des cochers de Paris. L'administration des Petites Voitures avait pris partout des automédons de bonne volonté, et il fallait, ces jours-là, un certain courage pour monter en voiture. On n'était pas sûr d'en sortir vivant ! Cette grève n'a duré que quelques jours, grâce à la fermeté de l'administration, qui a fini par lasser les cochers en grève.

L'empereur, selon son habitude en pareil cas, fit une promenade sans escorte sur les boulevards. Loin d'être insulté, il fut acclamé par la population, qui vit dans cette démonstration du souverain une preuve de confiance et de courage dont on lui savait gré.

L'empereur a fait des fautes qu'il a bien cruellement expiées ! Mais il faut convenir que nul n'a aussi bien connu que lui le tempérament, les goûts et le caractère du peuple de Paris.

Gilles de La Ronce, qui est à la fois avocat et homme de lettres, est allé dîner à Marnes, près Ville-d'Avray, chez un bas-bleu célèbre, madame Mélanie Valdor de Villenave. Il y avait là le colonel de Sauvet et sa femme, M. et madame Loudun, M. de Saint-Julien, vieillard spirituel qui a beaucoup écrit en Russie ; M. Billing, le créateur du grand projet de percement de l'isthme de Panama, enfin madame Claude Vignon, un bas-bleu qui a le mérite d'être une beauté, ce qui est rare chez les bas-bleus. La réunion était fort simple et très-modeste ; c'était presque un dîner de famille. Madame Valdor n'avait pas des goûts de luxe, et elle était si distraite, comme tous les bas-bleus, qu'elle ne s'occupait guère des soins de son ménage. C'était une excellente femme qui avait une grande sensibilité. Je ne sais pourquoi l'on dit qu'elle fut pour quelque chose dans l'idée de la fameuse pièce d'*Anthony*, de Dumas père. Frappée dans ses affections de famille par la perte d'une fille, madame Valdor fut triste et mélancolique pendant la fin de sa vie. Gilles de La Ronce, qui ne l'a jamais connue gaie, prétend qu'elle n'a jamais dû rire. En tout cas, elle a laissé des œuvres qui ne sont pas sans mérite, et dans ses vers, on trouve à la fois une grande élévation d'idées et une grande chaleur d'âme.

Le 28 juin, Gilles de La Ronce, qui n'était que stagiaire, fut inscrit au tableau de l'ordre des avocats à la Cour impériale.

Il n'est pas sans intérêt, par ce temps démocratique, de montrer ce qu'est restée cette institution du barreau qui est une école d'hommes politiques et souvent de tribuns heureux et qui, par ses lois, date de l'origine de la monarchie française. Le barreau est une aristocratie, que la Révolution n'a pas osé détruire, malgré l'avis défavorable de la Convention.

Un père de famille envoie son fils faire son droit à Paris. Lorsque le jeune homme a passé ses quatre examens et sa thèse, ce qui nécessite de grands frais, sans parler des dépenses personnelles de l'étudiant, ce dernier est admis à prêter serment comme avocat, coupe ses moustaches et plaide comme stagiaire au barreau de Paris, pendant trois années consécutives. Il est soumis à certains règlements et à certaines prescriptions. Il doit assister tous les samedis à la conférence des avocats et signer en robe sur un registre placé à l'entrée de la bibliothèque des avocats. Il est astreint à des réunions dites de colonne, où son chef de colonne, un ancien, nourri dans le sérail, lui apprend ses nouveaux devoirs, dont quelques-uns sont fort délicats. Il plaide alors de temps en temps, s'il trouve des clients ou si on le nomme d'office dans quelque vilaine affaire d'assises ou de police correctionnelle.

Son admission au stage ne se fait d'ailleurs qu'après une visite de deux anciens qui viennent s'assurer que l'avocat est dans ses meubles et qu'il vit moralement. Au bout des trois ans de stage, après avoir dépensé plusieurs milliers de francs et autant de milliers de phrases sonores et redondantes, l'avocat, si ses parrains le présentent au conseil de discipline et si ce dernier l'accepte, l'avocat stagiaire est inscrit au tableau, ce qui lui donne le droit de nommer le bâtonnier et les membres du conseil et aussi le droit de mourir de faim honorablement, s'il entend vivre de son talent et s'il n'a pas par devers lui quelques rentes qui ne sortent pas de la poche des clients.

Quant à compter sur ses confrères et sur les gens du Palais pour parvenir, autant il faudrait dire qu'un homme qui se noie peut compter sur le voisin qui se noie à ses côtés.

La confraternité, l'esprit de corps, la profession sont de grands mots, comme la loi, la conscience, l'honneur, etc. Mais comme le Palais est le pays où l'on abuse le plus des mots, celui qui y tente fortune sans un secours puissant, est à peu près certain de rester en route, sans que personne l'aide à achever la pénible traversée de cette mer ingrate qu'on nomme *la Basoche*.

Un de mes amis, Elie de La Villatte, jeune avocat, homme de lettres, d'une famille honorable de l'Anjou, vient de faire comme *reporter* de la petite presse (*Gazette des étrangers*), un voyage au casino de Fécamp, en l'honneur de l'inauguration de ce nouvel établissement.

Comment M. de La Villatte est-il arrivé à représenter la *Gazette des étrangers*? C'est toute une histoire. Cette bonne Gazette vivait modeste et ignorée, lorsque son directeur, M. Henri Legrand, un homme très-fort, comme on dit aujourd'hui, vint trouver La Villatte et lui demanda un rédacteur en chef. La *Gazette* avait tout pour elle : le titre, les espérances, de beaux clichés, un passé honorable. Il ne lui manquait que deux choses pour avoir des lecteurs, le talent et l'argent.

La Villatte fit des ouvertures à son ami Henri de Pène, alors en quête d'un journal. De Pène trouva le titre bon et fut séduit. Il consentit à entrer dans la nouvelle combinaison. M. Henri Legrand, toujours très-fort, s'arrangea si bien que de Pène finit par signer le journal dont la vie était dès lors attachée à la sienne.

Un homme de talent ne peut pas échouer, surtout devant des lecteurs comme les Parisiens. La Villatte également séduit et atteint de ce mal incurable de la plume, promit une somme de 8,000 francs. La somme fut vite dépensée, puis vinrent les difficultés; de Pène racheta le journal et le soutint avec toute son énergie. Il réussit à le sauver. Mais La Villatte ne revit jamais ses 8,000 francs et M. Legrand ne lui a jamais parlé depuis de ce détail. Voilà comment La Villatte fut *reporter* de la *Gazette des étrangers*. Laissons-le faire son voyage à Fécamp et donnons-lui la parole pour le raconter.

« Nous partimes de Paris le 8 juillet à sept heures du matin, de la gare de l'Ouest. Le wagon avait l'animation que présente toujours une réunion de journalistes. C'est un feu roulant de plaisanteries, de lazzis et de propos absurdes, qu'on est convenu de prendre pour de l'esprit! On cause sur tous les sujets. Après les phrases banales arrivent les déclarations politiques et les attaques contre la religion, qu'il est de bon goût de toujours mettre en cause à propos de rien. Comme nous partions un samedi, il fut question du vendredi et du maigre imposé par l'Église. C'était un *tolle* général contre cette coutume barbare. Ce qui m'a toujours beaucoup étonné, c'est que les gens qui s'en plaignent le plus sont précisément ceux qui ne font jamais maigre. Est-ce un remords de conscience? est-ce un sentiment de pitié pour les chrétiens qui font abstinence? Il serait plus convenable de laisser à ces derniers le soin de se plaindre et de ne point se mêler en une affaire à laquelle on veut rester étranger!

» Enfin, nous arrivons au Casino de Fécamp, et cette troupe de diables déchaînés qu'on nomme les représentants de la presse, s'y installent comme en pays conquis et s'y font tout d'abord servir un souper qui ne leur coûte rien et qu'ils ont soin de critiquer absolument comme s'ils le payaient très-cher. Les propriétaires du Casino se gardent bien de se plaindre et servent largement ces nouveaux hôtes qui représentent (ils le croient du moins), la Renommée aux cent voix. Ils doivent penser parfois, en voyant l'appétit et la soif de leurs invités, à la fable du jardinier de La Fontaine, qui prie son seigneur de le délivrer d'un lièvre importun !

» Vous dire que le souper fut gai, bruyant, extravagant, paraît inutile ! Il y avait pourtant à cette table la grave figure d'Henri Delaage, qui est un homme sérieux et que, pour ma part, je n'ai jamais vu rire.

» Le soir, on se casa dans les chambres du Casino. On avait le beau spectacle de la mer, dans une saison où chacun recherche les fraîcheurs de la brise.

» Le lendemain, c'était un dimanche, Fécamp était en fête. La grand'messe fut célébrée à l'église de l'abbaye des Bénédictins, beau monument d'un style composé de roman, de renaissance et de gothique. Je fus, je crois, le seul des invités de la presse à remplir ce devoir pourtant si naturel. Je me souviens même que mes collègues me regardèrent dès lors comme un intrus et me prirent pour un jésuite. Déjà, à cette époque, le mot de clérical était une injure dont quelques honnêtes personnes avaient la faiblesse de s'effrayer.

» Le déjeuner de la presse ressembla beaucoup au souper de la veille. Le lièvre n'était pas encore pris et le pauvre jardinier n'avait déjà plus de légumes dans son jardin !

» La fête annoncée eut lieu sur la place de l'Hôtel-de-Ville. Il y avait une estrade sur laquelle on nous avait réservé des places que nous occupions fort gravement. Les inévitables pompiers étaient en grande tenue et en pantalon blanc. Il y eut des courses : la course aux sacs, ce sont des hommes qui courent dans des sacs ; la course aux brouettes ; la course aux ânes, toujours très-divertissante, à cause de la résistance des ânes qui le sont beaucoup moins que ceux qui les montent ; enfin la douche polonaise, sorte de bain dans un baquet suspendu en l'air, qui réjouit beaucoup les assistants. La fête se transporta alors sur le rivage, et nous eûmes des régates, régates à voile, régates à la rame, régates aux canards et aux cochons, enfin régates aux nageurs. Le mât de cocagne parisien ne fut même pas oublié ! La soirée se termina par un feu d'artifice et par un bouquet. Il y eut naturellement des toasts. J'ai remarqué celui du colonel Robert, conseiller général, qui ne craignit pas de boire « à la presse, » à laquelle il adressa cette phrase fort bien accueillie : « Il faut vous craindre, mais vous aimer ! » On porta un toast à la liqueur Bénédictine, qui me fit l'effet d'une réclame de fabricant. J'avais pour voisin de table un homme aimable qui me mettait au courant des choses locales : c'était M. Mériais, journaliste de Fécamp. Je lui dois de curieux détails sur la pieuse légende du précieux sang et sur la source miraculeuse de Fécamp. Il paraît qu'un des apôtres enferma le précieux sang dans un tronc d'arbre qu'il jeta à la mer, pour le soustraire aux mains profanes.

» La relique alla échouer sur la côte normande de Fécamp et on la découvrit à l'occasion des miracles opérés par une source qui avait surgi à l'endroit où la relique était venue s'échouer. L'eau de la source du précieux sang attire encore aujourd'hui une foule de malades ou d'estropiés qui sont guéris par ses salutaires effets.

» A mon retour à Paris, je me rappelle avoir prolongé les jours d'une pauvre malade pleine de foi, qui m'avait fait demander quelques gouttes de cette eau rapportée dans une bouteille.

» Ces pieuses légendes ne sont point des articles de foi : l'Église, dans sa sagesse, ne nous a point imposé ces croyances sous peine de péché. Mais il faut avouer qu'elles sont bien poétiques et bien consolantes !

» On peut dire que ce n'est pas l'eau qui guérit, si l'on veut ! Mais qui pourrait nier que ce ne soit pas la foi ? Le miracle est tout aussi grand !

» Au déjeuner du Casino, j'étais à côté d'un riche administrateur du Crédit mobilier, en partie de bains de mer avec sa fille, une ravissante brune. La conversation s'engagea sur la politique et sur les questions sociales, le mal de l'époque. Mon voisin, bourgeois instruit, bien élevé, mais un peu révolutionnaire, me déclara qu'il ne donnerait jamais sa fille à un noble, et pourtant, il se disait l'ami du vicomte de Mortemart. Je plains la noblesse, victime de tant de préventions et je plains encore plus la France, qui n'a plus sa vieille noblesse de nos vieilles guerres !

» Nous avons fait une jolie excursion en voiture à Étretat. Il y avait dans la voiture où je me trouvais une demoiselle Huny, la fille du directeur de l'établissement de bains et M. et mademoiselle Souvereux, de Saint-Mandé. Étretat est une jolie petite ville plus compacte que Fécamp. On y voit de ravissants vallons, quelques touffes d'arbres et de nombreuses villas.

» Dans le trajet, une discussion s'engagea sur les militaires. C'était la manie du jour. Le journaliste qui nous accompagnait voulait manger du caporal. L'armée fut vaillamment défendue par les jeunes filles. Les pékins sont si laids et si mal habillés ! Il y avait peut-être aussi quelque sous-lieutenant sous roche ! Le soir, il y eut, au retour, un bal au Casino. Les dames de Fécamp s'étaient abstenues. Je dois dire que la réunion laissait beaucoup à désirer : elle ressemblait un peu à ces bals improvisés des steam-boats américains où les garçons, le couvert enlevé, se mettent à valser avec les passagères.

» Le mardi, nous eûmes une petite scène assez étrange. Un journaliste se mêla de faire une quête sans consulter ses camarades. Il fut vertement réprimandé et on l'appela mouchard! Les journalistes ne sont pas toujours parlementaires! Le plus curieux, c'est qu'il était employé à la préfecture de police. Le pauvre diable était fort ennuyé et voulait se battre avec son adversaire. M. de Caston, qui se trouvait là, sut, avec beaucoup d'esprit et de tact, apaiser cette affaire, devenue très-bruyante.

» Au retour, je m'attendais à beaucoup de froideur après cette dispute. Il n'en fut rien. Nos ennemis étaient plus intimes qu'au départ, et la dignité blessée avait complétement disparu.

» La fin de notre séjour fut marquée par un incident : la visite du prince Napoléon, qui consentit à recevoir les délégués de la presse parisienne. Je comptais au moins sur un discours! Quelle ne fut pas ma surprise de voir le prince se borner à parler de la pluie et du beau temps. Les journalistes qui pouvaient lui dire : « Prince, parlez à l'empereur de cette ville qui fait tant de sacrifices pour des travaux utiles à toute la France! Prince, c'est à vous qu'il appartient de consacrer, par votre présence, les embellissements de cette vieille cité qui comptera désormais parmi les plus agréables villes d'eau! Prince, il est digne de Votre Altesse Impériale d'encourager les efforts de cette intelligente administration du casino de Fécamp

14.

dont l'œuvre est essentiellement patriotique, etc., etc. » Tout ce que l'on peut dire en pareil cas ! Eh bien ! la petite presse, avec toutes ses plumes, tous ses représentants, ne trouva rien à dire au prince, et le prince, avec tout son talent, toute sa facilité d'élocution, toute son intelligence, se contenta de répéter en partant : « Je suis content d'avoir vu cette fête
» favorisée par un si beau temps ! Oui, le temps est
» vraiment beau, pour les gens qui aiment à voyager
» sur mer ! Allons ! messieurs, au revoir ! »

» Quelle entrevue, quelle présentation ! Ah ! dans ce siècle démocratique, on est par trop trivial et par trop réaliste !

» Le prince s'en retourna comme il était venu. Mais pourquoi cette présentation des délégués de la presse ! Et le Casino ! Ah ! je pense toujours au jardinier de La Fontaine : « Le lièvre est pris, mais il ne reste plus
» ni légumes, ni fruits, ni plate-bandes, ni arbres à
» fruits ! »

» Les écrivains de la petite presse s'en retournèrent vers Paris, après avoir bien bu, bien mangé, bien fumé, bien dormi, bien critiqué, bien applaudi ! Depuis, je n'ai pas entendu dire que le propriétaire du Casino les ait invités une seconde fois ! Que voulez-vous, on n'a pas toujours de lièvre à faire prendre, et quand même on en aurait, la chasse du premier fait trouver l'autre bien supportable !

» Voici quels étaient les noms des journalistes

invités à cette inauguration du Casino de Fécamp : MM. Maurvel, Hémery, Sauvestre, Saunière, Joliet, le spirituel Joliet, Kugelmann, Maillard, Blondeau, de Caston (l'habile et aimable prestidigitateur), Félix Savard, le biographe des petits portraits d'artistes, Thion, Chauvin, de la Fizelière. »

Là s'arrête le récit de ce voyage. Lorsque La Villatte me le raconta, il paraissait radieux de son excursion. Il avait été invité, disait-il ! Je me suis permis de lui rire au nez. Une invitation qui coûte 8,000 francs, c'est un peu comme les maîtresses qu'on n'entretient pas, mais qui vous ruinent en cadeaux ou en dépenses personnelles ? Les choses qui ne coûtent rien finissent souvent par coûter bien cher !

Le 27 juillet, il y avait à Chaillot un riche mariage comme il y en a souvent dans cette petite paroisse qui est devenue une colonie du grand monde. M. le comte de Brie, officier des guides, épousait mademoiselle du Ludre. Le prêtre fit une allusion, dans son discours aux mariés, à la grande comtesse Mathilde d'Italie : elle était de la famille de Brie.

En revenant de cette messe de mariage, j'ai reçu la visite d'un de mes amis fort affligé de l'infidélité présumée de la dame de ses pensées. Les amoureux sont des malades qu'il faut soigner sans les brusquer. Je ne savais que dire à mon pauvre camarade. Le hasard me plaça sous les yeux une page de *Child-Harold* : je m'empressai de la lui lire :

Voici ce que dit le grand poëte page 301. « L'amour n'est qu'un délire... C'est la démence de la jeunesse, mais sa guérison est encore plus amère. Chaque jour ravit un attrait à nos idoles ; nous découvrons enfin qu'elles n'ont ni le mérite ni la beauté dont nous avions paré leurs formes idéales. Le charme fatal subsiste encore, hélas ! Il nous domine et nous recueillons les tempêtes que nous avons semées ! Le cœur, obstiné comme l'alchimiste à la recherche d'un trésor qui n'existe pas, se croit plus riche, alors qu'il est plus près de la misère. »

Mon ami me quitta en me remerciant. Je le croyais guéri ! Mais bah ! quelque temps après, j'appris qu'il était plus malade que jamais. Les amoureux sont des malades qui visitent le médecin avec l'intention bien arrêtée de ne pas suivre ses conseils.

Les médecins avaient fort à faire à Paris à cette époque. Le choléra y sévissait avec rigueur : c'était sa troisième ou quatrième apparition. Il y avait une grande inquiétude parmi les gens du monde. Beaucoup de familles aisées désertaient la grande ville. Moins cruel qu'en 1832 et 1849, le fléau n'en exerça pas moins des ravages que l'on cachait avec soin.

Nous sommes en novembre, le fléau sévit toujours. On parle d'une quarantaine de victimes par jour. Paris avait cependant ses distractions comme si rien de grave ne s'y passait. Il y avait au Palais de l'industrie une magnifique exposition de tableaux qu'on n'a jamais revue depuis : je veux parler du musée rétrospectif. On avait réuni là les toiles des plus grands maîtres envoyées par leurs propriétaires. J'y ai remarqué de fort beaux Greuze, plusieurs Vélasquez et des Ruysdaël d'un grand prix.

A côté de l'art profane, il y a l'art chrétien ! Le père Hyacinthe continue ses belles conférences à Notre-Dame. Il parle contre la morale indépendante. Dans un magnifique sermon, il dit que la nature est pure et que notre cœur seul est gâté. « Quand les sophimes règnent dans les intelligences, c'est justice que la corruption règne dans les cœurs ! »

Nul ne pouvait prévoir alors, en présence de ce talent incomparable et de cette foi si vive, la chute de l'un de nos plus grands orateurs sacrés.

Le père Hyacinthe avait beaucoup du père Lacordaire : c'était un Mirabeau de la chaire. Il avait l'ampleur d'une vigoureuse nature au service d'une foi ardente et d'une imagination brillante. Son argumentation, moins froide que celle du père Félix, était pour ainsi dire toute vivante. C'était un feu dévorant qui descendait de la chaire sur l'auditoire. On était fasciné, étonné, ébloui, comme par les éclairs incessants de la foudre. Ce père semblait un athlète invincible, et cependant, il a succombé après tant d'efforts surhumains ! La passion qui le rendait grand, l'a conduit lui-même à la rébellion ! La main qui le soutenait, s'est retirée de lui. Dieu, sans lequel nous ne sommes rien, a justifié une fois de plus, dans la personne de ce serviteur infidèle, les belles paroles du psaume : « *Deposuit potentes de sede.* »

CHAPITRE X

— 1866 —

Comme tous les ans, l'année a commencé par la visite officielle aux Tuileries. — L'empereur est bien portant. — En voilà assez pour faire monter les fonds et rassurer les conservateurs. On ne s'imagine pas assez, après tous nos malheurs, l'influence qu'avait la santé de l'empereur sur les affaires et sur l'opinion publique.

Amis ou ennemis, j'entends par ennemis ceux qui n'aimaient pas l'empereur mais qui aimaient le pays, tous étaient attentifs, lorsqu'il s'agissait de la santé du chef de l'État. Tous étaient d'accord pour dire que, l'empereur bien portant, il n'y aurait pas de révolution ! Quel hommage rendu à la fermeté de son gouvernement !

Le 17 janvier, je suis allé au Vaudeville voir la fameuse pièce de Sardou : *la Famille Benoiton*. C'est une jolie étude de mœurs ! On en a beaucoup parlé. C'est un grand succès et presque un scandale ! Ce tableau de mœurs modernes a soulevé bien des colères. Beaucoup de gens se sont probablement reconnus !

Le 25 janvier, nous avons eu un fort beau bal chez madame de Haber, dans son hôtel de la rue de l'Arcade. La famille de Haber a quitté l'Allemagne pour venir s'établir à Paris. Sa fille était charmante. Depuis, elle a épousé le comte de Béhague et a pris rang dans le faubourg Saint-Germain.

Les soirées se succèdent ; c'étaient les beaux jours de l'Empire. Le 28, il y eut une brillante réunion chez la comtesse du Hauvel, rue d'Anjou-Saint-Honoré. Madame la comtesse du Hauvel reçoit la meilleure société ; ses soirées ont tant d'attrait qu'elles se prolongent indéfiniment. L'hôtel de la rue d'Anjou est l'une des maisons les plus hospitalières de ce Paris élégant qui aime le monde et les gens qui reçoivent.

Le 29, nous eûmes une réunion chez madame Bemberg, la femme du ministre de la République Argentine. Madame Bemberg, qui chante elle-même admirablement, aime beaucoup les artistes, et elle a donné, ce soir-là, à ses invités, l'agréable surprise d'un concert de l'Alboni, qui ne se prodigue guère.

Les soirées se suivent avec rapidité. On n'a pas même le temps de se reposer. Le même soir, 9 février, il y avait un bal chez M. Crombez au boulevard Haussmann, et chez la comtesse d'Algarra, rue Blanche. M. Crombez est le frère du président de la Chambre des députés de Belgique, qui acheta le château de Lancosmes, en Berry. Sa fille, une charmante jeune femme, la vicomtesse de Tocqueville, était la reine du bal. La mort l'a frappée depuis et ce salon si gai s'est fermé pour ne plus s'ouvrir. Le comte d'Algarra de Vergara est un noble espagnol qui a fui la révolution pour habiter Paris. Paris, en effet, a ceci de fort singulier, que malgré ses émeutes, ses folies, ses désordres, il est encore l'abri le plus sûr pour les étrangers que de semblables folies chassent de leur pays.

M. d'Algarra est un ami de don Carlos. Sa fille a épousé le marquis de Féligonde, qui fut longtemps l'un de nos plus élégants danseurs.

Le salon de madame d'Algarra était et est encore l'une de ces maisons où il y a toujours une fête nouvelle pour les nombreux invités qui s'y pressent en foule. Il y a à Paris certaines maisons, comme celles-là, qui semblent destinées à faire le bonheur des gens du monde. Les soirées s'y succèdent sans relâche. On se demande comment les hôtes qui l'habitent peuvent suffire à un rôle aussi fatigant qu'aimable. Il faut, d'ailleurs, une grande fortune pour de pareilles réceptions. Le comte et la comtesse d'Algarra, quoique étrangers, ont plus fait pour égayer nos mondains élégants que la plupart des gens riches de notre haute société.

Il est vrai que si les maîtresses de maison sont infatigables, les danseurs ne le sont pas moins. Le lendemain, 10 février, il y avait un bal costumé aux Affaires étrangères, le surlendemain un pareil bal à la Marine. C'était à en perdre les jambes et la tête.

Aux Affaires étrangères, on a beaucoup admiré mademoiselle B., lectrice de l'impératrice. — C'est une beauté, une Vénus italienne ! Mais c'est plutôt une femme qu'une jeune fille. Voilà l'inconvénient de cette vie du monde officiel qui enlève de bonne heure, aux jeunes filles, cette timidité naturelle qu'elles ne devraient jamais perdre.

J'ai cependant remarqué, dans ce monde si agité, deux jeunes filles qui sont restées aussi simples, aussi modestes, le dernier et le premier jour ; ce sont mesdemoiselles de Bassano, filles du duc de Bassano !

A la Marine, le bal costumé a été particulièrement brillant. Il y avait un cortége préparé d'avance et dont la reine était la belle comtesse Rimsi-Korschakoff. Le cortége était international. — J'y ai remarqué deux Chinois habillés par Nonnon, le costumier de l'Opéra. Leur costume était si réussi qu'il faisait pâlir les vrais costumes chinois rapportés du Palais d'été et que des invités avaient produits dans l'espoir d'un succès certain.

Ils se sont trompés. — Au bal, le clinquant fait toujours plus d'effet que la réalité.

Ce bal fut un triomphe pour les Américaines. Il y en avait de fort jolies. Mademoiselle Torrence était l'une des reines ; deux jeunes filles de New-York étaient aussi très-remarquées, c'étaient mesdemoiselles Beckwith que l'on voyait à toutes les fêtes officielles ; elles avaient l'air de s'amuser beaucoup. On disait qu'elles avaient été élevées en Chine. Elles ont disparu de l'horizon mondain, avec les splendeurs impériales. Les républicains d'Amérique n'aiment pas notre république. Sous l'Empire, ils n'avaient qu'un rêve : être présentés à l'empereur et retourner aux États-Unis pour y raconter leurs succès à la cour de Napoléon.

Au milieu de toutes ces fêtes, il y avait encore place pour la littérature. Nos immortels ne s'endormaient pas sur le dictionnaire. Ils faisaient des livres et des pièces. Il y avait de la vie partout, une vie factice, si l'on veut, mais enfin c'était la vie ! Ponsard nous donna vers cette époque une nouvelle production, sous le titre « *le Lion amoureux* ». C'était un général républicain amoureux d'une marquise. Cette pièce quelque peu révolutionnaire, comme toutes les productions du jour, eut les honneurs de la Comédie-Française, et obtint un légitime succès.

J'ai assisté à une nouvelle réunion de la Société des bons livres fondée par le père Félix, sous le nom

« d'OEuvre de Saint-Michel-Archange ». Il y avait à cette réunion MM. Lafon, Bourgain, le comte Serrurier et plusieurs notabilités du faubourg Saint-Germain. On a tort de dire que nos jeunes nobles ne font rien. En temps de guerre ils ont fait leurs preuves, en combattant pour la France, sous la bannière de la République. En temps de paix, ils emploient leurs loisirs assez souvent à des œuvres utiles. L'œuvre des bons livres est du nombre. J'ai été frappé de la finesse d'aperçus et de l'élévation d'idées de plusieurs des membres de l'œuvre. M. le comte de Ruty nous a fait beaucoup rire, aux dépens des auteurs, par ses critiques à la fois justes et humoristiques. Nous avons eu vingt manuscrits à examiner dans cette société dont je parle. On voit ce qu'est la fécondité des auteurs ! Hélas, c'est un des plus tristes fruits de la démocratie. Aujourd'hui, chacun veut écrire. Tous se croient du talent. Demain, ils voudront aussi tous, après avoir été auteurs, devenir de grands personnages dans l'État. La suppression d'une famille régnante amène des nuées de prétendants au petit pied, qui se voient déjà, dans l'avenir, présidents de la République.

M. Thiers, qui devait l'être réellement plus tard, a fait à la Chambre, le lundi 26 février, un discours à sensation sur le régime parlementaire. M. Thiers est l'un des hommes que l'Empire a le plus ménagés. On ne craignait pas sa popularité et l'on admirait, à

la cour, son talent d'orateur et son génie d'écrivain.
Dans ce temps singulier, on a vu le duc de Rovigo,
légitimiste et l'historien de l'Empire, républicain.
Cela montre dans quel état sont nos esprits. Ce serait
risible, si ce n'était navrant. Il n'y a plus rien chez
nous, plus de principes, plus de foi, plus de traditions ; il n'y a que des faits et des personnalités. Le
fait brutal s'impose et nous courbe sous sa masse.
Heureux nous sommes, quand la Providence s'en
mêle !

L'Empire a été prospère, tant qu'il a été un gouvernement militaire et absolu. Il s'est laissé miner
sourdement par les concessions libérales ; elles ont
été l'infiltration lente de l'eau dans une falaise. Un
beau jour, quand le travail s'est accompli, la falaise
a croulé dans la mer.

Je ne crois pas beaucoup à l'avenir de la liberté
en France : elle est incompatible avec la démocratie.
Quand tout le monde, dans une foule, veut être au
premier rang, personne n'y voit. On s'écrase mutuellement, et finalement personne ne voit rien et
chacun est gêné !

Quand j'étais plus jeune, j'ai cru à la démocratie,
comme on croit à un principe. Aujourd'hui j'y crois,
parce que je la vois. J'y crois, comme on croit à un
fait inévitable ; les eaux ont monté comme au déluge.
Il faut en prendre son parti, nous serons tous noyés !
Le 26 février nous avons eu un brillant mariage dans

le *high-life,* celui de M. le vicomte Amelot de Chaillou avec mademoiselle du Hallay, la fille du terrible marquis du Hallay-Coëtquen, l'ancien officier de la garde royale et le duelliste renommé.

Le 5 avril, aux Frères-Provençaux, j'ai assisté au dîner annuel de la Société d'escrime. Il y avait là à côté de Pons, le maître d'armes par excellence, MM. le comte de Mailly, président; le général de Chanaleilles, président d'honneur; le marquis de Nettancourt, et M. Bartholoni, vice-présidents; le comte Armand de Pomereu et le vicomte de Grandeffe, secrétaires; MM. le vicomte de Plancy de Molombes, Charles le Roy, de la Croix, le vicomte de Monnier, le docteur Fauvel, H. de Pène, Norbert Billiart, Maréchal, le comte de Rants, Loubat, le marquis de Puységur, le vicomte de Noblet, le marquis de la Roche-Fontenilles, Rouzaud, Pochet, Boudin, le marquis de Langle-Beaumanoir, le baron de Bernon, Gérard, Carraby, Aubernon, le comte de Saint-Paul, etc.

Un membre a prononcé ce toast que j'ai retenu : « Permettez-moi, Messieurs, de boire à cet esprit de bonne harmonie et de concorde qui nous réunit à cette table comme toutes les semaines dans les salles de la société. Grâce à cet esprit remarquable, votre œuvre sera durable. C'est en effet une chose extraordinaire que de voir cette union régner parmi des personnes qui s'arrachent les uns à leurs travaux, d'autres à leurs plaisirs, pour cultiver cet art si difficile et si dangereux dans quelques mains. C'est peut-être un signe de notre temps.

» On a dit dans nos assemblées politiques que les caractères s'étaient abaissés à notre époque. Ne pourrait-on pas dire qu'ils se sont, non pas abaissés, mais adoucis. J'en trouve la preuve parmi vous. Les progrès de la civilisation ont fait tomber bien des barrières, entre autres celle des préjugés ; il y a plus de bienveillance, et cet esprit qui règne parmi vous devient général : on est plus indulgent et plus chrétien, félicitons-nous de cet heureux progrès. Je bois donc, Messieurs, à la continuation de ces bonnes traditions, à l'esprit fraternel et à la durée de la Société d'escrime. »

Évidemment l'orateur n'avait pas prévu la Commune et ses suites. Qui pouvait d'ailleurs, en 1866, deviner de pareilles catastrophes !

Après cette réunion de tireurs, j'ai assisté à une assemblée de savants dans les salons de la Société du Berry, chez l'éditeur M. Chaix.

On y a discuté la grave question du fermage et du métayage. Il n'y a qu'à Paris qu'on peut, dans la même soirée, faire des armes, danser, dîner en ville, faire l'amour et avoir une conférence scientifique. C'est la ville où tout est réuni. C'est la vie de Paris. Voilà pourquoi les étrangers aiment tant cette ville. En y réfléchissant, on est satisfait de tant de richesses diverses, mais on est inquiet de cette confusion un peu trop grande. Il est en effet difficile de passer si vite du plaisant au sévère. On ne fait en somme, ainsi, rien de bon.

Le 10 avril, au bal de madame Drouyn de Lhuys, aux Affaires étrangères, j'ai retrouvé la gracieuse colonie américaine, misses Slidell, Carter, Beckwith, etc. Au cotillon, j'étais assis auprès d'une mère de famille, la belle comtesse de R... qui m'a raconté les infortunes de sa sœur, madame de B... On a voulu, comme toujours, la bien marier, et l'on avait découvert, après bien des recherches, un Breton, bon sujet, marquis et riche. Or, le mariage accompli, il s'est trouvé que le Breton était fort peu marquis, fort peu riche, excepté en dettes, et qu'il avait une vieille maîtresse qui s'est mise en tiers dans son ménage. La nouvelle mariée était donc la femme la plus malheureuse du monde. Pour seul espoir, elle avait en perspective un bon procès en séparation. J'ai répondu à la comtesse de R... que si l'on avait présenté pour sa sœur, un bon sujet, peu fortuné et s'annonçant simplement tel qu'il était, on n'en aurait pas voulu. C'est la vérité. Quand tout le monde spécule sur le mariage, il est naturel qu'il y ait beaucoup de dupes, et en pareil cas, c'est à qui trompera le mieux son voisin ou sa voisine.

Le 12 avril, le marquis de la Grange, sénateur, homme de mérite et lettré fort distingué, avait réuni quelques personnes à sa table. J'y ai remarqué la famille de l'ancien ministre, M. de Villèle, et le biblophile Jacob, hôte de ce salon. Le vrai nom de cet aimable savant est M. Lacroix. Il est bibliothécaire à l'Arsenal.

Les fêtes se succèdent à Paris. Le 19 il y a eu un grand carrousel au palais de l'Industrie. Le même jour, le général Mellinet, un brave soldat mutilé auquel on a donné de brillantes compensations, passa en revue la garde nationale de la Seine dont il était général en chef.

C'est toujours une chose fort curieuse que les prises d'arme de la milice citoyenne. On arrive généralement en retard et avec beaucoup de peine, à l'esplanade des Invalides, le lieu de réunion. Les bataillons font manœuvres sur manœuvres pour se placer les uns auprès des autres. Ce n'est pas une petite affaire et l'on voit souvent les files d'un bataillon en traverser un autre, sans doute pour aller au plus court. Puis quand les différents corps sont installés, on forme les faisceaux. C'est le signal d'une débandade générale vers les cafés des environs. Souvent, quand le tambour rappelle à leur place les braves miliciens, on en est réduit à laisser quelqu'un pour garder des faisceaux qui restent en place, parce que les gardes nationaux n'ont pas jugé à propos de revenir les rompre. Enfin le défilé a lieu. C'est le plus beau mouvement de cette troupe. En effet, il annonce le retour au foyer domestique et le garde national est aussi pressé de retourner chez lui, qu'il l'est peu de se porter vers le poste qu'on lui a assigné.

Il y a cette semaine de brillants mariages à noter. Le marquis de Puységur, officier de marine, épouse mademoiselle de Beauffort. M. le marquis de Brissac se marie avec la riche et jolie mademoiselle Say, fille de M. Constant Say, le raffineur. M. de la Ferté Senneterre épouse mademoiselle de Bez. Tous ces mariages ont attiré l'élite de la société. Il y avait là de fraîches toilettes et de fort grandes dames !

Gilles de La Ronce vient d'être nommé, par décret impérial, capitaine de la garde nationale de la Seine. Il appartient à un bataillon modèle, le quatrième bataillon formé par le commandant Duffié, riche propriétaire et homme de devoir. Son successeur, M. le baron d'Avril, ne laissa point dépérir entre ses mains cette création. Le nouveau commandant, ancien chargé d'affaires de France à Yassy, était fort aimé de ses subordonnés et le méritait. Comme tous les hommes de talent, il faisait bien tout ce qu'il faisait et était aussi bon commandant que parfait diplomate. La garde nationale a toujours aimé les banquets. Aussi Gilles de La Ronce fut-il invité à prendre part au dîner mensuel des capitaines qui se réunissaient au petit Moulin-Rouge. Il y avait là quelques hommes distingués, entre autres, le docteur Contour, chirurgien major du bataillon, et M. Dumoutier de Frédilly, capitaine rapporteur, qui était chef de division aux Travaux publics et officier de la Légion d'honneur.

On le voit, la composition des cadres sous l'Empire était bien faite pour rassurer les gens d'ordre. L'Empire n'avait pas osé supprimer la garde nationale, quoi qu'on en eût bien envie, mais il l'avait épurée! C'était presque une garde bourgeoise, comme au bon temps de la monarchie. Son rôle tout pacifique consistait à figurer aux fêtes publiques et aux revues. On avait soin de l'entourer d'un cordon de sergents de ville qui faisaient la haie derrière elle, afin de contenir le bon public que n'effrayaient pas assez les baïonnettes intelligentes.

Il y a encore un bal à l'article des grandes fêtes; celui-là mérite d'être noté. Ce fut une brillante réception : elle avait lieu chez la comtesse Le Marois, dans son splendide hôtel de l'avenue d'Antin.

La reine du bal était la belle marquise de Canisy. Il y avait aussi là des héritières portant un grand nom, mesdemoiselles de Clermont-Tonnerre, de Cessac, Amelot, etc.

Le temps a passé sur ces souvenirs. Les héritières sont mariées, les hôtes du bel hôtel ont disparu, la mort les a tous frappés. Ainsi vont les choses de Paris, ce grand Saturne qui dévore tous ses enfants. Il ne reste plus que l'hôtel dont on peut encore admirer le bel escalier.

Le 2 mai, la comtesse de Pontevès donnait un bal

de jeunes filles rue Saint-Dominique. Il y avait dans ce salon une réunion toute aristocratique ; mesdemoiselles d'Aramon, d'Esgrigny, de Montsaulnin, Solovoï, etc...

Le 8 mai, j'ai assisté à un dîner prié chez la marquise de Lagrange née de Caumont-Laforce. Il y avait là les de Carné, de Villèle, de Belbeuf, de Mussé, — la soirée se prolongea. Quelques visites vinrent augmenter le personnel des invités. On parla, dans ce salon à la fois littéraire et aristocratique, d'une publication nouvelle due à la plume élégante de la marquise de Lagrange : c'était la correspondance d'une de ses grand'mères, « Laurette de Malboissier. » Ce livre curieux ne fut donné qu'à quelques privilégiés. Si les lecteurs ne furent pas nombreux, ils étaient choisis.

Le 9 mai, nous avons eu au ministère des affaires étrangères une soirée des plus intéressantes. On y recevait les ambassadeurs Chinois ; il n'y a qu'à Paris qu'on peut ainsi, sans faire des milliers de lieues, rencontrer des étrangers de tous pays.

Les Chinois étaient fort entourés. Il y en avait un fort laid (ce qui ne veut pas dire que les autres fussent beaux) que l'on disait homme fort instruit ; il est en Chine chef de division au ministère de l'extérieur. Il était accompagné d'un petit Chinois, fils d'un médecin, lequel petit Chinois devait rester en France au collége. Nous étions avides de connaître la pensée de ces étrangers. On les regardait avec curiosité. Deux de nos diplomates causaient avec eux, c'étaient MM. de Vernouillet et de Méritens qui ont fait tous deux la campagne de Chine avec l'ambassade du baron Gros. Ils savaient assez de chinois pour causer avec les ambassadeurs. Qu'on vienne dire encore que les Français n'apprennent pas les langues étrangères ! M. de Vernouillet a rapporté de Chine des documents précieux sur ce pays peu connu. Il ne s'est pas contenté d'en étudier la langue, il a voulu se rendre compte des lois du pays et il a pénétré dans le labyrinthe inextricable de la statistique chinoise. M. de Vernouillet pense qu'on a beaucoup exagéré la population du Céleste-Empire. C'est un peu comme les quarante dynasties d'Egypte. Au fond de ces erreurs, il y a probablement des additions mal faites. Les historiens sont souvent plus poëtes que mathématiciens. Quelque jour, M. de Vernouillet publiera ses impressions et ses notes, qui seront accueillies avec la faveur que mérite le travail de tout chercheur consciencieux. Déjà, dans un ouvrage fort estimé, il a eu le courage de combattre les erreurs nombreuses commises sur l'administration pontificale. Il nous a montré que l'agriculture était en honneur à Rome et que les Papes avaient fait la fortune de ces ingrats qui les calomnient aujourd'hui, après avoir vécu si longtemps de leurs bienfaits.

Le 4 juin on a enterré un célèbre financier, qui a

débuté bien modestement dans la vie et qui est devenu millionnaire en quelques années. Il s'appelait Parent et était entrepreneur de chemins de fer sous la raison sociale Parent et Schaken. Il avait acheté le beau château de Coubert, dont Louis XIV avait fait un comté pour Samuel Bernard, le riche banquier de l'époque. M. Parent avait marié sa fille au comte des Rois. On dit qu'il est mort dans une situation moins brillante qu'on ne le croyait. Cela me rappelle un mot du baron de Rothschild, auquel on racontait que l'un des gros bonnets de la finance avait laissé 15 millions. Le baron lui fit ainsi sa petite oraison funèbre : « Pauvre garçon ! Je le croyais plus à son aise ! »

Les Prussiens entrent dans le Holstein : la question du Danemarck s'embrouille. C'est le prologue de la guerre du Sleswig, qui elle-même fut le commencement des triomphes de la Prusse. L'Autriche, alors alliée de la Prusse, ne se doutait guère qu'elle paierait un jour, fort cher, cette complicité dans un attentat inouï contre un généreux peuple. Le plus curieux, c'est que personne, pas même les Autrichiens, ne remarqua l'effet foudroyant du fusil Dreyse en usage dans l'armée prussienne. Mais voici une guerre subite qui éclate entre la Prusse d'une part et l'Autriche, et d'autre part entre cette dernière puissance et l'Italie.

Le 24 juin, les Italiens ont été battus à *Custozza* par l'archiduc Albert.

Mais la fortune trahit l'Autriche dans le Nord. Les Prussiens entrés en Bohème, dont les défilés ne furent pas défendus par l'inhabile *Benedek*, livraient la bataille de *Sadowa*, qui réduisit l'Autriche au rôle de puissance de second ordre. En quinze jours, cette guerre a produit les combats de *Nachad*, *Trantan*, *Munchengraitz*, *Ozciwin* et les batailles de *Jicin* et de *Sadowa*. L'Autriche n'eut pas un succès dans les différentes rencontres.

Le 5 juillet, le *Moniteur français* publiait une grande nouvelle bien faite pour flatter l'amour-propre des Français et de Napoléon III : l'empereur d'Autriche cède la Vénétie à l'empereur Napoléon et lui demande d'être arbitre entre les belligérants. Cette nouvelle fut accueillie à Paris par un grand enthousiasme. Il y eut des illuminations.

Napoléon était parvenu, sans combat, à un résultat des plus brillants pour sa politique. Il avait atteint l'apogée de sa puissance et de sa gloire. Il y a, dans la vie des peuples et dans celle des souverains, des moments solennels qui décident de l'avenir.

Si Napoléon eût été plus énergique et plus résolu, il eût obtenu le Luxembourg et les rives du Rhin sans coup férir.

Malheureusement il hésita, il n'était pas prêt ; son armée désorganisée par la fatale expédition du Mexique ne pouvait pas entrer en campagne. Il perdit un temps précieux en négociations trop lentes. Il laissa à la Prusse le temps de se reconnaître. Cette puissance, dirigée par M. de Bismark, homme d'un génie froid et mathématique, se hâta de signer la paix avec l'Autriche et de conclure des alliances secrètes avec les États secondaires de l'Allemagne du Sud. Le rôle de la France, d'abord prépondérant, fut bientôt annihilé par des actes diplomatiques qui trompèrent notre vigilance.

En vain Napoléon céda la Vénétie à l'Italie ; en vain, il prit part aux négociations de la paix, défendant d'une façon chevaleresque les petits États de l'Allemagne qui le trahissaient pendant qu'il servait leur cause. Bientôt il dut s'apercevoir qu'il avait réellement perdu la partie et que la Prusse s'était hâtée de faire la paix avec ses ennemis d'Allemagne, pour concentrer toutes ses forces contre l'ennemi français, contre lequel elle devait un jour ameuter cette même Allemagne qui lui serait aussi hostile que l'Italie, malgré les services rendus.

Avec ce sentiment instinctif qui ne trompe jamais, tout le monde en France comprit que le coup de foudre de Sadowa nous atteignait autant que l'Autriche. Mais comment expliquer notre insouciance et notre légèreté, en face d'un pareil pressentiment.

Les esprits sérieux en France crurent tous que l'empereur, frappé du danger qui nous menaçait, se préparait à une guerre que l'opinion publique regardait comme inévitable ; nous y avons tous été trompés. Seul, M. de Bismark s'aperçut que nous ne songions pas à nous préparer pour cette grande lutte et dès lors, il put se croire assuré de la victoire, dans un temps prochain.

Plus sage que nous, il employa quatre années à réparer les désastres d'une guerre terrible quoique heureuse. Il ne se crut fort que lorsqu'il nous vit confiants et désarmés. Ces quatre années pouvaient assurer la grandeur de la France, si nous les avions bien employées?

L'opinion publique avait raison. C'est la France qui venait d'être vaincue à Sadowa, elle en avait l'intuition. Sadowa était un avertissement. Nous n'en avons pas su profiter.

La fin de l'Empire depuis cette époque ne sera qu'un long rêve rempli d'illusions et d'erreurs. — L'instinct national avait compris que Sadowa était pour nous un échec moral. — On a beaucoup ri à l'étranger de notre mauvaise humeur, elle était cependant pleine de sagesse. Malheureusement tout s'est borné à des boutades, à une moue de femme spirituelle. Nous n'avons pas su agir en hommes! l'avenir montrera ce qu'il nous en a coûté.

Les Prussiens ont été vainqueurs à Aschaffenbourg et à Olmutz. — Ils ne perdent pas de temps, ces gens-là. — Les pauvres Autrichiens vaincus partout, ont eu un second avantage contre les Italiens : leur flotte a battu la flotte italienne près de l'île de Lissa.

Les Italiens étaient commandés par un amiral qui avait trahi le roi de Naples. Il s'appelait Persano.

Le 4 août, nous avons eu à dîner un diplomate qui connaît beaucoup la Chine, qu'il a habitée quelques années après l'expédition française et dont nous avons déjà parlé. Ce diplomate, M. le baron de Méritens, nous a donné sur la Chine des détails qui sont trop curieux pour ne pas les rapporter ici.

M. de Méritens est resté au service du prince Kong, en qualité de directeur des douanes du sud de la Chine. A ce poste important, il lui fut loisible de tout voir et de bien voir.

Il nous a raconté qu'après les préliminaires de paix, les membres de l'ambassade coururent de grands dangers. M. de Bastard les sauva en les décidant à traverser le camp tartare. Ils avaient d'ailleurs un sauf-conduit des ambassadeurs chinois, ce qui n'empêcha pas la troupe de tirer sur eux après les avoir laissés passer. C'était de la bonne foi orientale.

En traversant le camp où il y avait 40,000 Tartares, les jeunes attachés d'ambassade purent se rendre compte de la position réciproque des armées. Nous n'avions que 1,500 hommes à opposer à cette masse de barbares. Heureusement ces derniers nous attendaient par une grande route, que nous eûmes le soin de tourner. Jamais les Tartares ne purent se décider à changer de place leurs canons, et ils avaient des pièces de 24 ! Il est juste de dire que leurs boulets étaient du calibre 12 et qu'ils ne savaient pas pointer. Ils furent littéralement criblés par notre artillerie et cette masse confuse s'enfuit dans toutes les directions, comme à la bataille d'Arbelles.

Mais parlons de la vie privée des Chinois. Les femmes n'ont en Chine aucune importance. Quand un père marie sa fille, il donne à l'époux un titre de propriété, comme s'il vendait une bête de haut prix. Quand on passe devant sa maison, la femme tombe à genoux aux pieds de son mari. Elle mange debout à table et sert les hommes. Les femmes ne figurent pas dans les réceptions. Naturellement, avec de pareilles idées, la polygamie est florissante.

Le peuple est bon, le fond de la race est Chinois. Les vainqueurs Mantchoux ont perdu leur langage et leurs usages. Les paysans sont très-doux. Ils paient trois impôts et sont pressurés par les préfets qui changent à leur gré le cours de la monnaie. L'empereur, *Tien-Zew*, fils de Dieu, ne doit être vu de personne. Le prince Kong a trente-trois ans ; c'est un homme de bons sens. L'empereur a onze ans, il signe tous les décrets. Le prince Kong fit un coup d'État et condamna tous ses rivaux à la mort lente ; il eut la bonté de commuer cette peine en celle de la décapitation. Quelle clémence princière ! L'un d'eux cependant, directeur des douanes de Fou-Chaou, possédait 8 millions, ce qui lui permit d'apaiser, en sa faveur, la rigueur des lois. Pékin est entouré de fortes murailles. La population de la Chine est de 360 millions d'habitants. Le pays est très-riche, le grand commerce est honnête. Les lettres sont fort arriérées, le peuple est intelligent, et capable de faire de grands progrès.

Quoique sauvages, les Chinois sont peut-être moins malades que nous. Ils ne sont pas encore atteints de l'épidémie révolutionnaire.

Ce mal qui nous ronge, diminue beaucoup les bienfaits de cette civilisation dont nous sommes vraiment trop fiers. Je faisais cette réflexion l'autre jour, en entendant discuter un fabricant de vitraux gothiques qui a pour clientèle la noblesse et le clergé. On devrait supposer que ce brave homme respecte, s'il ne les partage pas, les opinions de ses clients. Au contraire, c'est un socialiste enragé qui ne demande que l'anéantissement des nobles et des prêtres. Il vit cependant de ces blasons et de ces vitraux qu'il voudrait détruire. Explique qui voudra cette anomalie ! Le fait est qu'à Paris, les ouvriers qui travaillent aux objets de luxe sont les plus hostiles aux classes riches qui les font vivre. C'est une véritable aberration. Quand un peuple en arrive là, on peut désespérer de l'avenir.

Après un court voyage en Normandie, je reviens à Paris le 1er septembre et j'y retrouve le choléra, qui sévit toujours avec rigueur.

Le hasard m'a fait connaître un détail curieux de la politique espagnole. Le général Prim qui conspirait contre la reine Isabelle, sa bienfaitrice, cherchait 2 millions pour faire la révolution qui réussit plus tard. On s'adressa à un de mes amis, Raoul de Villedieu, que cette démarche étonna beaucoup. Bien entendu, Raoul repoussa ces ouvertures avec indignation. Nous n'attachions aucune importance à cette intrigue, mais elle me revint en mémoire, lorsque éclata la révolution qui renversa le gouvernement de la reine. Il paraît que Prim avait trouvé, depuis, des prêteurs moins scrupuleux.

Je viens de lire un charmant roman traduit du suédois: *les Voisins de mademoiselle Federicka Bremer*; le traducteur est mademoiselle du Puget. Il est impossible de mieux rendre une œuvre des plus intéressantes. Sans être parfait, ce roman a une certaine valeur. Cependant, il est loin de valoir les romans si simples, si moraux de l'illustre Walter-Scott. On voit que l'influence mauvaise des romans français a inspiré l'auteur suédois. Le roman du Nord avait été jusqu'ici une peinture poétique de la vie de famille. Chez nous, le roman n'est depuis longtemps que la description de nos vices privés; les auteurs étrangers ont bien tort de nous copier! Nous sommes, en effet, en pleine décadence littéraire. Nous en arrivons à applaudir la chanteuse Thérésa, que les femmes du monde ne craignent pas d'attirer dans leurs salons.

La chanteuse de *la Femme à barbe* et de *la Nourrice sur lieu* doit donner aux étrangers une triste idée de nos goûts artistiques et littéraires !

Vendredi, 14 septembre, à 5 heures du matin, nous avons eu à Paris, un tremblement de terre ressenti également en province à la même heure. On n'a pas attaché d'ailleurs grande importance à ce phénomène, beaucoup moins effrayant que nos révolutions politiques.

M. de La Valette, notre ministre des affaires étrangères, vient de faire une circulaire aux agents diplomatiques, à propos de l'Italie. Il semble promettre la neutralité. Cette politique de non-intervention, comme on l'appelait alors que nous avions nos troupes à Rome, n'est pas digne d'un pays comme la France et cache une grande faiblesse et une grande indécision. Ce fut le commencement de nos fautes.

Le choléra sévit toujours ; on dit qu'il a enlevé dans Paris quatorze médecins. Molière en eût félicité les malades, mais les médecins de nos jours ne sont pas aussi impopulaires que ceux de ce temps-là.

Le 22 septembre, nous avons eu une nouvelle secousse de tremblement de terre. Ces phénomènes, rapprochés du fléau qui sévit, m'ont fait croire que le choléra avait pour cause une influence magnétique. On peut dire tout ce qu'on veut en pareille matière, parce que les médecins n'en savent pas plus long que nous. Ce qu'il y a de certain, c'est que l'épidémie sévit toujours avec plus de force, au moment des grands orages. A la suite d'une tempête violente, la sœur d'un de mes amis fut frappée comme par la foudre et faillit être emportée en quelques heures. Elle ne fut sauvée que par un traitement aussi rapide qu'énergique.

Un de mes amis, Jacques de Mouëré, vient de faire un voyage de Belgique, à l'occasion d'un projet de mariage. Le projet a échoué, mais le voyage m'a semblé curieux à raconter et j'en ai retenu les détails suivants :

Jacques part de Paris le 21 novembre, à 7 heures et demie. Il se rend à Bruxelles à l'hôtel de Bellevue, l'un des plus confortables de la ville. Ce qui frappe le plus notre voyageur, c'est la bonhomie apparente des Belges. Il ne put cependant s'accoutumer à entendre parler français dans un pays qui n'est pas la France. C'est en effet assez illogique, en ce temps de frontières naturelles. On voit bien que la politique se paie de mots. On nous dit que les provinces rhénanes ne sont pas françaises parce qu'elles ont des habitants qui parlent l'allemand, et puis, quand nous répondons que les Belges parlent français, on se hâte de nous dire que ce sont des Flamands qui parlent notre langue.

Notre ami dîne avec un employé de chemin de fer qui se dit le parent d'un ami d'un parent de la prétendue. Voilà qui commence à n'être pas clair. Notre jeune voyageur n'est pas content. Dans la journée, il déjeune, pour employer son temps, dans un café, le Globe Taverne, où la dame de comptoir, grosse Allemande joufflue, rit jusqu'aux dents et se fait faire la cour par les habitués du lieu. Parmi ces derniers, se trouvent des officiers de l'armée. Ces militaires ressemblent assez, par leur tournure peu guerrière, à nos officiers de garde nationale. Ce n'est pas sans raison qu'on a dit de Bruxelles que c'était un petit Paris. La ville est élégante, belle et très-bien tenue. Cependant un Parisien ne peut s'habituer à voir porte à porte les ministres de la guerre, de l'intérieur, des affaires étrangères et des finances.

Il ne manque plus qu'un roi logé à l'entresol d'un hôtel meublé.

La place des Martyrs de la Liberté est fort jolie; celle du Congrès a un magnifique escalier d'où l'on domine toute la ville. Il y a là un square et une belle colonne avec la statue de Léopold Ier. La Banque ressemble à l'un de nos ministères. L'église de Sainte-Gudule est fort remarquable. La rue Neuve est très-belle. La gare du Nord est un hôtel de ville de Paris en miniature. Le théâtre Royal est fort convenable. Les boulevards extérieurs sont grandioses. Bruxelles, en un mot, a un certain air de grandeur et l'architecture des monuments est bien conçue. Tout est harmonisé. C'est une ville remplie de beaux petits hôtels et de jolis petits palais. Tout est propre, soigné, élégant, gracieux. Le palais du roi ressemble beaucoup à l'une de nos belles préfectures.

Mon ami Jacques, toujours en quête d'une prétendue qu'il ne voit pas, se décide à faire un pèlerinage à Notre-Dame-de-Hal, appelée la Vierge Noire. C'est une image qui date de 1280 et qui est vieillie par le temps : elle est fort vénérée des fidèles. Le curé de cette petite paroisse de 8,000 âmes est un bon prêtre qui paraît fort content de ses ouailles. En effet, il compte à peine vingt personnes qui ne font pas leurs Pâques. Heureux pays ! Au jubilé de cette année, la foule des pèlerins s'est élevée à 200,000 hommes.

Au retour à Bruxelles, Jacques de Mouëré cherche en vain sa prétendue, qui ne paraît pas. Pour se distraire, il se promène dans la ville.

Il visite la belle place de l'Hôtel-de-Ville, le monument le plus curieux de Bruxelles. Ce monument bizarre ressemble à une église. Il est orné de dentelures et d'une série de groupes de personnages. Sur la place, on voit une maison consacrée à Notre-Dame de la Paix. C'était le palais des comtes d'Egmont et de Horne. Un beau groupe de statues rappelle ces seigneurs en ces termes : « Le comte d'Egmont et le comte de Horne furent condamnés par sentence inique du duc d'Albe et décapités sur cette place en 1568. »

Du côté du midi, Bruxelles est moins beau. Il y a là un affreux quartier qui n'est pas digne de cette grande ville. Les canaux sont cependant très-animés et il y a un grand commerce sur les quais des ports. Les entrepôts sont remarquables. Le Palais-de-Justice n'a aucun caractère ; les avocats portent des moustaches, ce qui est bien fait pour attrister un avocat parisien en voyage !

Toujours dans l'attente d'une présentation qui n'a pas lieu, Jacques de Mouëré part pour Anvers, la ville forte, la grande place militaire de la Belgique.

Anvers a été fortifiée d'après le système moderne adopté depuis quelques années. On a reculé les limites de l'enceinte, la ville est entourée de fossés et de bastions en terre comme à Paris, mais il faudrait pour la défendre une garnison que la Belgique ne pourrait peut-être pas fournir.

La cathédrale d'Anvers est un beau monument dédié à Notre-Dame-des-Sept-Douleurs. On y admire la magnifique Descente de croix de Rubens; c'est un tableau de premier ordre. Il y a aussi une belle grisaille de Van-Brée. Dans l'église Saint-Jacques on voit le tombeau de Rubens avec un beau tableau du maître. Il y a de belles sculptures en marbre et en bois, de Coyland, élève moderne.

Mais la grande merveille d'Anvers est son musée de peinture. Il contient 600 tableaux. On y voit des Broyemann, des Rubens, des Rembrandt, des Van-

Dyck, des Franken, des Hyt, des Fitz, des Boucan, des Van-der-Eyt, des Van-der-Linden, des Ruysdaël, des Wouvermans, des Murillo. Ce musée est l'un des plus beaux du monde, car il ne possède que des grands maîtres.

Jacques de Mouëré y trouva un artiste manchot qui peignait avec son pied et faisait des copies fort estimées. Voilà une impression de voyage assez originale.

On ne quitte pas Anvers sans visiter le pont de l'Escaut et les quatre magnifiques bassins dont deux ont été construits par l'ordre de Napoléon Ier.

Les rues de la ville portent des noms écrits en français et en flamand. Ce patois est moins difficile qu'on ne le croirait. Il tient le milieu entre le français et l'allemand, en voici quelques mots : « *Groënplatz*, la place verte ; cela rappelle le *Groënland*, la terre verte ; — *spoor-wagon*, wagon à vapeur ; — *spaar-kass*, la caisse d'épargne.

Une originalité de ce patois, c'est la trace qu'on y trouve d'anciennes locutions traduites de l'espagnol, par exemple : Ceci vous goûte-t-il ? *le gusta à Vd.* ? *Quartier à louer* (*cuarto a alquilar*), appartement à louer.

Jacques de Mouëré de retour à Bruxelles, ne voyait toujours rien venir, comme la sœur Anne. Voici l'affaire en deux mots. Un bon curé du Berry ayant cru découvrir une riche héritière à Liége, avait insisté pour envoyer mon ami chez des parents à lui qui étaient établis à Bruxelles. Ces braves gens n'ayant pu réussir dans leur projet, mon ami dut s'en retourner comme il était venu, et les braves hôtes, ne sachant comment s'en débarrasser, l'envoyèrent à Namur, chez un curé de leurs amis qui avait toujours des héritières dans sa manche. La mystification continua, mais Jacques ayant l'humeur voyageuse, ne regretta pas cet insuccès qui lui procurait l'avantage de connaître la Belgique.

Le voilà faisant une nouvelle excursion à Namur, petite ville fort curieuse, à cause de son site pittoresque, de sa citadelle et de la richesse du pays.

Cette ridicule expédition coûta fort cher à mon jeune ami; et lui servit sans doute de leçon, car depuis lors, il ferma toujours l'oreille à toutes les propositions de mariage qu'on lui fit.

Cette histoire m'a semblé fort drôle. On a vu des rois épouser des bergères, des princes tomber amoureux de princesses dont ils n'avaient vu que le portrait. Mais il est rare de voir des prétendus passer en pays étranger pour ne pas se rencontrer.

Cette légèreté prouve une fois de plus comment, en France, on se fait un jeu du mariage. Cela suffit pour expliquer pourquoi nous avons un si grand nombre de mauvais ménages!

Le 1er décembre, je retrouvai Jacques de Moüéré chez une charmante veuve qui réunissait quelques amis à sa table. Il y avait là encore Gilles de La Ronce, Raoul de Villedieu, Paul de La Tour, le vieux marquis de Puy-Pollin, la comtesse de Vertmont, une ex-belle, M. Duchoix, ancien conseiller d'État, et un artiste de talent, comme il y en a toujours dans tous les salons de Paris, M. Gasparin. Notre hôtesse s'appelait la baronne de Méloé. Elle connaissait parfaitement le monde et savait le juger avec un esprit dégagé qui faisait croire à beaucoup de scepticisme, mais ne cachait en réalité qu'une grande honnêteté naturelle.

Comme il y avait là une certaine intimité, la conversation roula d'abord sur le fameux voyage de Bruxelles qui n'était un mystère pour personne. Jacques de Moüéré fut mis impitoyablement sur la sellette. Il s'y prêta d'ailleurs de fort bonne grâce. C'était un esprit loyal et droit qui, bien que partageant certaines erreurs de l'époque, n'en avait pas moins conservé un grand respect pour les bons principes. Ce brave jeune homme n'avait qu'un tort, celui de croire qu'on refait sa fortune par un mariage. C'est toujours une mauvaise spéculation, car si l'on n'est pas trompé sur la dot, on a de grandes déceptions sur le personnel.

« Q'alliez-vous donc faire en Belgique, monsieur de Moüéré? lui dit la spirituelle baronne. — Madame, balbutia Jacques, j'allais faire une visite ! — Chez des parents? — Pas précisément ! — Chez des amis ;

vous connaissiez donc la Belgique ? — Pas le moins du monde ! » Jacques était fort embarrassé. Gilles de La Ronce, qui est impitoyable, trancha la question par ces mots : « Il allait se marier ! — Ah ! vraiment, dit la baronne, contez-nous cette aventure ! »

Jacques, rouge jusqu'aux oreilles, aurait bien voulu parler politique, cette chose si commode pour les gens qui n'ont rien à dire ; mais il n'y avait pas moyen d'échapper à cette maligne inquisition. Il s'en tira en homme d'esprit qui ne sait pas mentir.

« C'est bien simple, voici l'histoire : Un curé de campagne, ami de ma famille, sachant que nous avions un château sans châtelaine, voulut se charger de combler cette lacune. — Eh bien ! comment était la prétendue, s'empressa de dire la curieuse baronne ? — Madame, je n'en sais rien, répondit Jacques avec un soupir, car je ne l'ai jamais vue, même en peinture. — Pas même en photographie ! » lui dit la baronne. Un « non » timide fut la seule réponse de Jacques. « On s'est moqué de vous, mon pauvre ami, s'écria en riant Gilles de La Ronce. Eh bien ! je ne le regrette pas pour vous, car ces sortes d'aventures sont toujours fort dangereuses. — Que voulez-vous, dit M. de Moüéré, quand on a un château ? — Voilà le grand mot, reprit la baronne ! Ah ! messieurs les gentilshommes, que vous êtes naïfs de croire qu'il y a encore des châtelaines de nos jours. Laissez-moi vous faire votre histoire en deux mots : Vous vivez d'abord sans souci, sans expérience et sans prudence. Vous gaspillez en folies de jeunesse le patrimoine de vos pères, puis quand il est suffisamment ébréché, vous cherchez à boucher la brèche soit avec des affaires véreuses, soit avec une grosse dot. Que vous êtes loin de la vérité ! L'industrie qui n'est point votre métier achève de vous ruiner, lorsqu'elle ne vous déshonore pas. Quant à la grosse dot, si réellement vous la rencontrez, elle vous coûte plus cher qu'elle ne vaut. Vous épousez une bourgeoise enrichie qui ne vous donne sa main que pour jouer à la duchesse ! Bientôt vous vous apercevez que vous avez à vos côtés une poupée qui dépense plus qu'elle ne vous a apporté. Ce sont des réceptions, des dîners, des soirées, des bals, des voitures, des chevaux de luxe, des robes à 1,500 francs de chez Worth, ce sont les bains de mer, les voyages aux eaux, que sais-je? mille inventions modernes qui sont la ruine des familles. Votre ménage commence sous de brillants auspices. Il y a un beau trousseau, une belle noce, de nombreux invités, un grand luxe, un bruit de réclame qui vous monte à la tête comme un encens agréable. Tout cela dure comme une fumée légère ! Puis viennent les déceptions, les dettes, les reproches, la misère dorée, et pour couronner cette belle équipée, les querelles d'intérieur et au bout une scandaleuse séparation ! »

— Alors, baronne, que faut-il faire? s'écrie Jacques de Moüéré fort ahuri de cette tirade.

Ici la baronne parut embarrassée ; cette femme qui voyait si bien les travers de l'époque ne voyait pas le remède. Elle ne put que dire : « Il ne faut rien faire ! » Devant cette solution incomplète, chacun voulait dire son mot : Paul de la Tour, qui avait été sous-préfet, prétendit qu'il fallait entrer dans l'administration et chercher en province quelque bon parti dans les honnêtes familles du chef-lieu de canton.

La comtesse de Vertmont qui avait été préfète en son temps, ne put retenir un éclat de rire et s'écria : « Ah ! monsieur, vous avez encore les illusions des jeunes sous-préfets, vous ne connaissez pas la province, elle ne vaut pas mieux que Paris. Ce que vous prenez pour de la simplicité et de la modestie n'est qu'une timidité de circonstance qui cache un immense désir de venir briller dans la capitale. Cette jeune fille de province que vous allez chercher dans quelque petite ville, ne rêve que la vie de Paris, et quand vous l'amenez dans la grande ville, elle ne tarde pas à imiter les femmes de Paris dont elle n'a ni la fortune ni l'esprit. »

Le vieux marquis de Puy-Pollin, qui avait été fort mauvais sujet en son temps, voulut placer son mot : « Je ne comprends rien, dit-il, à ces mœurs actuelles qui font du mariage une affaire de commerce. Autrefois, on se mariait dans son monde, et les choses n'en allaient pas plus mal. Il y avait bien quelques nuages dans le bonheur conjugal, mais rien n'est parfait ici-bas. D'ailleurs, pourquoi se tourmenter de pareilles choses? Tant que le monde sera monde, il y aura des faiblesses qui sont, après tout, le grand attrait de la vie. »

M. Duchoix, ancien conseiller d'État, homme d'étude et de mœurs sévères, ne put s'empêcher de protester contre une pareille théorie et déclara bien haut que ces idées-là étaient bonnes au temps de la Régence. Mais Gilles de La Ronce, dont la langue d'avocat avait des impatiences, ne put retenir un petit discours. Il n'était pas fâché d'ailleurs de briller aux dépens d'un ancien conseiller d'État et de défendre un peu le bon vieux temps contre un partisan de la société moderne.

« Vous croyez donc, monsieur, dit-il, que nous valons mieux que nos pères! — Étrange illusion! — Ces vices de la Régence que vous n'avez connus qu'à travers les livres, n'appartenaient alors qu'au monde fort limité de la cour. Aujourd'hui, on est moins élégant, moins frondeur, moins libertin en apparence, mais la dépravation est plus générale. Aucune classe de la société n'y échappe. Le vice n'a même plus l'excuse des entraînements et des passions. On n'est vicieux à présent que pour augmenter son bien-être ou son luxe. Les femmes de Paris, depuis la grande dame jusqu'à l'humble ouvrière, ne savent plus ce que c'est que d'aimer ! Mais elles connaissent toutes le prix de l'argent. S'il était possible de soulever un coin du rideau derrière lequel s'agite la société, vous seriez effrayé des scènes intimes que le hasard, la presse ou les tribunaux vous révèlent quelquefois d'une façon très-accidentelle et très-atténuée ! — Ces femmes brillantes que vous voyez couvertes de diamants, de fourrures, de dentelles ; ces chevaux de prix, ces beaux équipages, ce train princier, ces bals splendides ; mais c'est le vice qui le plus souvent sert à payer toutes ces folies ! Tenez, monsieur, nous sommes en progrès sur la Régence. Les petits soupers sont descendus des palais dans la rue, mais ils existent maintenant partout. On demandait tout à l'heure, à propos du voyage de Belgique, ce qu'il fallait faire en fait de mariage. Mon avis, à moi, c'est qu'il faut s'aller pendre avant de prendre femme à Paris. — Eh bien, Monsieur, dit avec beaucoup de naturel l'aimable baronne de Méloé, vous avez peut-être raison, mais avouez que vous n'êtes pas galant ! Je vous invite à prendre une tasse de thé et à écouter l'excellente musique de notre jeune ami M. Gasparin. » L'artiste, qui n'avait rien dit, ne se fit pas prier, et tout le monde tomba d'accord pour l'admirer ! En France, le moyen de s'entendre toujours sur une question difficile, c'est de parler d'autre chose !

Le dimanche 16 décembre, nous avons eu à Notre-

Dame une magnifique conférence du père Hyacinthe sur le mariage. Qui se serait douté alors que le révérend père unirait un jour la pratique à la théorie !

Gilles de La Ronce a été consulté comme avocat sur une singulière affaire qui a dû tourner plus d'une cervelle dans ce siècle de fous. Il s'agit d'un sieur Don-Lévy, qui se prétend l'héritier d'une ancienne famille irlandaise émigrée en Allemagne depuis deux siècles, et qui réclame un héritage de deux cents millions. M. Don-Lévy, qui est lui-même émigré polonais et accordeur de pianos, en attendant qu'on le reconnaisse comme prince irlandais, a trouvé des spéculateurs qui ont formé une société pour soutenir ses prétendus droits. Les actions de 500 francs vaudront un jour plus de 50,000 francs. Malheureusement le gouvernement anglais se refuse absolument à délivrer le fameux héritage. C'est un pendant de l'affaire Tichborne. Le pauvre Polonais, qui a réuni des liasses d'actes de l'état civil de sa prétendue famille, en a presque perdu la tête. Il se croit entouré d'espions et d'ennemis.

Comment cette grande famille est-elle allée finir en Pologne ? Comment l'héritier d'un grand nom a-t-il pu retrouver les traces de sa famille dispersée ? Comment ne lui a-t-on pas rendu justice, si ses droits sont incontestables ? Tout cela tient du roman et du mystère. Le dénoûment probable, c'est que le prince irlandais mourra pauvre et que les dupes de cette aventure pourront bien avoir le même sort.

Un de mes amis, M. Robert des Landes, qui s'ennuyait de la vie oisive du boulevard, a eu l'idée, pour se distraire, de suivre les cours de l'école des langues orientales. Ces cours sont fort intéressants, et les joyeux viveurs du Paris élégant ne se doutent pas qu'à quelques pas du Café Anglais et de la Maison-d'Or, on étudie consciencieusement le chinois et le japonais avec M. Léon de Rosny, le malais avec M. l'abbé Favre, l'arabe avec M. Latouche, le persan, le mongol, le thibétain avec M. Scheer, le sanscrit avec M. Jules Oppert. Ces cours ne sont pas très-suivis, mais ils offrent un grand intérêt. Le collége des langues orientales est dirigé par d'habiles professeurs qui font honneur à la science française.

Le malais est une langue douce et simple qu'on appelle l'*italien* de l'Orient.

Le chinois et le japonais sont deux langues curieuses qui s'écrivent avec des images de haut en bas et qui ont horreur de la simplicité, comme la nature a horreur du vide.

Par une bizarrerie singulière qui montre bien notre légèreté, l'hébreu, la plus intéressante des langues orientales, est complétement oublié! On ne s'en occupe pas plus que si cette langue n'avait pas existé. Les Israélites sont pourtant bien assez riches pour payer leur gloire, mais je crois qu'ils s'en soucient moins que de notre argent.

Il faut entendre sur ce sujet les doléances et l'indignation du vieil abbé Latouche, savant hébraïsant, qui prétend que l'hébreu est la mère de toutes les langues. Il s'indigne de notre ignorance et de notre indifférence. Ce saint missionnaire, qui enseigne l'hébreu depuis soixante ans, n'a jamais pu obtenir la moindre chaire et la moindre subvention. Notre science routinière et bornée l'a éloigné de son horizon par trop officiel.

Il serait pourtant désirable d'enseigner dans les colléges l'hébreu à côté du grec et du latin. Cette admirable langue nous est presque étrangère, et cependant son histoire est tout simplement la préface de la nôtre.

Le croirait-on, l'un des auditeurs les plus assidus de ces cours du collége des langues orientales est M. Gagne, l'avocat du peuple universel et l'auteur de l'*Unitéide!* M. Gagne est un archi-orientaliste! et nous autres, qui possédons toutes ces richesses dans notre Paris, en les dédaignant, nous sommes des archi-paresseux! Le pauvre Gagne mourut quelques années plus tard.

Ces souvenirs scientifiques nous montrent ce qu'était le Paris de Napoléon III. Cette Babylone, dont on a dit avec raison beaucoup de mal, renfermait en elle-même plusieurs mondes bien différents.

Paris n'est pas seulement une ville de luxe et de plaisirs, c'est aussi une ville de science, de travaux utiles et d'œuvres littéraires, artistiques et philanthropiques.

On n'étudie généralement que le Paris du highlife ou des boulevards, et l'on passe sous silence le Paris des gens sérieux !

Il y a à Paris des femmes galantes, des hommes oisifs, des joueurs audacieux, des millionnaires désœuvrés et vicieux, des ambitieux de haute et basse lignée ; des imbéciles qui se ruinent pour des femmes sans charmes et sans esprit ; des parasites et des chevaliers d'industrie !

Mais à côté de cette bohême dorée et de cette bohême du ruisseau, nous avons le Paris des savants, le Paris des hommes sérieux, le Paris des travailleurs de la pensée !

Il y a aussi le Paris des gens pieux et des œuvres de bienfaisance. Ce dernier sauvera peut-être le premier. On ne se figure pas tout le bien qui se fait dans cette grande ville ! Chaque misère a son remède ; chaque infortune a son asile. Il y a des sociétés chrétiennes pour les malades, les indigents, les infirmes, les vieillards, en un mot pour tous les déshérités de la fortune.

A côté des fous et des folles qui ne vivent que de plaisir et de scandale, il y a les honnêtes chrétiens qui ne vivent que de charité, de travail et de vertu.

Si Paris est la ville où il se fait le plus de mal, c'est aussi la ville où il se fait le plus de bien !

CHAPITRE XI

— 1867 —

L'année commence, comme toujours à Paris, par des bals. — Je suis allé chez la marquise d'Aoust, qui est une demoiselle de Sayve, et chez madame Dentend de Pingré, la veuve de l'ancien notaire de Louis-Philippe. J'ai rencontré chez madame d'Aoust plusieurs Américaines ravissantes, mesdemoiselles Carnet et Murray-Smith. Les Yankees commencent à se glisser dans la bonne société française. — Ces marchands de coton sont très-friands de nos blasons. Ils s'en moquent, mais ils les recherchent. Il y avait aussi à ce bal des Françaises fort connues par leur élégance, et quelques-unes d'une grande beauté. Nommons la marquise de Canisy et mademoiselle de Bondeville.

Madame Dentend de Pingré possède un splendide hôtel rue Balzac, avec un jardin qui donne sur l'avenue des Champs-Élysées. Une de ses filles a épousé le comte de Léotaud. M. Dentend est mort depuis longtemps. Louis-Philippe l'aimait comme un frère et on dit qu'il l'a aidé à faire la belle fortune qu'il a laissée après lui.

L'empereur a fait un fort beau discours à l'ouverture des Chambres. Il a toujours eu beaucoup d'à-propos dans ces grandes occasions, et bien que la malveillance lui ait souvent prêté des collaborateurs, il est absolument certain qu'il faisait ses discours lui-même.

Je veux raconter ici une petite mésaventure financière qui prouve que les gentilshommes ont toujours tort de se mêler d'autre chose que de faire des armes ou de l'agriculture. Un de mes amis, jeune homme du meilleur monde, fut sollicité par des industriels d'avoir à s'occuper d'un chemin de fer allemand de Prague à Éger. On lui promettait cinq pour cent de commission s'il trouvait, à Paris, le capital nécessaire à cette affaire. Comme il fallait plusieurs millions, la commission eût été, en cas de succès, de quelque chose comme douze cent mille francs. Voilà de quoi faire dresser les oreilles d'un gentilhomme qui a quelque dorure à remettre en son blason. Mon ami s'adressa à un financier de haut parage. Ce dernier, juif de nom et de cœur, le recommanda à un autre juif en renom dans la finance parisienne. Cette affaire eut des phases singulières. Mon ami se crut un instant sur le seuil de la fortune. Mais finalement le chemin de fer se fit sans lui. Que s'était-il passé ? Nous en avons beaucoup ri entre amis ; mais vraiment, il faut être fou, quand on est gentilhomme, de penser que des banquiers parisiens vous laisseront faire une affaire d'argent. A chacun son métier ! — à vous l'honneur, messieurs les fils des preux ! attendez qu'on vous appelle sous les drapeaux de la France, pour combattre les Allemands. Vous leur montrerez comment des gentilshommes savent mourir. Mais à eux l'argent ! Ces maîtres usuriers ne sont pas changés depuis le moyen âge, c'est vous qui n'êtes plus dans votre rôle. Nos pères les payaient et les rossaient ! Priez Dieu que ce temps revienne ! c'est tout ce que vous pouvez faire !

Le 2 février, nous avons eu un nouveau bal aux Affaires étrangères. Ce n'est plus madame Drouyn de Lhuys qui fait les honneurs de la soirée, c'est la marquise de Moustier, femme du ministre. J'y ai retrouvé cette infatigable colonie américaine composée des mêmes jeunes filles, toujours aussi animées et aussi belles, mesdemoiselles Torrence, Murray-Smith, Becwith, Slidell. Le bal se termina à cinq heures du matin. Gilles de La Ronce a dansé le cotillon avec mademoiselle de Leffe, charmante fille d'un ingénieur fort distingué. Sa danseuse était née, je crois, à Constantinople, bien qu'elle fût d'une famille originaire du Berry. Ce sont bien là de ces coups de la fortune moderne. Il n'est pas rare de voir des Français dont les enfants soient nés à New-York, à Athènes, à Lima, à Bombay, voire même au Kamschatka. Les Français sont devenus presque aussi nomades que les Anglais.

Le 25 mars, j'assiste au dîner annuel de la Société d'escrime. Comme toujours, il y a de nombreux toasts. L'honorable président en porte un au vieux vin, qu'il compare avec beaucoup d'à-propos aux vieux amis. Ce président avait fort grand air, c'était le comte de Mailly-Châlons, ce héros de la guerre de 1870, qui tomba frappé au combat de Varize, au milieu des braves mobiles de la Sarthe qu'il commandait si bien.

M. de Mailly était vraiment digne de présider une réunion de tireurs émérites et d'hommes d'honneur. C'était, par sa taille élevée, sa vigueur et la noblesse de son maintien, le vrai président qu'il fallait à un club d'escrime. Il était estimé et aimé de tous ses collègues, comme il le fut, pendant la guerre, de tous ses soldats. C'était un de ces types qu'on ne retrouve plus. Il avait tout pour lui. Grandeur d'âme, courage, adresse, bon sens, aptitudes universelles, — c'était à la fois un noble cœur et un esprit droit.

— Il était fort grand, et sous ses manières de gentilhomme, il y avait une conscience droite et pure.

Il est mort depuis aussi noblement qu'il a vécu. C'était un homme fortement trempé. La tradition et le sang donnaient en lui un démenti à la démocratie moderne, qui n'a jamais produit de pareils types.

Ces réunions de la Société d'escrime, où Pons se trouvait comme en famille avec les plus grands noms de France, n'avaient jamais lieu sans qu'il y eût quelques toasts dignes d'une pareille assemblée. Après le discours du président, nous eûmes ceux du comte Armand de Pomereu, le secrétaire, du marquis de Nettancourt, l'un des vice-présidents, de M. Bartholoni, l'autre vice-président, de M. Charles Le Roy, notre censeur, une fine lame et un lettré qui nous donna cette année une spirituelle paraphrase tirée du grand poëte Horace. Cette soirée se termina par un discours d'un autre de nos collègues, dont j'ai retenu les passages suivants :

« Messieurs et chers collègues,

» Je viens répondre à l'appel de notre secrétaire, M. le comte Armand de Pomereu ; mais mon rôle est difficile après l'exposé si complet qu'il vient de faire, après les paroles d'un choix si heureux prononcées par M. le comte de Mailly, notre honorable président qui sait si bien exprimer l'amitié, parce que nul, mieux que lui, ne sait l'inspirer.

» C'est une bien belle journée pour Pons, messieurs, et il doit être fier de vous compter plus nombreux que jamais autour de cette table. Il voit chaque jour grandir l'œuvre dont il est le véritable fondateur.

» Il y a deux ans, messieurs, je vous traçais en termes imparfaits quoique exacts, l'historique de cette Société qui n'a d'abord été qu'une salle d'armes, et qui plus tard est devenue une Société, une académie, une institution. Oui, messieurs, une institution ! Elle a commencé comme toutes les grandes choses, comme ont commencé, dans une autre sphère, le Collége de France, l'Université, l'Académie française. Quelques hommes distingués se sont réunis dans une commune pensée qui était juste et bonne. Cette pensée a fait fortune et a produit plus tard cette Société avec laquelle il faut que l'on compte au dehors, cette Société qui a eu tant d'influence dans la grande société française et lui prédit, messieurs, un avenir brillant et digne d'elle.

» A quoi faut-il attribuer cette influence que nul ne peut nier et qui peut produire sur les mœurs publiques le meilleur effet ?

» C'est à la part d'excellents principes que chacun de vous a apportés dans cette association, ce qui n'en est pas la partie la moins importante.

» Sous prétexte d'escrime, messieurs, vous rendez hommage à cette vieille politesse française autrefois proverbiale et qui aujourd'hui a presque déserté nos coutumes.

» En ayant le culte des armes, vous avez le culte de l'honneur, cette pierre d'assise des sociétés et des nations.

» On se préoccupe beaucoup, messieurs, en France et en Europe, de réorganisation militaire; on redoute l'effet des terribles machines inventées par la science moderne. Mais a-t-on songé à faire des hommes, avant de faire des soldats? Les gens de cœur et d'honneur ne redoutent point ces engins de guerre! On ne craint rien quand on place ses devoirs au-dessus de sa vie; la force brutale de ces redoutables machines une fois épuisée, en frappant ce sol généreux où vous avez jeté la semence de l'honneur, vous en ferez sortir des légions d'hommes de cœur, qui, comme les vagues de la mer, finiront par submerger ce roc inerte contre lequel elles s'étaient brisées si longtemps impuissantes.

» Je termine en empruntant une image à cet art si noble de l'escrime et aux leçons inimitables de notre cher Pons.

» Pons a le sentiment de la ligne droite, non-seulement par la nature de son talent, mais encore par la droiture de son caractère.

» Il nous enseigne mieux que personne à ne jamais nous écarter de cette ligne droite qu'il sait si bien trouver. Rappelons une expression familière au moyen âge, époque où les grands sentiments étaient en honneur. Pons nous dit de ne jamais *forligner*. — Messieurs, voilà le vrai devoir de la Société d'escrime. Ces mots résument tous nos principes. Plaçons-les sur cette bannière que tient si dignement dans ses mains notre honorable président, afin que le public sache quelle est notre règle de conduite. C'est la règle de tous les gens d'honneur. Messieurs, ne forlignons pas ! »

Voilà ce qu'on disait sous l'Empire dans les réunions privées des gens du monde !

Il faut avouer que la corruption dont on a tant parlé n'empêchait pas les gens de dire et de penser de bonnes et nobles choses.

Le 1er avril, nous avons eu l'ouverture de la fameuse Exposition universelle de Paris dont nous aurons à parler longuement. L'empereur a paru fatigué et triste.

Cette Exposition a été une des plus grandes merveilles du monde et le plus grand acte de l'Empire. On dit que la construction des bâtiments a coûté 12 millions. Ils étaient d'une grande simplicité. Le fer et la fonte en furent les seuls matériaux. Cette construction en forme de rotonde concentrique comprenait presque toute l'étendue du Champ-de-Mars. On avait classé les produits d'une façon fort ingénieuse. Dans cette immense ellipse, les nationalités avaient leur place et les genres de produits étaient classés de telle façon qu'on pouvait étudier à la fois tous les produits d'une nationalité et tous les produits d'une même espèce, suivant que l'on prenait la circonférence ou le secteur correspondant à la portion de circonférence affectée à chaque nation.

Plusieurs cercles concentriques séparés par des piliers en fonte se succédaient du centre à la circonférence de l'ellipse. Au centre il y avait un grand jardin où l'on se reposait. Puis l'on trouvait les galeries circulaires dans l'ordre suivant au point de vue des produits : les arts, les tableaux, etc., les matières fabriquées appliquées aux beaux-arts, telles que pianos, instruments de toutes sortes, etc., les étoffes, les produits manufacturés, les matières premières et enfin les machines établies dans une galerie qui faisait tout le tour de l'Exposition. En dehors il y avait une galerie à jour couverte par une marquise circulaire où se trouvaient les cafés, les restaurants, les cabinets de lecture, etc. Cette disposition ingénieuse donnait à l'Exposition de 1867 une animation qui a manqué à celle de 1878. Les expositions sont faites pour le public et non pour des savants ennemis de toute frivolité et de tout plaisir. En 1867 on s'amusait à l'Exposition, en 1878 on s'y ennuie.

En dehors de l'Exposition, un grand jardin était rempli de bâtiments affectés, suivant la section où ils se trouvaient, à des expositions partielles et spéciales des nationalités respectives. L'architecture correspondait à cette heureuse et habile classification. On y voyait, en effet, des maisons françaises, des chalets suisses, des habitations russes et suédoises, des villas italiennes, des temples égyptiens, des mosquées turques et arabes, des pagodes chinoises, des palais connus tels que ceux de Tunis, de Tripoli, de Constantinople, du Caire, etc...

C'était féerique et magique. L'entrée principale donnait sur une allée entourée de mâts surmontés de tentures en velours aux armes impériales. Cette allée aboutissait au pont d'Iéna derrière lequel s'élevait le magnifique escalier du Trocadéro qui terminait à l'horizon cet ensemble véritablement grandiose.

On ne saurait nier qu'en 1878 la décoration du Trocadéro n'ait été bien supérieure à celle de 1867, mais ce palais immense reste vide et a l'air d'une tour de Babel. Il dépasse les proportions d'un monument provisoire et, dans la pratique, il est fort incommode pour les fêtes. Son style ne répond à aucun genre; c'est un monument aussi vide que l'orgueil des républicains qui en font une des merveilles du monde moderne.

Le 22 avril, j'ai fait ma première visite à cette Exposition. Ma première pensée a été d'admirer les tableaux, les étoffes et les machines: j'étais enthousiasmé. Après avoir parcouru toute l'Europe, je dois dire que je n'ai jamais vu un ensemble plus complet de belles choses!

Je suis retourné à l'Exposition. Il y a des cafés chinois, anglais, belges. On y voit des Chinoises, de vraies Chinoises qui vous vendent du thé : elles sont affreuses! On y voit aussi des Anglaises qui donnent des liqueurs et du café, elles causent aimablement avec les consommateurs! ce sont des filles qui cherchent fortune à Paris. Plus loin, des Frisonnes avec leur costume national et leurs appas à la Rubens, vous offrent des verres de lait d'une vacherie modèle. Cette Exposition est un immense bazar international; on y peut voyager dans tout l'univers, sans quitter Paris.

Dans mes cinquième et sixième visites, j'ai parcouru les galeries de tableaux; j'ai visité les expositions de peinture de la Belgique et de la Bavière, qu'on avait placées dans le grand jardin circulaire. J'ai trouvé là de belles toiles signées d'auteurs étrangers qui avaient déjà envoyé des tableaux à nos précédentes expositions.

J'ai visité la partie anglaise de l'Exposition dans la même journée. Il y avait de très-beaux cristaux; un peu plus loin, dans les jardins, j'ai trouvé une maison mauresque parfaitement imitée, où j'ai vu des ouvriers qui travaillaient un peu mieux probablement qu'on ne le fait en Afrique. Il y avait aussi, non loin de là, le palais de Suez, où l'on voyait l'exposition des plans du canal en relief, puis une mosquée très-bien construite. Dans le jardin réservé, j'ai remarqué de fort belles serres et un aquarium construit au millieu de rochers dont l'ensemble était fort pittoresque. Une magnifique tente aux armes impériales abritait des musiciens qui donnaient un concert très-goûté des nombreux visiteurs de l'Exposition.

Le 28 mai, à la Chambre des députés, nous avons eu un incident fort curieux, dont l'auteur et la victime fut le vicomte de Kervéguen, député du Midi.

Il s'agissait de la presse. Le député osa affirmer qu'une partie de la presse était vendue au plus offrant. Cette allégation, qu'on peut faire [dans un salon, mais qui est très-dangereuse à une tribune, fut relevée comme une insulte par les députés, directeurs de journaux de Paris. M. de Kervéguen aurait pu se retrancher dans son droit d'orateur, et refuser la preuve d'une opinion assurément désagréable pour quelques-uns, mais fondée jusqu'à un certain point pour qui connaît les habitudes d'une certaine presse. Au lieu de fuir une preuve difficile à fournir, M. de Kervéguen maintint sa proposition, et promit la preuve qu'on le sommait de faire. Cette question que je rappelle ici, parce qu'elle fut presque un gros scandale à cette époque, prit des proportions énormes. Un combat acharné s'engagea entre le député et les principaux journaux incriminés. Pendant que M. de Kervéguen était accablé d'injures et d'articles malveillants, il cherchait patiemment à former un gros dossier pour soutenir ce singulier procès. Gilles de La Ronce fut consulté dans cette affaire comme avocat, et il vit les pièces du dossier. Il y avait des lettres fort curieuses de publicistes, qui donnaient des renseignements défavorables à la presse, en priant le député de ne pas les nommer.

Le côté le plus curieux de cette affaire, c'est que l'accusation destinée à frapper les journaux de l'opposition, se trouva fondée à l'égard de certains journaux officieux qui n'avaient pas les mains aussi pures que leurs opinions.

M. de Kervéguen ne gagna pas son procès, car il lui manquait une tribune, la tribune d'un journal. Il lui aurait fallu l'appui d'une feuille assez indépendante pour démasquer les confrères indignes; il lui a manqué aussi cette connaissance parfaite des habitudes intimes du journalisme parisien. C'était, en somme, une mauvaise affaire, et elle causa tant de chagrin à celui qui l'avait entreprise, qu'il en mourut quelque temps après. La presse ne fut pas généreuse : elle ne trouva pas une parole de condoléance pour un adversaire qui avait succombé dans la lutte. Je me rappelle même la réponse d'un journaliste qui refusa un article nécrologique, en prétendant que la cause était par trop impopulaire pour être défendue dans la presse, même après la mort de son unique champion.

Si le vicomte de Kervéguen avait vu la Commune,

il aurait compris que tout est possible dans un pays où l'on abat les monuments de notre gloire pour recevoir de l'or prussien.

La morale de cette affaire, c'est que toute vérité n'est pas bonne à dire, et que nous sommes tellement corrompus que nous n'aimons pas qu'on nous montre de trop près nos misères.

Le 2 juin, il y avait la grande exhibition des courses au bois de Boulogne : c'était le Prix de Paris de 100,000 francs. — Le csar y assistait à côté de l'empereur Napoléon. Il fallait voir l'air dédaigneux de l'autocrate regardant la foule circulant au pied de la tribune impériale.

Bien loin de déplaire aux badauds, cette attitude fut fort admirée, et j'ai entendu même des femmes du monde raconter le soir, dans leur salon, que du moins le csar avait tout à fait l'air d'un empereur.

C'est décidément un peuple tout préparé pour le knout.

Mais comme tous les contrastes existent dans ce singulier pays, le csar devait payer fort cher, quelques jours plus tard, sa mine altière si fort admirée. Le 6 juin, à la grande revue du bois de Boulogne, il faillit être victime de l'attentat de Berezowski. Ce Polonais, quelque peu fou, tira un coup de pistolet sur la voiture de l'empereur. Le cheval de M. Raimbaud, écuyer de Napoléon, fut seul blessé.

On a dit alors que M. Raimbaud, ayant vu le

geste de l'assassin, avait imprimé à son cheval un brusque mouvement qui sauva la vie des deux empereurs.

Cet attentat, aussi maladroit qu'impolitique, faillit nous brouiller avec la Russie. Le jury de Paris ayant accordé des circonstances atténuantes à l'accusé, ce fut une véritable indignation à la cour de Russie.

Berezowski n'était même pas un conspirateur ; c'était un fou qui payait fort mal l'hospitalité que lui donnait la France en frappant l'hôte illustre qu'elle recevait. L'empereur Napoléon fut très-douloureusement impressionné par cet attentat que sa police n'avait pu déjouer.

La nouvelle du crime se répandit dans Paris avec la rapidité d'un télégramme. De nombreuses protestations écrites affluèrent à l'hôtel de l'Élysée où l'empereur de toutes les Russies recevait l'hospitalité.

Il n'y a rien de plus insensé que ces attentats, trop fréquents de nos jours, contre les personnes des souverains. Ces crimes ne sont pas seulement odieux, ils sont absurdes, car leur premier effet est d'augmenter le prestige de l'illustre victime et la force du pouvoir dont elle dispose. Il y a même des gens sensés qui pensent que ces attentats sont une comédie préparée d'avance pour justifier des mesures de répression. Cette opinion est plus ingénieuse que juste, mais l'insuccès ordinaire de ces tentatives lui donne une apparence de valeur.

Il faut plutôt chercher la cause de ces crimes dans les mauvaises lectures et les mauvaises doctrines de notre époque ; peut-être aussi dans ce besoin insatiable de renommée, même malsaine, qui pousse plus d'un criminel vers l'échafaud.

Pendant que ce drame politique avait lieu au champ de courses, on jouait, aux Variétés, *la Grande-Duchesse de Gérolstein*, farce révolutionnaire à l'adresse des souverains, que ces derniers allaient eux-mêmes applaudir en personne. C'est avec toute cette tolérance et cette faiblesse pour les écarts de la pensée humaine, qu'on se prépare les beaux jours de notre gâchis moderne. Les princes en étaient aussi responsables que ceux qu'ils gouvernaient.

Mais toute sagesse était bannie de chez nous, en ces jours de fièvre et de folie ! C'était un déchaînement général de toutes les imaginations. Tout semblait possible et acceptable, tant l'Exposition avait tourné les têtes. Les ballons eux-mêmes, ces bulles de savon qu'on devrait laisser aux enfants, avaient le plus grand succès. On prétendait les diriger. C'était la pensée, annoncée à grand son de trompe, du célèbre Nadar. Je le vis s'élever dans les airs, le 27 juin 1867, saluant la foule, de sa maison d'osier attachée aux flancs du ballon *le Géant*, et je me disais que de tant de fous, les plus fous étaient encore ceux qui applaudissaient, d'en bas, une pareille folie.

Dans une autre visite à l'Exposition, j'ai examiné fort attentivement la partie commerciale, et spécialement les draps et étoffes de laine. La maison Meyer, d'Aix-la-Chapelle, en avait exposé de fort beaux. Il y avait aussi à citer les draps de Silésie, ceux de Lisieux et ceux de Sedan. Il y avait aussi les produits anglais qui méritaient une longue et sérieuse attention.

Mais ce n'était pas seulement par l'industrie et le commerce que l'Angleterre se faisait remarquer dans cette exhibition internationale. Il y avait encore le côté artistique, qui n'était pas le moins intéressant. L'Angleterre eut, à l'Exposition, un salon de peinture tout à fait remarquable. Il y avait beaucoup de sentiment dans ces toiles exposées par les artistes anglais.

J'en ai noté quelques-unes qui étaient un curieux spécimen de l'art et du caractère anglais.

Le tableau des Captives chrétiennes enlevées par des pirates algériens, était fort beau. Rien n'était mieux rendu que le désespoir de ces femmes surprises par les pirates, et que la brutale convoitise de ces derniers. Il y avait encore des tableaux de genre inspirés par une véritable poésie! Les Anglais qui comprennent si bien le *home* et la famille, ne pouvaient manquer d'en faire, en peinture, une fidèle reproduction.

Je ne citerai que trois tableaux entre mille, pour mieux faire comprendre ce qui précède. L'un représentait la vente d'une vieille demeure britannique. Un Anglais, le verre en main, avec ce flegme qui cache souvent plus de cœur qu'on ne pense, le père, buvait avec son jeune fils « à la vieille maison » qu'on allait quitter pour toujours. Pour qui tient aux traditions, cet adieu semblait très-émouvant.

Plus loin, c'était un jeune gars qui jouait auprès du cercueil de sa petite sœur, et au bas de la toile on lisait : « On ne se doute guère de ce qui se passe autour de soi ! »

Le dernier des tableaux que je veuille citer représentait un enfant à demi nu qui attendait, pour sortir, qu'on eût remis en état son unique vêtement. Ce vêtement était un pantalon, ce qu'il faut dire tout bas, pour ne pas choquer les oreilles pudibondes des dames anglaises.

J'ai visité aussi les beaux draps d'Aix-la-Chapelle, de Silésie, de Lisieux et de Sedan. C'était la partie industrielle de l'Exposition. Mais elle était fort intéressante pour des amis du travail et du progrès. Les draps allemands et anglais sont plus forts que les nôtres, mais ils sont moins beaux.

Le 25 juin, j'ai été invité, dans la loge de M. Rouher, par mon ami, le comte Potocki, à la représentation de *la Grande-Duchesse de Gérolstein*. Cette farce piquante et burlesque, fort bien jouée par mademoiselle Schneider, a eu les honneurs de plus d'une visite princière. Le général Boum est un type amusant que nous avons retrouvé plus tard dans des circonstances douloureuses. Quant au favori de la Grande-Duchesse, son fameux plan n'était pas mauvais, d'abord parce qu'il était simple, ensuite, parce qu'il assurait la victoire aux armées de la Grande-Duchesse. Voilà du moins un plan qu'on n'a pas eu besoin de déposer chez un notaire.

J'ai revu le salon anglais dont je parlais plus haut. Il y a beaucoup de sentiment dans cette peinture qui pèche par la grâce. Plus loin, dans le même secteur, on admirait les curieux produits de l'Inde, du Cap, de Maurice, de la Nouvelle-Écosse, du Canada, de l'Australie, de la Nouvelle-Zélande.

Les produits de l'Inde étaient fort curieux. Il y avait des figurines en ivoire représentant des vaisseaux, des divinités, des gens du peuple, des rajahs, des éléphants. Plus loin, on voyait ces splendides étoffes et ces beaux cachemires que nous prétendons imiter, alors qu'ils sont inimitables. Les produits de l'Australie étaient surtout agricoles. Il y avait là des toisons qui valaient mieux que celle de Jason. Le Canada avait une exhibition remarquable de fourrures et de bois.

Au milieu de tous ces produits, l'exhibition féminine n'était pas la moins curieuse. On voyait de jolies Arlésiennes fort décolletées qui vendaient des bonbons aux galants nombreux du public.

Je suppose qu'on a placé depuis fort avantageusement ces produits humains qui ne furent pas sans influence sur le succès de l'Exposition. Quand on pense qu'il y avait là des visiteurs qui y passaient leur journée, et qu'on pouvait déjeuner et dîner dans cet immense bazar, on comprend l'intention de ces exhibitions destinées à attirer les regards de passants désœuvrés.

Le 1er juillet, nous avons eu une grande fête au palais de l'Industrie; c'était la distribution des récompenses destinées aux lauréats de la grande Exposition internationale dont nous parlons. Le sultan, qui était l'hôte de l'empereur, assista à cette imposante cérémonie. Les deux souverains arrivèrent par l'avenue des Champs-Élysées, dans deux voitures attelées de huit chevaux tenus par des gens à pied. On se serait cru à une cérémonie de couronnement. Les voitures du cortége étaient celles de Louis XIV et de Louis XV qu'on était allé chercher dans le musée de Versailles; c'était encore une exhibition, et elle était fort curieuse. Les voitures des princes de la maison impériale étaient traînées par six chevaux. Dans le cortége, il y avait deux escadrons de lanciers et dix pelotons de cent-gardes; la garde nationale et l'armée formaient la haie, sur tout le parcours, depuis les Tuileries jusqu'à la barrière de l'Étoile. Les princes furent fort acclamés par cette foule qui court après les rois et qui vote pour la république rouge.

Pendant que l'on visitait à qui mieux mieux l'Exposition et qu'on jouait aux Variétés *la Grande-Duchesse de Gérolstein,* pour amuser les princes et la foule, un grand drame se terminait au Mexique : l'infortuné Maximilien était fusillé, le 29 juin, à Queretaro, après un procès aussi sommaire que cynique. L'exécution fit trois victimes : Maximilien et les généraux Méjia et Miramon.

La cour des Tuileries eut le bon goût, en apprenant cette triste nouvelle, de suspendre les fêtes données en l'honneur du sultan. Nous devions bien cette marque de respect au prince libéral et généreux mort si dignement sur le trône improvisé trop légèrement par notre politique aventureuse. Cette mort affligea beaucoup Napoléon, et fut pour sa politique un échec que rien ne put effacer depuis.

Les premiers jours de deuil passés, on organisa, le 8 juillet, une grande revue de 60,000 hommes aux Champs-Élysées, en l'honneur du sultan. Le roi de Wurtemberg y assistait à côté de l'empereur. Il était notre hôte avant de devenir notre ennemi. Le sultan resta notre ami. Il visita notre Exposition dans tous ses détails et avec l'intérêt d'un vrai connaisseur.

J'ai visité, le 12 juillet, à l'Exposition, la section réservée à la Convention de Genève, c'est-à-dire le matériel des ambulances de la guerre, sans me douter du rôle qu'elles auraient prochainement. Il y avait là des instruments de toute sorte pour le pansement des blessés et leur transport en dehors du champ de bataille. Cette exposition était établie dans un pavillon situé dans les jardins extérieurs du palais.

Au risque de paraître minutieux, je raconterai toutes mes visites à l'Exposition : c'est le seul moyen d'en rendre compte en détail.

Le 14 juillet, j'ai parcouru la section réservée au grand-duché de Bade et à la Bavière. Il y avait une profusion de pendules dites à coucou qui faisaient le bonheur des visiteurs.

Dans une autre visite j'ai fait l'ascension d'un phare de 59 mètres où l'on montait 264 marches ; c'était très-fatigant, mais le panorama faisait oublier les fatigues de l'ascension.

Le 19 juillet, j'ai assisté à la séance solennelle de distribution des récompenses de la Société libre des sciences, belles-lettres, arts et industrie de Paris fondée par l'honorable et regrettable docteur Charruau, et dont nous avons déjà parlé. Cette société, aujourd'hui disparue, avait eu pour premiers fondateurs Franklin, Court de Gibelin et des savants honorables du siècle dernier.

Il y avait une assistance nombreuse et quelque savants. Le géographe M. Sanisse nous a beaucoup divertis avec sa méthode d'enseignement. Le docteur Pellerin a lu une notice sur Fourier, cet idéologue qui a fait école et qu'on oublie un peu (heureusement !) de nos jours. Un des lauréats, M. Rousseau, avait apporté un bel orgue, dédié à Rossini, et dont il était le créateur. Quelques-uns de nos lauréats avaient d'ailleurs figuré fort honorablement à la grande Exposition : c'étaient MM. Pradel, Serrins (l'inventeur des phares électriques), Gaudillot, le restaurateur de la guipure, Rousseau, fabricant d'orgues, Aubert, l'ouvrier qui attacha son nom à la belle statue de Vercingétorix, Campadelli, poëte italien, Vautier, Rivière, Penquer, Jardin, Blancoud, etc.

Ma trentième visite a été consacrée à la Belgique, dont j'ai surtout remarqué les tableaux. J'ai retrouvé là les belles toiles du peintre *Stévens*. que nous avons admirées à nos salons français de chaque année ! Sa manière est fine et agréable, quoique trop réaliste. Il peint surtout de petits sujets d'intérieur qu'il sait rendre avec une grande vérité.

Ma trente-deuxième visite a été réservée à la Russie et aux colonies françaises. La Russie a fait une remarquable exposition de ses produits, de ses marbres, de ses fourrures, et une curieuse exhibition de costumes nationaux très-fidèlement reproduits.

A ma trente-quatrième visite, j'ai particulièrement étudié l'Autriche, dont l'exposition était fort belle. Il y avait de très-beaux verres de Bohême, mais aussi beaucoup trop de pipes de toute sorte qui n'en étaient pas moins fort admirées, malgré leur profusion.

A ma trente-cinquième visite, j'ai pris le café

dans le palais du vice-roi d'Égypte. On nous a offert du tabac turc qui ne vaut pas notre modeste caporal. Ce palais fort curieux était, au dire des connaisseurs, parfaitement imité.

A ma trente-huitième visite (j'en passe pour ne pas fatiguer le lecteur), j'ai visité le magnifique vaisseau *le Friedland* et sa machine à vapeur. J'ai fini ma promenade en pleine Espagne. Ce que j'y ai vu de plus remarquable, c'est la horchateria installée dans le parc. Il y avait là des Buenas-Mozas qui distribuaient le chocolat et les œillades, au son de la guitare traditionnelle. On se serait cru en pleine Andalousie.

Nous voici arrivés à la journée du 15 août, qui fut, cette année, particulièrement remarquable. On avait installé des théâtres populaires sur les hauteurs du Trocadéro. Tout Paris circulait sur cette colline, illuminée avec beaucoup de goût pour la fête. Un feu d'artifice fut tiré à la barrière de l'Étoile. Il y avait longtemps que nous n'avions vu une aussi belle fête du 15 août. L'Empire était alors à son apogée, et il faut avouer que ses fêtes populaires étaient vraiment grandioses. Il y avait dans le public un entrain et une gaieté folle que nous ne reverrons plus. Personne n'a mieux compris Paris que l'empereur, et pourtant Paris a toujours voté contre son gouvernement!

A ma quarante-troisième visite, j'ai vu à l'Exposition le géant chinois et sa petite femme. Ce géant était de haute taille. Il paraissait très-fatigué de sa personne. Il parlait anglais et vendait du thé aux visiteurs. Une autre curiosité attirait, non loin de là, les passants, c'était le décapité parlant. Qu'on se figure une tête sur une table dont le dessous était à jour ; l'illusion était complète. La tête parlait, s'agitait, répondait aux questions du public. Évidemment, il n'y avait là qu'un phénomène d'optique qui rappelait les spectres du boulevard Bonne-Nouvelle.

Dans une quarante-quatrième visite à l'Exposition, nous avons constaté qu'elle perdait beaucoup de son animation première. Le public se fatigue de tout. C'était le 25 août. Il faisait très-chaud. Il y avait peu de visiteurs. Cependant il y avait encore des divertissements fort attrayants, entre autres la musique des Hongrois du restaurant Fanta. C'était dans la section de l'Autriche. Ces musiciens jouaient fort bien et l'on disait qu'ils ne savaient pas un mot de musique. Cependant ils connaissaient à merveille leurs instruments. Un divertissement moins bruyant qui m'a pris plusieurs séances, c'est la copie des alphabets des langues connues. L'Imprimerie impériale avait exposé un spécimen de ces alphabets, que j'ai copiés avec le plus grand soin. C'était un remarquable travail. Il est fort regrettable qu'on n'en ait pas fait une publication populaire. C'était un moyen facile de répandre l'instruction dans le public léger, mais avide de toute nouveauté.

Ce qui explique l'abandon de l'Exposition par le public, c'est le départ de l'empereur, qui est allé en Autriche avec l'impératrice.

Le 17 août, a eu lieu la fameuse entrevue de Salzbourg, dont on a voulu faire un projet d'alliance offensive et défensive entre la France et l'Autriche. L'empereur, qui était crédule, y a cru tout le premier. Malheureusement, cette alliance, qui pouvait changer la face de l'Europe, ne devait pas survivre à nos premiers échecs.

En même temps, éclatait un météore révolutionnaire en Espagne. Les troupes de la reine Isabelle étaient battues à Alcolea par le général Prim qui, allié avec le maréchal Serrano et l'amiral Topete, devait s'emparer du pouvoir par la trahison.

Dans une quarante-cinquième visite à l'Exposition, j'ai visité avec beaucoup de soin la région réservée aux États-Unis. Là, tout est pratique et positif. Le côté remarquable de cette exposition, ce sont les machines à vapeur, qui prouvent les immenses progrès de ce peuple infatigable. En voyant ces merveilles, les esprits faibles pouvaient rêver aux États-Unis d'Europe ! Mais nous n'avons pas dans notre vieux continent les éléments qui font la force du Nouveau-Monde. Il nous manque l'espace et la jeunesse !

Ma cinquante et unième visite à l'Exposition a été consacrée à l'Australie et aux ciselures de l'industrie anglaise. Il est impossible de rien voir de plus beau que les plateaux et les boucliers représentant des faits d'armes en relief. L'industrie anglaise est moins brillante que la nôtre, mais elle est plus sérieuse.

L'Australie avait dans son exposition de curieux produits agricoles. J'y ai remarqué des toisons de laine fort belle. Il y avait aussi des bois et des métaux précieux. L'Australie est une admirable colonie; des photographies et des gravures reproduisaient les principaux monuments de Melbourne et des grandes villes de ce continent océanien. On pouvait faire un voyage au long cours sans quitter l'Exposition.

Ma cinquante-deuxième visite m'a permis d'examiner de très-près les machines anglaises dont la vue est bien faite pour nous rendre modestes, nous autres Français.

A ma cinquante-cinquième visite, je suis retourné dans la section de l'exposition anglaise, et j'y ai remarqué les belles faïences anglaises, les gravures incomparables de ce grand pays et enfin les produits de ses colonies. Grâce à l'ascenseur, je parviens au faîte de l'Exposition, d'où l'on jouit du plus beau coup-d'œil. On voit toute la partie de Paris qui environne le palais !

Pour me reposer un peu de tant de fatigues, je suis allé à Meudon, le 18 septembre, avec Gilles de La

Ronce, rendre visite à une famille de sa connaissance. Le dîner terminé, ce diable de Gilles, qui a l'esprit fort inventif, nous a donné une petite charade en manière d'impromptu.

Je ne résiste pas à l'envie d'en citer au moins le canevas. Le voici : la scène est en Pologne. La comtesse Crassowski refuse de payer cent francs de pension à un pauvre diable que son garde a blessé ; la maison de la comtesse est pillée par les habitants du village. Le comte X..., parent de la comtesse, gagne contre elle un procès pendant depuis plusieurs années. La pauvre comtesse est ruinée du coup. Elle revient plus tard au pays fort malade. C'est le paysan blessé qui l'accueille et la soigne. Ce paysan ayant été adopté par le comte X, en hérite, mais, par scrupule, il laisse à la comtesse cette fortune inattendue pour lui. La comtesse, faisant assaut de générosité, l'adopte pour son fils et tout finit pour le mieux dans le meilleur des villages. Cette comédie un peu dramatique fut fort bien représentée par le jeune avocat, qu'on invita avec instance à revenir à Meudon le plus souvent qu'il lui serait possible.

Je suis retourné à l'Exposition qui devient de plus en plus déserte. Le temps est affreux, et les orages qui se succèdent ne sont pas faits pour attirer des visiteurs. Les tziganes hongrois continuent de faire les délices du café Fanta. On m'a donné les noms de ces musiciens ; les voici :

Le chef — Sarkosy Ferencz, violon ;
Deux premiers violons — Keiskemety Karoly, — Kalajdi Antat ;
Deux deuxièmes violons, — Kovacs Mahaly,— Balogy Audras ;
Un alto — Vidak Lajos ;
Deux clarinettes — Keiskemety Ilek, — Buyka Ferencz ;
Un cymbalum — Pozsàr Michal ;
Un violoncelle — Sarkozy Janoz ;
Une contrebasse — Vidak Gyorgy.

Il y a de tout dans ces noms, du hongrois, du grec et de l'hébreu. Mais dans tous ces hommes, à la face énergique et hâlée, il y a un talent naturel qu'on ne retrouve pas chez nos artistes des grands concerts.

A ma soixantième visite à l'Exposition, j'ai eu grand froid. Il est temps que l'Exposition finisse ! Cependant il y a encore beaucoup de visiteurs. Le ballon captif attire toujours de nombreux curieux. C'est un ballon retenu par plusieurs grosses cordes, qui s'élève perpendiculairement lorsque le nombre de visiteurs est suffisant ; de ce ballon, on domine tout Paris. Le prix de l'ascension est de 20 francs. Il faut d'ailleurs un vrai courage pour y monter, car si la corde venait à casser, que deviendrait-on sans lest et sans pilote. On irait droit à la lune, à moins que, chassé par des vents contraires, on n'allât tomber dans la Manche.

Les Garibaldiens font des leurs en Italie pendant que nous nous livrons, à Paris, aux douceurs de l'Exposition. Il paraît cependant que le héros de Caprera a été repoussé par les soldats du pays.

Un ami m'avertit que les noms des tziganes du café Fanta sont apocryphes. Leur chef s'appellerait Pittacarus et non Sarkozy Ferency. Ces noms barbares se valent et ne méritent pas les honneurs d'une recherche scientifique et philologique. Ce qu'il y a de plus certain dans cette affaire, c'est l'accueil fait aux musiciens par le public de l'Exposition.

Dans ma soixante-troisième visite à l'Exposition, je revois les Sèvres magnifiques, les tapisseries des Gobelins représentant des fables de La Fontaine, les bronzes, les cristaux de Baccarat, le salon de peinture français où est exposée la belle toile *la Source*, d'Ingres ; les sections de l'Angleterre, de l'Inde, de la Chine, de la Roumanie avec ses beaux costumes ; enfin la galerie de sculpture italienne où tout le monde admire le Napoléon mourant à Saint-Hélène et les sujets en marbre.

Une soixante-cinquième visite est consacrée aux belles galeries de l'histoire du travail. On a réuni là toutes les belles choses, tous les chefs-d'œuvre des travaux artistiques des siècles qui ont précédé la grande révolution. C'est un véritable musée !

Une nouvelle visite de souverain est venue jeter un peu de gaieté au milieu des dernières lueurs du soleil mourant de notre Exposition. C'est la visite tardive de l'empereur d'Autriche, François-Joseph. Arrivé à Paris le 23 octobre, ce prince fut accueilli avec un grand enthousiasme. On saluait en lui un allié sincère, et ce prince fut acclamé par la foule comme ne l'avait été aucun des visiteurs couronnés de l'Exposition universelle. L'empereur d'Autriche parcourut les boulevards en voiture découverte, et le peuple de Paris, formant la haie des deux côtés de la chaussée, montra un enthousiasme tout spontané ! Il y avait au fond de ce sentiment comme une pensée de revanche de la journée de Sadowa, qui avait blessé la France presque autant que l'Autriche.

Malheureusement, les circonstances, la précipitation de notre dernière déclaration de guerre ne permirent pas à l'Autriche, qui n'est jamais prête, de prendre part à cette grande guerre. Elle fût certainement entrée en ligne et, malgré les déclarations de M. de Beust, elle en avait l'intention et le désir.

La Providence, qui voulait éprouver notre orgueil, ne permit pas que cette alliance formée au fond des cœurs se traduisît par un concours efficace sur les champs de bataille.

Mais, après comme avant nos revers, l'Autriche est restée pour nous une alliée sympathique.

L'empereur François-Joseph trouva le plus chaleureux accueil pendant son court séjour à Paris. Ce prince aimable, distingué, doué de toutes les qualités du cœur et d'une grande élévation de sentiments, parut très-sensible à la sympathie que lui témoignait le public léger et mobile de la grande ville. Il fut émerveillé de l'Exposition, et sans doute il conçut dès lors le projet de cette belle Exposition de Vienne où la France vient encore d'être si dignement représentée.

La visite de François-Joseph fut le couronnement et le dernier épisode de la grande Exposition de 1867.

A ma soixante-septième visite à l'Exposition, j'ai constaté une recrudescence d'enthousiasme. Il y avait là près de 100,000 visiteurs le 27 octobre. On ne pouvait rien voir et on ne pouvait guère circuler. Ce sont les avantages de ce grand système de démocratie qu'on aime tant de nos jours. Que personne ne voie, plutôt que de laisser voir quelques privilégiés ! Que personne ne soit rien, plutôt que de laisser quelqu'un être quelque chose ! Le fond de toute cette grande doctrine, c'est une immense jalousie, pour ne pas dire une immense envie !

Le 29 octobre, au dîner de l'Hôtel de Ville, l'empereur d'Autriche a porté un toast de vrai chevalier. Il a dit ces belles paroles : « En voyant à Nancy les tombeaux de mes ancêtres confiés à la garde d'une généreuse nation, j'ai oublié toutes les rancunes du passé. »

Dans ma soixante-neuvième visite à l'Exposition, j'ai examiné avec soin les manuscrits chinois et les nombreuses chinoiseries dont l'ensemble était fort curieux. J'ai pu faire une soixante-dixième visite, grâce à une prolongation accordée à l'occasion des pauvres de Paris.

Pendant que nous nous livrions aux joies d'une fête industrielle qui était comme le banquet des peuples, les Italiens, n'oubliant pas les occasions d'être ingrats, ont envahi le reste des États pontificaux.

Le 3 novembre, j'ai fait à l'Exposition universelle ma soixante-et-onzième et dernière visite. Il est impossible d'exprimer l'impression que m'a laissée cette magnifique entreprise.

L'empereur avait convié toutes les nations de l'univers à un tournoi commercial, agricole, industriel, littéraire, artistique et scientifique. Elles ont toutes accepté ce pacifique cartel. On a fait des efforts inouïs pour mettre en relief toutes ces merveilles du travail humain et du travail de la nature. Je ne sais ce que je dois le plus admirer de l'intelligente disposition de tant de produits divers, ou de l'empressement des peuples du monde à envoyer leurs échantillons à ce grand bazar du concours universel. Tout cela a été admirable d'exécution, d'ensemble et de détail.

L'Exposition, qui a duré trop peu de temps pour

les visiteurs sérieux, était un abrégé du monde entier. On y voyait, sur une surface restreinte, toutes les richesses et toutes les productions de tous les peuples connus ! c'était féerique et magique. Considérée au point de vue instructif, l'Exposition de Paris a été l'un des grands événements du siècle et il s'écoulera de longues années avant qu'on ne voie rien de pareil. Mais au point de vue politique et philosophique, l'Exposition nous a fait plus de mal que de bien. Les succès faciles de la France nous ont énivrés d'orgueil et ils ont excité chez nos voisins, et surtout chez les Allemands, une jalousie et une convoitise qui nous ont coûté cinq milliards.

Quant aux commerçants de Paris, si quelques-uns y ont trouvé leur compte, un grand nombre s'y est ruiné par des approvisionnements au-dessus des prévisions sages des gens pratiques et sérieux.

Avec cet élan et cette folie qui règnent à l'état chronique dans les cerveaux parisiens, tout le monde a cru faire fortune en quelques mois ! Mais il y a eu de grandes déceptions et de grands désastres.

Quant à la politique, elle fut reléguée au second plan, pendant ces fêtes incomparables. Mais elle reprit vite ses droits, et la folie du jour qui avait aveuglé Paris et ses nobles visiteurs, causa le même aveuglement à notre Gouvernement. On crut la France sauvée et, dès lors, l'empereur put croire que son Exposition était une grande victoire gagnée contre l'Europe entière. De cette idée nacquit le plan de la funeste campagne de 1870-71. Nous nous endormions sur des lauriers! le réveil fut terrible!

Le 5 novembre, on apprend à Paris le résultat de la journée de *Mentana*, où les troupes de Garibaldi ont expérimenté la valeur du chassepot de nos soldats du 81e de ligne.

Cette journée fut la consécration de la fameuse convention de septembre hypocritement violée par les Italiens. Aujourd'hui, profitant de nos malheurs, ils sont à Rome et, politiquement parlant, ce succès ne leur profite guère; l'Italie une est moins grande que l'Italie fédérale, et elle n'a gagné, à défaut de gloire, que des impôts écrasants, en attendant une ruine prochaine.

Le 9 novembre, on apprit à Paris la mort du comte du Châtel, ancien ministre de Louis-Philippe. M. du Châtel, dont le fils porte le nom de Tanneguy du Châtel, celui du célèbre du Châtel du pont de Montereau, revendiquait la vieille et noble lignée des Tanneguy du Châtel.

Il avait un bel hôtel rue de Varennes, au coin de la rue Barbey de Jouy, et y recevait l'élite de l'aristocratie française. On trouvait dans ses salons un vrai musée de tableaux de maîtres et ses réceptions étaient fort suivies. Sa fille a épousé le prince de la Trémouille. C'était une des maisons les plus aristocratiques du faubourg Saint-Germain sous l'Empire. Il faut dire à la louange de l'Empire, que ces salons hostiles au régime impérial n'ont jamais eu de plus beaux jours que sous ce régime détesté. On y critiquait l'Empire, on y conspirait par des propos malins et hostiles, mais on s'y amusait beaucoup, grâce à la sécurité de cet affreux gouvernement qui protégeait même ses ennemis, en protégeant l'ordre social.

Nous apprenions, ce même jour, le combat de Mentana livré par deux régiments français armés de chassepots, contre les bandes de Garibaldi.

La convention de septembre avait été si peu respectée par l'Italie, qu'elle favorisait les entreprises des Garibaldiens, espérant sans doute s'emparer de Rome par le même procédé qui lui avait donné l'Ombrie, les Marches d'Ancône et Naples.

Mais le drapeau français abritait encore le Saint-Siège et l'empereur se décida à envoyer des troupes au secours du Pape. Nos vaisseaux cinglèrent vers Civita-Vecchia avec une rapidité prodigieuse, et bientôt nos soldats étaient en ligne à Mentana pour soutenir la petite armée du Pape et les héroïques zouaves pontificaux. Le chassepot ne fut pas du goût des Garibaldiens. Frappés de loin, sans voir l'ennemi, ils ne tardèrent pas à lâcher pied, et Garibaldi s'enfuit prudemment, malgré le fameux cri de « Rome ou la mort ».

Les enfants ont souvent plus d'esprit et d'à-propos que les grandes personnes. J'ai assisté à la fête d'une vieille dame à laquelle sa petite-nièce, enfant de neuf ans, adressa avec un pot de fleurs le compliment suivant :

« C'est ta fête, ma chère tante, je veux te la souhaiter ; permets-moi de t'offrir cette bruyère ; elle a poussé pour te plaire, moi je grandis pour t'aimer ; on dit que j'ai plus d'un défaut, mais les racines sont bonnes comme celles de la bruyère ! » Personne n'avait inspiré à la petite fille ce compliment fin et original.

Bien des hommes de lettres n'en auraient pas su trouver autant sous leur plume exercée.

On parle quelquefois des scandales de l'ancienne société. Nous en avons autant de nos jours, mais comme ils se passent très-prosaïquement et que les personnages sont vulgaires, on n'en dit rien et personne ne s'en occupe. Nous avons eu dans notre quartier un mariage singulier : un entrepreneur a donné sa fille au fils de sa maîtresse. Je me récriais sur cet étrange hymen, lorsqu'une personne au courant des petites misères du monde, me ferma la bouche en me disant que ces choses-là arrivaient souvent.

Un député, homme de cœur et d'esprit, s'est fait une méchante affaire, en accusant, à la tribune, la presse française de vendre ses faveurs même à l'étranger. Voilà de ces choses qu'on peut penser tout bas, mais qu'on ne doit jamais dire. On sait ce que cette déclaration imprudente coûta à M. de Kervéguen. Toucher à l'arche sainte de la presse, insulter le sacerdoce des reporters! bon Dieu, mais où allons-nous? Ce fut un tollé général contre le député de la part des journalistes. Ah! ils ne sont pas généreux lorsqu'ils sont en colère. Vendus ! quelle injure ! nous, les prêtres de la pensée, nous les ouvriers de l'idée ! Voilà une accusation qui vous coûtera cher, monsieur le député du Var ! Nous vous mettrons au pied du mur. Il faudra prouver ce que vous avez annoncé du haut de la tribune.

M. de Kervéguen s'est mis dans la position d'un homme qui, dans un salon, attaquerait tout haut la vertu fort douteuse d'une femme légère très-bien posée. Le propos entendu par un membre de la famille serait vite relevé et celui qui l'aurait tenu se verrait sommé de s'expliquer ou de se rétracter. En pareille situation, les explications sont très-difficiles et les preuves ne le sont pas moins. Le mieux est donc de penser tout bas beaucoup de mal, mais de n'en rien dire.

En somme, à une époque ordinaire, l'incident Kervéguen eût passé inaperçu. M. de Kervéguen était un homme d'esprit, il s'en serait tiré par un bon mot et la presse lui eût donné les honneurs de sa publicité. Mais on vivait alors à une époque où la politique était dans tout ; la querelle devint une affaire de parti. La lutte s'envenima, elle remplit les colonnes des journaux en quête d'articles à sensation. L'instruction de l'affaire se poursuivit avec passion ; mais le dénoûment fut très-inattendu : ce furent les journaux officieux qui payèrent les frais du procès. La discussion révéla certaines faiblesses qu'on ne s'attendait pas à trouver dans les régions officielles. Puis le silence se fit sur ce procès incommode ! On ne trouve pas toujours des hommes sincères comme M. le vicomte de Kervéguen. La morale de cette affaire, c'est qu'on ne doit jamais parler de corde dans la maison d'un pendu.

CHAPITRE XII

— 1868 —

La voici terminée, cette fameuse année de l'Exposition universelle qui fut si brillante et si animée pour notre Paris. En jetant un regard en arrière, il est permis de dire que cette Exposition qu'on ne reverra pas de longtemps et qui fut l'un des plus grands spectacles que puisse fournir l'industrie d'un peuple riche et laborieux, produisit plus d'éclat que de bien et laissa après elle plus de mécontents que d'heureux.

Je crois que ce jugement peut s'appliquer également à l'Exposition de 1878 et à toutes celles qui suivront.

Elle fut une cause de ruine pour beaucoup de

commerçants qui pensaient y faire leur fortune; elle devint une cause d'envie pour les peuples étrangers, et tandis qu'on aurait pu croire qu'elle cachait nos préparatifs militaires, elle fut même pour notre gouvernement, une distraction qui le détourna des périls de l'avenir. Les malins, comme il y en a toujours, disaient tout bas : « Comme l'empereur trompe l'Europe ! Il l'amuse avec son Exposition, et pendant que l'Europe nous croit tous occupés à nos fêtes et à nos plaisirs, nous forgeons des armes, nous fondons des canons pour la grande guerre qui est proche. »

Ces malins étaient vraiment trop malins ! Nous ne faisions rien de tout ce qu'ils disaient et l'année de l'Exposition fut perdue pour nos préparatifs militaires.

On a toujours cru à tort que Napoléon III était un prince astucieux et dissimulé. C'était bien mal le connaître. Il était taciturne, mais sincère et honnête. On lui prêtait toujours des arrière-pensées qu'il n'avait pas ! Son projet de l'Exposition universelle ne fut qu'une grande conception pacifique destinée à développer le travail national.

Plût à Dieu que l'empereur eût employé les loisirs de cette brillante année à augmenter nos ressources militaires ? Mais le pouvait-il sans les Chambres et sans le pays ? Pour s'armer en silence, il fallait de l'argent et un crédit voté par le Corps législatif. Si l'on eût demandé ces ressources à nos députés, le gouvernement se fût heurté au mauvais vouloir de l'opposition, et les préparatifs qu'il aurait voulu tenir secrets, eussent été divulgués par nos propres indiscrétions !

L'Exposition a été une belle et grande chose, mais elle a servi à nous distraire des préparatifs de nos ennemis et à augmenter encore cette vanité nationale, qui nous a été si fatale dans la dernière guerre.

Les deux années qui vont suivre nous montreront l'Empire s'affaiblissant chaque jour par des concessions nouvelles et abdiquant ses droits entre les mains des hommes du 4 septembre qui épiaient avec joie ses faiblesses.

Ces deux années sont curieuses à étudier, car elles sont la vraie préface du grand drame terminé à Sedan.

La visite du jour de l'an aux Tuileries a été pénible pour la garde nationale cette année ! La Seine charriait des glaçons ; les citoyens-soldats étaient gelés dans la cour du Carrousel. On ne voyait partout qu'ordonnances et tambours portant des manteaux d'officiers. Le froid était intense. La Seine était prise le 2 janvier, ce qui arrive très-rarement à Paris. Je dois avouer qu'un de nos amis, Gilles de la Ronce, a commis l'imprudence insigne de traverser le fleuve à pied du quai d'Orsay à l'escalier du Pont-Royal. Il y avait beaucoup de gens qui faisaient comme lui.

La police qu'on accuse souvent de vexations inutiles, s'est empressée d'interdire ces promenades qui pouvaient coûter cher à ceux qui les faisaient. Mon ami m'a raconté qu'il a entendu la glace se briser sous ses pieds. Arrivé au milieu du fleuve, il avait bien envie de s'en retourner, mais par un sentiment de vanité que je ne puis approuver, il voulut aller jusqu'au bout et son excuse était : « Je voulais pouvoir dire qu'au moins une fois dans ma vie, j'avais traversé la Seine à pied, en marchant sur ses glaçons. » Voilà bien les Français que la vanité fait aller à la mort !

Il est inutile de rappeler comme souvenir de cette époque que les membres du cercle des patineurs étaient dans une joie folle. Ils ne s'étaient jamais vus à une pareille fête !

Gilles de La Ronce est un drôle de corps. L'autre jour il passait la Seine, à pied, sur des glaçons, ce qui est une véritable gaminerie ; aujourd'hui le voilà qui prend des leçons d'hébreu. Il sait déjà lire cette langue difficile. Son professeur est le célèbre abbé Latouche, un des plus savants linguistes. Gilles assure qu'il saura l'hébreu dans six mois. Ces avocats ne doutent de rien !

En attendant le printemps qui est encore loin, les Parisiens s'amusent comme toujours à des futilités. Celle du moment est un jouet nouveau qui a fait la fortune de son inventeur, il s'appelle *la Question romaine*. Ce sont deux tiges de fer terminées par deux anneaux passés l'un dans l'autre et qu'il s'agit de séparer sans violence. Le nom du jouet fit sa fortune. Il était *ben trovato*.

Tout Paris s'amusa de ce jouet. Il fit les délices des salons, des mansardes, des ateliers, des colléges ! Hommes sérieux et enfants cherchèrent le nœud gordien de *la Question romaine*. J'avoue que j'ai fait comme les autres, mais aujourd'hui j'en rougis en le racontant, car je vois trop clairement que nous sommes un peuple d'enfants. C'est très-amusant, quand les temps sont prospères, mais dans les *tempora nebula* dont parle Horace, on voudrait trouver des hommes !

Pendant qu'on joue à la question romaine, la question française devient sérieuse. Il y a du mouvement dans le peuple; l'Empire commence à être moins populaire. L'Exposition à peine terminée, il faut un nouvel aliment à ce peuple léger de Paris. Cet aliment sera bientôt la politique où l'on fait la grande faute d'entraîner un public qui ne sait jamais s'arrêter en chemin.

L'incident de Kervéguen défraie toujours les journaux, qui ne sont pas fâchés de grossir toutes les affaires pour remplir leurs colonnes. Voilà que *le Pays* publie les vingt et un documents du fameux paquet trouvé dans la succession de M. de La Varenne. Ces confidences ne font de bien à personne; c'est un linge sale qu'on eût mieux fait de laver en famille, mais comme tout tourne à la politique en ce pays et en ce moment, on a fait de cette affaire une querelle de parti.

Nous avons eu, le 10 mars, la réunion annuelle de la Société d'escrime. Il y a eu, comme d'habitude à ce dîner, de nombreux toasts. Je veux en citer un, celui du vicomte de G., qui montrera les illusions dont nos esprits étaient pleins à cette époque. Voici ce discours :

Messieurs et chers collègues,

» Puisque notre honorable secrétaire, M. le comte de Pomereu, m'invite à prendre la parole d'une façon si gracieuse, je lui répondrai avec votre autorisation en commençant par le remercier des choses aimables qu'il m'a dites et auxquelles il m'a toujours habitué. J'avais eu la même pensée que notre cher président, M. le comte de Mailly. Je voulais vous proposer ce toast qu'il a porté avec des paroles chaleureuses et avec cette éloquence du cœur qu'il connaît si bien. Moins heureux que lui, j'arrive le dernier et vous me pardonnerez de vous parler encore de l'escrime et de Pons. Oui, de Pons, messieurs, et puisque j'ai prononcé ce nom, je veux m'arrêter ici, pour me faire l'interprète de vos sentiments. Ce nom s'impose en ce moment à mes lèvres, comme celui qui le porte sait toujours s'imposer à vos cœurs. Remercions Pons de ses utiles leçons, de sa sollicitude de tous les instants. Nos anciens pourraient vous dire tout ce qu'ils lui doivent et avec quel soin jaloux, il a bien souvent partagé jusqu'aux préoccupations les plus intimes de ses élèves ; aussi comme il se sentait ému lui-même, lorsque l'un d'eux avait une affaire sérieuse ! Il y prenait la plus grande part, et après nous avoir appris à manier l'épée, il nous apprenait à bien défendre notre honneur. Ce sera l'éternel éloge de Pons, que d'avoir su s'entourer de l'élite de la jeunesse française, en restant digne de ses élèves. Pons n'est pas un maître d'armes ordinaire, il a le cœur d'un chevalier. Il a toujours su, grâce aux dons qu'il tient de la nature, avec la plus grande aisance, tenir honorablement sa place, à côté des hommes les plus distingués de notre époque. Il a été successivement leur maître, leur ami, leur camarade.

» Après avoir parlé du maître, je dirai deux mots de l'art qu'il enseigne si bien. C'est une belle chose que l'escrime, et sans elle les hommes sont incomplets! elle est aussi utile à l'âme qu'elle l'est au corps. A ce dernier elle donne la grâce, la souplesse, la force et ce je ne sais quoi de martial qui sied si bien à des hommes. A l'âme, elle donne l'élévation du caractère et il n'est pas jusqu'aux règles mêmes de l'épée, qui ne viennent contribuer à cet heureux résultat.

» Ne vous apprend-on pas qu'il ne faut jamais frapper un adversaire, sans lui donner le fer ? N'êtes-vous pas habitués à serrer la main de celui que vous avez combattu, lui montrant ainsi qu'on ne croise l'épée qu'avec les gens qu'on estime. N'est-ce pas encore un utile enseignement que de voir chaque jour cette arme qui peut trancher la vie d'un homme, cette arme si meurtrière, frapper la poitrine d'un de vos semblables, sans qu'il en résulte la plus légère blessure, même pour l'amour-propre que votre courtoisie sait toujours ménager.

» Honneur donc aux armes, messieurs, et permettez-moi de vous féliciter d'avoir rétabli parmi nous ce culte qui convient si bien à un peuple libéral. Vous avez dépassé de beaucoup ces gymnases de l'antiquité où une jeunesse qui n'était point dédaigneuse des choses de l'esprit, venait s'habituer aux exercices du corps, cette première éducation des soldats. Ne craignez pas de propager autour de vous le goût des armes ! ce n'est point en ce pays que vous auriez jamais à le regretter. J'aime à voir une épée aux mains de ce soldat qu'on appelle *la France*, car elle ne sera jamais l'instrument d'un despotisme militaire qui n'est pas dans nos mœurs. Si la France est un soldat, comme l'a dit un grand homme, c'est avant tout le soldat de la civilisation.

« Je ne partage pas la crainte de certains esprits qui redoutent pour nous le développement de l'idée militaire. En France, et c'est une justice à lui rendre, l'armée a toujours été nationale et n'a jamais méconnu la suprématie du pouvoir civil. Cultivons donc avec ardeur cet art qui fait des hommes et ne craignons pas non plus de faire des soldats ! Pour moi, je suis sans inquiétude, en voyant des épées en des mains telles que les vôtres, car je suis sûr qu'elles ne serviront jamais que la cause de l'honneur et de la dignité humaine. »

Je n'ai pu résister au désir de citer ce toast. C'est pour nous de l'histoire intime. Nous avons tous passé notre jeunesse dans cette société d'escrime qui était pour nous comme une école militaire dont Pons était le directeur. Mais outre qu'il rappelle ce qu'était la société d'escrime, ce discours montre aussi les préoccupations anti-militaires de l'époque. On était obligé de s'excuser, quand on disait du bien de l'armée et des institutions militaires. Il y avait alors de tels préjugés dans le public français contre ce qu'on appelait le « caporalisme », qu'on s'explique très-bien les difficultés que rencontra le gouvernement de l'empereur dans son projet de réforme militaire. Hélas! aujourd'hui, après nos désastres, nous ne sommes pas corrigés. Ce qu'on appelle les classes élevées n'aiment pas l'uniforme et la discipline. Le chauvinisme s'est réfugié dans l'armée, dans les rangs clair-semés de l'ancienne noblesse et enfin dans les basses classes où se recrute le gros noyau de l'armée. Si nous nous relevons un jour, ce ne sera jamais à la bourgeoisie française que nous le devrons! Cette classe a produit des hommes illustres dans les lettres, dans les arts, dans le barreau, dans la magistrature et dans l'administration. Mais ses traditions sont révolutionnaires. La classe moyenne n'a pas d'unité, elle manque d'énergie et de vigueur, elle est indisciplinée et anti-autoritaire. Son arrivée au pouvoir a été le signal de notre abaissement politique.

Ses individualités ont été brillantes, mais comme corps social, elle n'a jamais rien fait de sérieux. C'est à tort qu'on lui attribue le grand mouvement de 89; commencé par la noblesse, il a été achevé par le peuple. La bourgeoisie manque de chauvinisme et est naturellement hostile à l'idée militaire qui seule peut sauver la France. Malheureusement la vieille noblesse, à part quelques individus sans influence, est à peu près fondue dans les classes moyennes, elle ne peut plus réagir contre le courant qui emporte les classes élevées vers le luxe et les besoins matériels. Le torrent de la démocratie a brisé, dans ses fureurs, la hiérarchie sociale. Vouloir lui opposer des digues nouvelles est une véritable folie. Nous n'avons plus qu'une ressource, c'est de diriger le cours de ce torrent que nul ne peut arrêter dans sa marche. Ce mouvement démocratique porte en lui-même son correctif qui s'appelle le suffrage universel. C'est dans une sage application de ce dernier et unique levier politique, qu'il faut chercher le salut d'une société qui n'a plus ni tradition, ni mœurs, ni hiérarchie, ni principes. Mais nous sommes donc condamnés au Césarisme? Je le crois! Césarisme blanc, si vous ne voulez pas du Césarisme rouge; j'allais dire, si vous pouvez encore éviter le Césarisme de la conquête étrangère. Si la France, qui ne peut plus supporter aucun gouvernement, n'abdique pas tous ses droits au profit d'un pouvoir fortement constitué, après quelques années de convulsions politiques, elle sera la proie de l'étranger et finira comme la Pologne.

Cette dernière phase de notre agonie peut être plus ou moins longue, la France a montré sa vitalité et ses ressources, en payant la dette de la guerre. Peut-être nous qui avons vu ses désastres, ne verrons-nous pas sa chute. Dieu le veuille pour notre patriotisme! Mais si la France continue à être déchirée par les partis; si la désunion nous maintient dans un régime provisoire qui ne peut rien fonder; si les utopistes et les mauvais citoyens trouvent assez de crédit dans nos esprits, pour nous faire accepter toutes leurs folies; si notre anarchie, plus funeste que les Prussiens, ne fait pas place à un régime qui nous assure le temps et les moyens nécessaires pour préparer la grande revanche de la dernière guerre; alors, nous sommes perdus à tout jamais. Nous reverrons dans nos murs les troupes étrangères, allemandes ou russes, et notre France sera rayée de la carte des nations.

Tout cela est logique et fatal. Il faut avoir un certain courage pour le dire, mais personne n'y croira, tant est grande notre présomption !

Si ces malheurs arrivent, quand nous n'y serons plus pour porter le deuil de la patrie, l'histoire dira quels furent les traîtres qui ont vendu le pays ! Elle vouera au mépris public ces rhéteurs et ces histrions qui auront sacrifié la grande nation à des utopies politiques et surtout à leurs misérables convoitises !

Le 29 mars était un dimanche, nous avons eu une admirable conférence du père Félix à Notre-Dame sur le protestantisme. J'ai toujours été surpris, en entendant cet orateur, des effets merveilleux qu'il savait produire avec sa parole dans une aussi grande enceinte.

Le père Félix est tellement petit, qu'il disparaîtrait dans sa chaire, s'il n'était monté sur un tabouret. Mais ce petit homme donne à sa voix des éclats inattendus ! Il a une diction si pure, il a une prononciation si parfaite, que ses moindres paroles sont entendues des auditeurs les plus éloignés ! Tels sont les effets surprenants de l'art ! Ce qui n'est pas moins surprenant, c'est que cet orateur ait pu parler tant d'années, sans lasser l'oreille capricieuse des Parisiens ; le père Félix s'est toujours montré éloquent et intéressant dans ces nombreuses conférences où il battait en brèche le libéralisme moderne et la morale indépendante. La piété de l'orateur sacré et son zèle apostolique ont été dignement récompensés le dimanche de Pâques, 12 avril. Il a eu la consolation de donner la sainte communion à plus de trois mille de ses auditeurs.

Le 11 mai, nous avons eu, pour nous distraire, une grande revue de la garde nationale passée par son général en chef, le général Mellinet. C'est avec ces choses-là qu'on amusait alors les badauds de Paris. Mais il faut avouer que c'était un jeu dangereux. Plus tard, la Commune nous l'a trop prouvé.

Le 13 mai, j'ai dîné avec des amis au balcon du café de l'Alcazar d'été aux Champs-Élysées. Nous avions en même temps un excellent dîner et un spectacle varié composé de danses et de chants. Un salon de femmes élégantes formait le fond de ce féerique tableau. Il n'y a qu'à Paris qu'on ait de telles distractions! Cet Alcazar était le théâtre des succès de l'étrange *Thérésa*, qui a créé chez nous ce qu'on pourrait appeler *le genre* poissard!

Eh bien, le croirait-on? Ce talent populaire a trouvé grâce devant la curiosité féminine de plus d'une grande dame, et *Thérésa* a pu chanter dans les salons du noble faubourg sa *Femme à barbe* et sa *Nourrice sur lieux*. Étonnez-vous donc ensuite du succès des mauvais livres et des mauvais spectacles. On dit : C'est affreux, c'est invraisemblable! Avez-vous jamais vu, lu, entendu chose pareille? On dit tout cela, mais on y court, on y vole, et le succès de ce scandale dont on médit est assuré par ceux-là mêmes qui devraient s'abstenir d'y prendre part. C'est l'éternelle histoire de notre esprit frondeur. C'est très-amusant, quand le pouvoir est fort, quand la société est bien assise! On peut rire à son aise de toutes ces vilaines choses qui sont alors sans danger. Mais aujourd'hui, quand tout est en question, la morale, la religion, les mœurs, les principes, la société elle-même, ce rire badin et complaisant est une complicité coupable contre laquelle on ne saurait trop réagir.

Le 20 mai, j'ai assisté au Corps législatif à un débat oratoire des plus intéressants entre M. Rouher et M. Thiers au sujet du traité de commerce ; il faut reconnaître que le dernier de ces deux hommes célèbres était déjà l'ennemi juré de cette réforme économique à laquelle nous devons peut-être la richesse actuelle de la France. Après l'expérience que nous avons faite du libre-échange, on aurait pu s'attendre à la conversion des esprits élevés et distingués qui l'ont autrefois combattu. Mais, pour qui sait lire dans les jeux, ce n'est plus un mystère que les luttes de tribune qui relèguent les affaires sérieuses au dernier plan, pour ne traiter que des questions de politique personnelle. La France en est arrivée aux querelles byzantines des verts et des blancs!

J'ai fait, le 27 mai, une promenade sur la Seine, dans l'un de ces petits bateaux-mouches d'invention moderne. Il a fallu bien longtemps pour habituer les Parisiens à ce genre de locomotion pourtant si commode!

Mais la grande ville qu'on appelle souvent la capitale de la civilisation n'est pas précisément le pays du vrai progrès et on ne s'imagine pas le temps et les efforts qu'il faut pour y introduire une réforme ou une invention vraiment utile.

Il a fallu des années pour y établir les petits bateaux de la Seine, absolument comme autrefois pour les omnibus et comme aujourd'hui pour les tramways. Le bon peuple parisien n'aime guère les innovations qui changent ses habitudes. Cependant cette invention nouvelle fut véritablement utile et elle transforma notre Seine, jadis si triste et si délaissée! Aujourd'hui les bateaux-mouches sont aussi populaires que s'ils avaient existé depuis des siècles!

Le 15 juin, nous apprenions à Paris l'assassinat du prince Michel III de Servie! Cette nouvelle a fait peu de sensation à Paris. Les Parisiens ne sont point gens à s'effrayer de pareille chose, puis, la Servie est si loin, le prince de ce pays était si peu connu! Voilà donc encore un régicide à ajouter à la longue liste de ces crimes commis en Europe dans ce siècle de civilisation! Il y a de quoi nous rendre bien humbles; en effet, un pareil crime est non-seulement un odieux attentat, c'est encore une grande faute politique. Ce n'est pas en tuant les rois, qu'on rendra la monarchie impossible! c'est en nous donnant sous la République le même bien-être et la même prospérité que sous le gouvernement des rois et des empereurs. Le sang des martyrs est fécond; qu'ils soient rois ou simples citoyens, leur mort violente est plus nuisible à leurs ennemis qu'à leurs partisans. Les régicides devraient méditer ces paroles profondes de l'ancienne monarchie : « Le roi est mort, vive le roi! » On tue un homme, on ne tue pas un principe ou une vérité.

Le 21 juillet, la mort a frappé un ecclésiastique d'un grand mérite, M. l'abbé Debeauvais, curé de Saint-Thomas-d'Aquin; c'était un ami de Mgr Dupanloup, ce qui serait déjà une preuve de sa valeur morale, s'il n'en avait pas laissé d'autres dans la mémoire de ceux qui l'ont connu.

M. l'abbé Debeauvais avait été professeur de rhétorique au séminaire de Paris. C'était un homme d'esprit et un homme lettré. C'était surtout un homme de cœur. Il fut curé de Saint-Jacques-du-Haut-Pas avant d'être appelé à la cure de Saint-Thomas-d'Aquin. Dans le quartier latin, il était fort aimé et faisait beaucoup de bien. Il mourut pauvre, quoique ayant eu quelque bien dont il fit le meilleur usage. C'était une nature très-élevée: son esprit fin et délicat le faisait aimer dans l'intimité; il avait cette gaieté presque enfantine qu'on retrouve chez les âmes pures et véritablement chrétiennes; sa fin précoce fut un deuil général dans sa paroisse. Il mourut à Olivet, chez Mgr Dupanloup, qui perdait en lui un ami d'enfance et aussi un collaborateur. L'abbé Debeauvais sauva plus d'une âme de libre-penseur, pendant son séjour au quartier latin. Il avait une charité aimable et gracieuse qui bravait toutes les résistances et triomphait de tous les obstacles. Il faisait le bien simplement, sans vouloir en convenir. Un clergé qui produit de tels hommes devrait trouver grâce devant la méchanceté de ses détracteurs, si la bonne foi pouvait entrer dans le cœur des impies. Le corps de l'abbé Debeauvais repose dans le cimetière Montparnasse.

Gilles de la Ronce m'a raconté un petit incident du Palais qui prouve de quelles choses sérieuses on s'occupait en France en l'an de grâce 1868. Un avocat, très-barbu, M. J. Ferrand, plaidait en moustaches à la 6ᵉ chambre du tribunal. Le président Lancelin l'interpella sur cet appendice un peu révolutionnaire, j'entends révolutionnaire contre les habitudes de la basoche. Mᵉ Ferrand plaida pour ses moustaches. Il allégua le décret de 1810, l'ordonnance de 1822, le décret de 1864. Le décret de 1810, disait l'avocat, s'en rapporte aux anciennes ordonnances pour le costume des avocats; il ne renferme pas de prohibition, donc on peut plaider en moustaches !

Quand on pense que Richelieu portait une barbe de colonel, on est surpris de tant de bruit autour de quelques brins de poil !

Mᵉ Ferrand eut beaucoup de succès, son nom fut cité dans les journaux. *Le Figaro* s'empara de l'affaire. On ne dit pas ce que devint le client, sur le dos duquel se plaidait la question des moustaches. Bast ! Il aura peut-être été oublié ! La chose en vaut la peine en correctionnelle.

Gilles de La Ronce était radieux en me contant cette aventure. Il approuvait fort Mᵉ Ferrand, le père de la moustache. C'était presque une révolution au Palais, où tant de stagiaires soupirent dans l'ombre après ces moustaches, qu'il leur faudra sacrifier à la première cause.

M. de Girardin qui ne se repose jamais, publie dans *la Liberté* des colonnes qui sont d'une certaine taille, sur le droit de punir. Ce publiciste infatigable reconnait à peine à la société le droit de se défendre contre les coquins ! Les abonnés de *la Liberté* ne doivent pas être partisans du droit de punir, car enfin on les soumet parfois à un régime bien dur qu'ils n'ont pas mérité.

Un de mes amis nous a lu, à ce propos, un article assez vif qu'il intitule le droit *de mal faire*. C'est une réponse à M. de Girardin, elle m'a paru avoir quelque intérêt, aussi je veux la transcrire ici :

LE DROIT DE MAL FAIRE.

» Un publiciste contemporain qui joint à l'autorité d'un incontestable talent toutes les ressources d'une dialectique habile, s'est proposé, dans la guerre acharnée qu'il a déclarée, au nom de la liberté, aux anciens principes, d'arracher des mains de la société le droit de punir. Il ne s'agit de rien moins que de ravir la foudre à Jupiter. Le dieu saura se défendre et le coup dont la société est menacée par cette nouvelle doctrine, n'est pas inquiétant pour l'avenir, car cet audacieux adversaire aura probablement le sort de son émule de la mythologie. Mais ce qu'il faut plaindre et secourir, ce sont les esprits crédules ou généreux qui se laisseront séduire par le nouveau système. C'est dans l'intérêt de ces derniers qu'il importe de le combattre par le raisonnement, sans attendre que le temps en ait démontré toute l'impuissance et tout le danger. Quelle n'est pas en effet la séduction de cette théorie nouvelle qui consiste à déclarer tous les hommes frères de par la loi, à les placer tous sous la tutelle maternelle d'un pouvoir désarmé qui n'aurait d'autres forces que le raisonnement et la publicité. Mais c'est là un rêve du ciel ! qui ne songerait à le réaliser sur la terre ! Voyez-vous ce concert unanime des peuples réconciliés, jetant bas leurs fusils à aiguille, laissant de côté leurs canons perfectionnés, ne se servant de leurs vaisseaux cuirassés que pour sillonner en touristes les mers devenues libres et sûres. Supprimant d'un commun accord leurs gouvernements qui n'auront plus de raison d'être, leurs armées, leurs administrations et ne conservant de tout cela qu'une immense Caisse d'assurances destinée à recevoir le prix des risques occasionnés par les gens qui auront eu le mauvais goût de continuer la profession avilissante de voleurs, de malfaiteurs ou de brigands ?

« Dans ce nouvel âge d'or rêvé par les anciens et que réalisait la nouvelle théorie, quelle ne serait point la douceur de mœurs des habitants transformés de la terre ? Par un ingénieux procédé auquel on n'avait point songé jusqu'ici, au droit de punir que la société s'était arrogé, par une usurpation condamnable, on substitue le droit de mal faire, infiniment plus en rapport avec la liberté humaine. Ne voyez-vous pas immédiatement les avantages du nouveau système. Quelle économie, au point de vue du gouvernement! Plus d'armée, car la conquête d'un voisin de mauvaise foi deviendrait un risque comme un autre, prévu par la nouvelle constitution, et l'on assurerait contre la Prusse ou la Russie, comme on s'assure contre la grêle ou l'incendie ! Voici d'un coup le budget en équilibre et le secret de M. de Saint-Paul est bien dépassé ! Comme l'opposition va battre des mains, à moins que par esprit de parti elle ne demande le rétablissement de l'ancien régime, c'est-à-dire de l'administration, car nous n'aurons plus de préfets, ni de sous-préfets, ni de ministre de l'intérieur, ou bien de la justice dont le mot affreux sera même supprimé; car nous n'aurons plus également ni procureurs généraux, ni procureurs impériaux, ni présidents de cours d'assises, ni avocats, ni avoués, ni greffiers, ni gendarmes, ni geôliers ! Quel adoucissement dans les mœurs ! nous n'aurons plus de même de diplomatie, ni d'ambassadeurs, ni de consuls, ni de flotte militaire pour appuyer des prétentions politiques remplacées avantageusement par l'assurance contre les risques extérieurs. La nouvelle société n'aura pour toute organisation qu'une grande caisse d'assurance et une vaste agence de publicité ! Que si, par hasard, il y avait des vices quelconques dans le fonctionnement de ce nouvel ordre de choses, ne croyez pas qu'on soit arrêté pour si peu ! On s'assurera contre le nouvel inconvénient et ce sera le moyen le plus efficace pour le faire disparaître: l'assurance sera le remède universel ! Le système est tellement simple et avantageux, qu'il est probable qu'on verra, peu de temps après son établissement, les gens les plus opposés apporter leur concours empressé ! Par exemple, on s'assurera contre les voleurs, contre les assassins, contre les mauvais débiteurs et je ne doute point que ces derniers, convertis au système, ne s'assurent à leur tour, avec l'argent des honnêtes gens bien entendu, au moyen d'une contre-assurance !

» Quel progrès, quel avenir pour la société humaine ! Quelle transformation ! Plus de crimes, plus de pleurs, plus de regrets, plus de combats, plus de procès !... Rien que des primes d'assurances ! Vous perdez un parent qui vous est cher ; il est tombé sous les coups de malfaiteurs endurcis se refusant obstinément à comprendre le nouveau système, et ne voyant, dans la suppression de la police et de la force armée, qu'une occasion de se livrer plus facilement à leurs mauvais penchants. Ces gens hostiles à tout progrès ont vu avec indifférence leurs noms imprimés dans le tableau pénal de la publicité nationale, seul châtiment laissé à la société pour frapper ses ennemis. On leur a dit que leur commerce ou leur famille allaient être condamnés à l'amende, à cause d'eux, au profit de la caisse nationale d'assurances ! On leur a fait comprendre qu'ils seraient rayés de l'inscription de vie ! Ils sont restés sourds à tous ces raisonnements. Votre parent était riche, facile à dépouiller, habitant une maison isolée ! Les malfaiteurs le dévalisent et, comme il est probable que dans cet âge d'or où il n'y aura plus ni gendarmes, ni soldats, chaque citoyen sera armé jusqu'aux dents, par pure précaution et pour défendre une vie chère à chacun de nous et que la caisse d'assurances ne pourra pas nous rendre, votre pauvre parent, après un combat acharné, sera resté sur le carreau avec tous les gens de sa maison, si les malfaiteurs ont eu l'intelligence de conserver de leur côté la supériorité du nombre pour assurer l'usage violent qu'il leur aura plu de faire de leur liberté humaine.

» Le crime est accompli, je me trompe, c'est du vieux langage ; j'aurais dû dire : le risque est arrivé. Vous êtes, je suppose, héritier du défunt. Vous n'avez plus besoin d'introduire une action criminelle contre les malfaiteurs ! A quoi bon ? quel bien ce procès désormais impossible ferait-il à votre parent ? Il est mort comme s'il avait reçu une tuile sur la tête. Vous le pleurez et vous allez toucher à la caisse d'assurances le prix du risque qu'il a couru et sous lequel il a succombé ! N'est-ce pas ce qu'il y a au monde de plus ingénieux !

» Mais lui, le défunt, me direz-vous ? que gagne-t-il à ce système ? Rien, je le sais bien. Mais qu'eût-il gagné à ce que sa mort fût vengée. Supposez qu'il soit mort de maladie. Le résultat serait le même pour lui. C'est un risque et non un crime ! Mais si l'impunité faisait augmenter le nombre des crimes, pardon, je ne suis pas encore habitué à votre langage, je veux dire le nombre des risques ? Moralisez, vous répondrai-je, instruisez le peuple, habituez-le à la lecture, et surtout faites-lui comprendre les bienfaits de l'assurance nationale.

» D'ailleurs, quand même le nombre des crimes augmenterait, le remède est facile : la prime d'assurances sera plus forte, voilà tout ; il n'y a pas besoin de gendarmes, ni de soldats pour cela. C'est bien simple comme vous voyez ! Voulez-vous un autre exemple entre mille. Le voici : Vous venez de vous marier et malgré toutes les précautions que vous aurez prises, en faisant un bon choix, pour éviter certains malheurs domestiques qui sont toujours fort désagréables, vous avez quelques inquiétudes pour l'avenir, en songeant à ce qui arrive quelquefois dans le monde. Que ferez-vous, avec la nouvelle loi, si vous êtes sage. Vous mesurerez philosophiquement l'étendue de votre risque et vous irez vous présenter à la caisse centrale d'assurances.

« Monsieur, direz-vous, au premier venu des employés, je viens de me marier. — Très-bien, monsieur ! Vous craignez..... — Mais, monsieur, je ne crains rien. — Enfin, vous voulez vous mettre à l'abri des éventualités. — C'est cela, monsieur. — Huissier, dira l'employé, conduisez monsieur au bureau des risques conjugaux. Vous y allez, vous donnez votre âge, celui de votre épouse, vos noms, qualités et tous les renseignements nécessaires. On fait une moyenne, vous payez la prime, vous mettez dans votre poche votre police d'assurance et vous voilà tranquille pour l'avenir. S'il vous arrive malheur, vous n'aurez point recours à la justice, d'abord parce qu'elle n'existera plus, ensuite parce qu'elle ne pourrait point vous rendre votre repos perdu en constatant une fois de plus le désagrément qui vous serait arrivé ; vous n'irez point, dans un combat inégal, exposer vos jours pour châtier un rival qui pourrait vous tuer, après vous avoir supplanté. Tout cela, c'est du vieux système ; vous serez plus raisonnable que vos pères. Vous vous consolerez et vous empocherez le prix du risque arrivé. Comme c'est ingénieux ! Vous serez content et les auteurs du risque ne le seront pas moins que vous. Que s'il vous arrivait par hasard d'avoir les passions un peu vives et de vous servir d'un revolver en constatant un flagrant délit ; ce serait du dernier mauvais goût, je vous en avertis ; mais enfin on n'est pas toujours maître de soi ! la situation n'en serait guère compliquée ! Ce ne serait qu'un risque de plus ; et la famille du rival se ferait rembourser le prix du risque dont vous seriez la cause. C'est merveilleux de simplicité.

» Je pourrais vous citer bien d'autres exemples, mais je n'en finirais point. En effet, il n'y a point de dangers, de maladies, d'accidents, d'inconvénients contre lesquels on ne puisse s'assurer. Il y aura des primes contre le choléra, contre la goutte, contre les maladies. Il y en aura contre les injures, contre les soufflets, et personne ne songera à tirer l'épée en pareil cas. Ne sera-t-il pas beaucoup plus simple d'aller toucher sa prime au bureau d'assurances. L'on verra, dans ce temps heureux, bon nombre de gens qui tendront la seconde joue, avec empressement, après avoir reçu quelque chose sur la première. Voilà, du coup, la morale évangélique définitivement mise en pratique. Que l'on dise ensuite que notre siècle n'est pas en progrès.

» Quelques esprits chagrins et maussades, imbus des vieux préjugés feront peut-être remarquer que la nouvelle théorie serait le renversement de tout ordre social; que la société a le droit de punir, en vertu d'une délégation traditionnelle qu'on pourrait logiquement faire remonter jusqu'à la première famille humaine. Que c'est la transformation du pouvoir paternel qui vient de la nature et pour lequel les anciens avaient un si grand respect ; que le pacte social, pour être tacite, n'en est pas moins très-légitime et très-réel, que l'autorité paternelle, comme celle de la société qui en découle, vient elle-même, en ligne droite, de l'autorité divine, comme le dit une maxime bien connue; que dans toute société, le principe de la liberté aurait pour conséquence l'anarchie, s'il n'était contrebalancé par le principe de l'ordre et de l'autorité; que la forme de la constitution ne fait rien à la chose, et que le pouvoir et l'autorité sont aussi nécessaires dans les républiques que dans les monarchies; que les hommes ont tacitement abdiqué, entre les mains du pouvoir social, le droit de légitime défense qui est un droit naturel à l'homme; que si j'ai le droit d'ôter la vie à celui de mes semblables qui menace la mienne et que je renonce à me faire justice à moi-même, c'est très-légitimement que la société prend ma place et me garantit, par sa protection, contre les risques à venir, ce qui vaut beaucoup mieux que de me rembourser le prix de ceux qu'on ne peut plus empêcher. Ces esprits arriérés et ennemis du progrès diront encore : que c'est par une erreur de définition qu'on appliquerait le nom de risques aux délits et aux crimes ; que les risques ne peuvent être que le fait d'un agent irresponsable tel que la nature ou les animaux, tandis que les délits et les crimes sont le fait d'un agent intelligent, qui sait fort bien ce qu'il veut et ce qu'il fait et qui, agissant librement, doit être responsable de son fait dommageable, par cela seul qu'il aurait pu agir autrement et que sa liberté a pour limite celle de nos semblables. Que s'il est responsable, il doit être punissable et que, s'il est punissable, il faut, pour éviter le désordre et la confusion, que ce soit un pouvoir régulier qui ait en mains cette réparation très-légitime qu'on appelle la sanction pénale et qui est une satisfaction nécessaire donnée à Dieu, à la conscience et à l'humanité tout entière.

» On rira de ces esprits en retard, je le sais bien; on leur dira qu'ils se servent de vieux clichés s'il leur prend fantaisie de publier leur impuissante protestation. Mais enfin, il peut s'en trouver beaucoup, de ces esprits difficiles à convaincre, et comment appliquer un système social, s'il n'est universellement accepté! Il y aura un moyen, ce sera d'offrir aux récalcitrants des emplois dans la vaste compagnie d'assurances qui aura remplacé tous les pouvoirs sociaux. Une fois intéressés dans la nouvelle opération, ils en comprendront peut-être mieux tous les avantages! D'ailleurs, il faudrait être aveugle pour ne pas voir, avec le temps, toute la simplicité et toute la moralité du système. Au moyen de l'assurance universelle, en supprimant la répression sociale, vous éteignez du coup toutes les haines. toutes les rancunes, toutes les passions. Chacun se prêtera volontiers au désir de son semblable, quelque déraisonnable qu'il puisse être, certain d'avance que s'il résulte quelque dommage, ce ne sera qu'une occasion nouvelle de toucher une prime plus ou moins forte. Que si la victime du dommage ne profite pas elle-même de la prime, elle mourra tranquille et heureuse avec la consolation de la laisser à ses héritiers; et voilà comment le mal se trouvera changé en bien. N'est-ce pas d'une haute moralité! Mais, dira-t-on peut-être encore, le nombre des cas d'assurance sera si grand que les gens se ruineront à payer des primes! La réponse est facile: on s'assurera contre la ruine. Vous voyez que le système est complet. Rassurez-vous, d'ailleurs ; par la marche constante des idées et des choses, l'assurance universelle, la publicité pénale, l'inscription de vie seront à leur tour de vieux clichés et disparaîtront un jour devant un système plus parfait, lorsque la paix régnant sur la terre entre les hommes et les nations, il n'y aura plus de crimes et par conséquent de risques à courir ; ce sera un véritable âge d'or. Alors on supprimera l'administration de l'Assurance nationale et les bureaux de la publicité pénale devenus inutiles, par l'adoucissement des mœurs. Il n'y aura plus d'inscription de vie, et peut-être verra-t-on disparaître aussi la commune et la famille comme des rouages trop compliqués, au milieu d'une société qui n'aura plus qu'une seule loi : la fraternité universelle. C'est ce que verront sans doute nos arrière-petits-neveux. »

Malgré la chaleur tropicale que nous avons cette année, le grand monde reste tard à Paris. Nous avons eu un beau mariage qui était bien fait pour retenir quelques voyageurs du noble faubourg. Le fils du duc de Clermont-Tonnerre a épousé, à Sainte-Clotilde, le 5 août, mademoiselle Béatrix de Moustier, la fille du ministre des affaires étrangères. On ne dira pas que c'est une mésalliance, car les deux familles sont d'antique et bonne race.

A la veille du 15 août, l'empereur a voulu passer

la revue de la garde nationale. La milice bourgeoise a fort bien accueilli le souverain. La fête de l'empereur a été, cette année, fort brillante quoique un peu contrariée par le mauvais temps. Le changement de température devait-il être attribué à l'éclipse du 18, c'est ce que je ne me charge pas de dire

Le 29 août, j'ai fait une petite excursion au Havre dans un train de plaisir de Parisiens. C'est une promenade que les gens de la grande ville aiment beaucoup. Ils se figurent aisément que le Havre est un faubourg de Paris. Cette ville, au surplus, a fort embelli depuis plusieurs années et l'on ne conçoit pas qu'elle ne soit encore qu'une sous-préfecture. Je suis tombé dans une fête d'orphéons et de pompiers. Il y avait à cette époque au Havre une exposition où l'on avait voulu copier la grande Exposition de Paris. J'y ai remarqué de fort bonnes choses dans la partie maritime, et j'ai été surpris d'y trouver, dans la galerie des tableaux, deux Porbus, un beau Terburg et quelques toiles de grands maîtres. La fête de jour s'est terminée par une course de taureaux. Les taureaux avaient des boules d'or au bout de leurs cornes; par conséquent ils n'étaient pas dangereux et les adroits toréadors en ont eu facilement raison. Mais on dirait qu'il faut toujours du sang à des courses de taureaux. Nous avons eu, à défaut de celui de taureaux ou des membres de la quadrilla, celui de deux malheureux spectateurs qui sont tombés dans la rue du haut des dernières galeries et qui ont attristé le spectacle par leur mort bien imprévue. Pour fuir les orphéonistes, je m'étais décidé à aller à Honfleur par le bateau à vapeur; mais j'avais compté sans mon hôte. Nous étions à peine partis qu'une troupe d'orphéonistes embarqués avec nous commença ses joyeuses et trop bruyantes fanfares. Honfleur est une petite ville assez commerçante; j'y ai vu des bois sciés qu'on fait venir du fin fond de la Suède.

De Honfleur à Trouville, la route est fort belle. On longe le bord de la mer et l'on jouit du plus beau panorama. C'est une promenade de quatre lieues. Je l'ai faite à pied, en vrai touriste. A l'hôtel de Trouville j'ai vu une dame qui lisait la *Lanterne* de Rochefort, en prenant son repas ; et l'on vient nous dire que la police impériale était farouche!

La plage de Trouville est l'une des plus belles que l'on puisse voir. Aussi ce port de mer est-il le rendez-vous de tous les Parisiens élégants à l'époque de la saison des bains de mer. Deauville, qui en est séparé par la Toucque, rivière dont le nom est peut-être la racine du mot Tocqueville, est surtout le séjour des baigneurs de la haute aristocratie. C'est une création de M. de Morny, qui y avait une fort belle statue. On voyait le duc recouvert d'un grand manteau de cour. Ce fut un hommage rendu par les habitants du lieu à celui qui avait été longtemps leur protecteur.

A mon retour à Paris, j'y ai retrouvé une chaleur tropicale. Il y avait (et nous étions en septembre) plus de 30 degrés.

Le 30 septembre, nous apprenons à Paris la chute de la reine Isabelle d'Espagne. Cette princesse a été détrônée par le triumvirat Prim, Topete, Serrano. Parmi ces trois hommes, il y en avait deux qui devaient leur fortune et leurs titres à la pauvre reine. Prim expia plus tard son infidélité sous le fer d'un assassin. Serrano a été plus heureux. La reine est venue se réfugier en France, d'abord au château de Pau, puis à Paris, dans un bel hôtel de Chaillot qui avait appartenu à M. Basilewski. Je revis la reine, que j'avais vue au temps de sa prospérité à Madrid ; je la revis pour la première fois faisant son entrée avec les infantes et le prince des Asturies, dans la petite église de Saint-Pierre de Chaillot. Le suisse les précédait, en faisant fièrement résonner sa hallebarde sur les dalles de l'église. Quelle chute pour une reine, mais aussi quel hommage rendu au malheur, dans un pays qui se croit révolutionnaire et qui, malgré tout, est resté tout à fait monarchique.

Les journaux nous ont apporté de tristes nouvelles de l'Amérique du Sud. Il y a eu dans ce beau pays d'affreux tremblements de terre. On parle de 20 villes détruites, de 20,000 personnes tuées et de

300,000 réduites à la plus grande misère! Voilà bien les fléaux annoncés par l'Apocalypse. Serait-ce un des signes précurseurs de la fin du monde? On dira ce que l'on voudra, beaucoup de personnes ont la conviction qu'elle n'est pas aussi éloignée qu'on le pense généralement.

La loi de la garde mobile, qui datait du mois de juillet 1868, va enfin être appliquée sérieusement. On s'occupe de l'organisation des cadres. L'armée ne voit pas d'un bon œil cette institution rivale, mais l'empereur sent qu'il faut augmenter l'effectif militaire du pays, sans grever le budget.

Le 9 novembre, Gilles de la Ronce, qui était déjà capitaine de la garde nationale de la Seine, a été présenté au général Soumain, commandant de la place de Paris, et chargé spécialement de l'organisation des cadres de la mobile de la Seine.

Le général Soumain, mort en 1873, était, sous une rude écorce, un excellent homme et un officier d'élite. La garde mobile ne lui plaisait qu'à moitié, mais il fallait obéir à la loi et à l'empereur, qui voulait faire exécuter cette nouvelle loi. Le maréchal Niel, qui en avait été le véritable auteur, secondait les vues éclairées du souverain. Des ordres avaient été donnés pour que la plus grande attention fût apportée à la formation des cadres de la nouvelle milice. Gilles de la Ronce fut admis comme candidat au grade de capitaine. Je n'ai jamais vu un homme plus heureux. Il ne se doutait pas de ce que deviendrait cette joie, deux ans après, au milieu de nos désastres militaires.

Il faut dire toute la vérité, puisque les fautes sont passées et expiées ! L'empereur voulait sincèrement la réforme complète de notre système militaire. Il sentait qu'il avait besoin d'une nombreuse armée pour faire la guerre à l'Allemagne, guerre inévitable dans un temps donné. Malheureusement, Napoléon n'était plus le dictateur de 1852. Il lui fallait compter avec les Chambres et surtout avec l'opposition, qui était implacable, parce qu'elle comprenait sa force.

Les projets militaires de l'empereur ne furent point exécutés. Il fallait, pour les réaliser, une augmentation sensible du budget de la guerre, et les députés n'étaient point disposés à la voter. On s'arrêta donc à un système intermédiaire qui devait coûter peu, mais qui ne pouvait produire de résultats que vers une époque très-éloignée. Alors qu'il eût fallu frapper un grand coup, on s'en tint aux *mezzi termini*, qui ne valent jamais rien. La garde mobile fut inventée ; c'était déjà quelque chose, mais l'accueil défavorable que cette création reçut de l'opinion publique, fit qu'on n'eut point le courage de la réaliser tout entière. C'était, d'ailleurs, une conception très-fâcheuse; elle devait entraîner des oppositions systématiques de la part de l'élément militaire. Le nom seul de garde nationale mobile déplaisait à l'armée. Plus tard, au cours de la campagne de 1870, malgré les services réels que rendit la jeune garde, on s'aperçut que son premier baptême lui avait donné un esprit qui n'était pas celui de l'armée.

Napoléon se trouva placé dans la plus fausse des positions. Il voulait préparer la guerre qu'il prévoyait, et le pays lui refusait les moyens d'exécution.

Il était paralysé dans ses réformes, et, d'un autre côté, l'origine même de son pouvoir l'obligeait à conserver une politique militante et à n'avoir que des succès et des victoires. Il était condamné à être toujours heureux. Il devait vaincre, et on le désarmait! Telle était l'œuvre des partis en France. Fatale et terrible situation dont on a rendu l'empereur responsable et qui lui a coûté son trône et causé les plus grands revers.

Aujourd'hui, sommes-nous corrigés? On veut toujours la victoire et la revanche, mais on n'entend pas faire le moindre sacrifice pour arriver à ce but. On se dispute en des querelles stériles; on bataille sur des riens. Les questions personnelles sont tout le fond de notre politique, et la grande question de la France est absolument laissée de côté.

Parce qu'on a payé des milliards, on se croit fort et invincible, et si nous avions une nouvelle guerre, nous ne serions pas plus prêts qu'au moment de celle qui vient de finir si tristement.

Ce pays est livré aux rhéteurs, aux utopistes, aux agitateurs, aux ambitieux de bas étage, tandis qu'il lui faudrait une main de fer pour ressaisir tous ces liens qui se détachent du grand faisceau national. On rit des miracles dans le camp radical. Eh bien ! n'en déplaise à ces Messieurs, c'est un grand miracle qu'il faudrait pour rendre la France à elle-même et pour nous apprendre enfin nos vrais devoirs. Ces devoirs, on est honteux quand on pense que personne n'y songe. Ils sont pourtant tracés en lignes de feu et de sang sur notre malheureux sol. Ces devoirs sont la concorde, le travail, le sacrifice, le renoncement, l'abnégation, la discipline, le silence et la volonté ferme d'une réhabilitation qui nous rende notre honneur perdu !

Voilà ce à quoi personne ne songe. Nous sommes si aveuglés par l'esprit de parti que nous avons déjà oublié les hontes de la dernière guerre.

Il y a en France des gens qui osent élever la voix pour parler de conquêtes morales, de civilisation, de progrès, que sais-je ? Ce sont tous mots vides de sens et surtout vides de patriotisme, et personne n'ose prendre la parole pour dire aux Français : « Peuple déchu, cesse tes discordes, songe à tes défaites sans précédent, rappelle-toi tes batailles perdues, tes campagnes désolées, tes villes détruites, tes bannières traînées dans la poussière ! Recueille-toi, tais-toi, reprend tes forces et souviens-toi que ton seul devoir est de préparer la revanche qui doit te relever d'une si grande chute ! »

Le 25 novembre, on annonce la mort de quatre personnages célèbres : Rossini, Rothschild, Berryer et Mazzini.

La nouvelle était malheureusement vraie pour les trois premiers seulement. Quant à Mazzini, il est mort beaucoup plus tard.

Rossini fut beaucoup regretté. Il était fort aimé aussi dans le monde des arts, à cause de son accueil facile et d'un certain patronage qu'il savait à propos promettre aux jeunes artistes. Ce fut un musicien de génie qui aimait la France plus que l'Italie. Il n'était que juste et reconnaissant, car c'est la France qui fut le seul théâtre de ses succès.

Rothschild a laissé sa maison aux mains de ses fils qui lui ont donné la raison sociale « les frères Rothschild. » La fortune du grand financier fut évaluée à sa mort à près de deux milliards. Rothschild, le baron de Rothschild, c'est ainsi qu'on l'appelait dans le monde, faisait beaucoup de bien et donnait beaucoup d'argent aux pauvres de Paris. C'était un homme d'un grand bon sens et d'un esprit très-juste, auquel on prête un grand nombre de *mots devenus* célèbres et qui sont restés dans la mémoire de ses contemporains.

La famille des Rothschild est une famille de grands seigneurs de la finance qui s'est fait accepter par le noble faubourg, où elle a depuis longtemps ses droits de cité.

Berryer, l'incomparable orateur, le légitimiste fidèle, l'homme de bien politique, s'est éteint chargé de travaux, de gloire et d'années, dans sa résidence d'Angerville, où se transporta pour l'honorer l'élite de la société parisienne. Berryer eut de grands succès de tribune et de non moins grands triomphes oratoires au barreau de Paris. Il eut le bon esprit de rester toute sa vie « l'avocat Berryer ». Cette preuve de tact donna à son caractère un grand relief d'indépendance et de dignité. Dans ce siècle où de mauvais petits avocats sans cause sont devenus ministres, préfets, ambassadeurs, on aime à voir le grand Berryer s'honorer de garder une robe qu'il savait si bien porter.

Berryer ne fut pas seulement un grand orateur, il fut encore un grand caractère. Aussi laissa-t-il d'immenses regrets. Il mourut le 29 novembre, à quatre heures du matin.

Le 27 novembre, M. de Pène, infatigable dans ses luttes littéraires et politiques, fonda un nouveau journal intitulé *Paris*. Grâce au talent du sympathique et habile rédacteur en chef, ce journal eut bientôt une grande place dans la famille des journaux de la capitale. *Paris* ne vécut pas longtemps, mais assez pour donner le jour à *Paris-Journal*, qui fut plus heureux que son père et qui, encore aujourd'hui, occupe une place importante dans la publicité parisienne. *Paris-Journal* tient à la fois du *Figaro* et de *la France*. Il est bien rédigé, intéressant, et cette dernière création de M. Henri de Pène lui fait le plus grand honneur. Henri de Pène mérite les succès littéraires qu'il a obtenus. C'est un travailleur acharné. Il a beaucoup lu et beaucoup retenu. Sa vie a toujours été militante ; ses intimes savent combien elle est remplie par un travail incessant. Il est inouï que sa santé ait pu y résister. A l'époque florissante de la presse, c'est-à-dire sous le tyran Napoléon III, tyran qui faisait du bien à tant de gens et qui aimait la presse jusqu'à la faiblesse, Henri de Pène ajoutait à la rédaction de son journal une collaboration régulière à trois ou quatre feuilles des plus importantes. Il travaillait toutes les nuits jusqu'à deux ou trois heures du matin. On voit que le journal *Paris* était en bonnes mains !

J'ai visité le 29 novembre la galerie d'un amateur de tableaux. En sa qualité d'Italien, le maître du logis aurait dû se connaître en peinture. Il n'en était rien. Le pauvre homme croyait avoir un Raphaël ; c'était un immense tableau représentant une des scènes des loggie du Vatican de Rome. Il en avait refusé, disait-il, 300,000 francs. Il en voulait

500,000 au moins. Quelle maladie incurable que celle des amateurs de tableaux ! Le pauvre possesseur du soi-disant Raphaël avait dépensé des sommes folles pour faire venir d'Italie ce que j'appellerai les pièces d'état civil de son tableau. Malheureusement, à Paris où l'on est connaisseur, personne ne croyait au Raphaël. Son propriétaire ayant eu des difficultés d'argent, le Raphaël fut vendu plus tard 1,500 francs ! Il y a, à Paris, bon nombre de personnes qui se ruinent ainsi en tableaux, croyant acheter des toiles de maîtres qu'on revend ensuite pour rien à l'Hôtel des ventes. Il y a aussi, nous assure-t-on, des peintres qui fabriquent des tableaux anciens. C'est un métier mal honnête que la police devrait bien interdire, car ces peintres peu scrupuleux font beaucoup de dupes parmi les amateurs inexpérimentés de la capitale.

La presse est remplie en ce moment du scandale d'un horrible procès connu sous le nom des *empoisonneuses de Marseille*. Il y a là une affreuse figure de criminel, celle du père *Joyc*. Ce procès, qui dénote une grande scélératesse dans les basses classes du peuple, remplit les colonnes des journaux, pour lesquels il est une véritable bonne fortune. C'est une triste chose que de voir avec quel empressement le public accueille tous ces récits scandaleux. La Cour d'assises a, de nos jours, plus d'attrait que les romans ! On se passionne pour de honteux criminels qui n'ont même aucun côté intéressant. Il y a dans cette curiosité malsaine un indice de graves désordres moraux. Nous sommes tout à fait dépravés ! Nous aimons la vue du mal comme ces vieux débauchés qui ne pouvant plus aimer, prennent plaisir aux libertinages des autres. Ce sont des goûts et des tendances sataniques ! La presse a été complice de ces divagations du sens moral de notre public. Elle a joué là un vilain rôle, le rôle d'excitation au mal. Pour parler net, ce sont les seuls fruits que nous ayons retirés de la liberté de la presse. On parle beaucoup des bienfaits de cette liberté, mais nous sommes encore à les attendre, tandis que chaque jour on peut compter les scandales qui en naissent.

L'Empire, qui avait à se défendre sur le terrain politique, a beaucoup trop négligé cette question de moralité. Ce fut une grave erreur, car tout se tient ici-bas. Quand les mœurs d'un peuple sont mauvaises, on peut croire qu'il soit facile à gouverner parce qu'il oublie la politique pour le plaisir; mais, le jour du réveil, ce peuple brûle les monuments publics et renie le drapeau de ses pères !

J'ai rencontré dans une table d'hôte de la rue Balzac, un homme qui porte un grand nom : c'est le neveu du fameux général Moreau. Il a soixante-douze ans ; ce n'est point un guerrier, mais il est poëte à ses heures et il nous a lu une pièce de vers sur la période de 1789 à 1804 : elle était intitulé « le Carabin »; c'était très-spirituel. Je ne l'ai plus revu, mais je réfléchissais à ce qu'il y a d'étrange dans ces rencontres de Paris où l'on retrouve toutes les célébrités du passé et du présent : une pareille ville est une encyclopédie vivante.

Je tombe dans mes notes sur un souvenir assez singulier qui fait peu d'honneur à la moralité de messieurs les Allemands. Comme cette note date d'avant la guerre, on ne pourra pas dire que c'est une invention due à la malveillance des vaincus. Un certain hobereau de Hambourg avait publié dans les journaux français des annonces pour demander une dame de compagnie à laquelle on ferait une bonne situation dans une famille honorable et titrée. Une noble dame espagnole, ayant d'ailleurs quelque bien, mais prévoyant les crises d'une révolution imminente, voulut tenter fortune par le travail et s'enquit de ce que pouvait être la situation promise par l'annonce en question. Comme le disait le journal, elle fit adresser par un tiers une demande aux initiales indiquées dans l'annonce. La réponse ne se fit pas attendre : on demandait cyniquement l'âge de la dame et sa photographie. Bien entendu les choses en restèrent là, et le hobereau allemand reçut une verte réponse qui lui aura montré ce qu'on pensait de lui. Franchement, nous passons pour de grands libertins à Paris. Notre ville elle-même est appelée la *Babylone* moderne. Nous sommes moins piétistes que les farouches Allemands, mais nous n'oserions pas mettre de pareilles annonces dans nos journaux et les signer d'un nom français.

L'année 1868 est finie, nous allons commencer l'histoire de 1869, cette préface de la fatale année 1870. La plume tremble sous la main, en traçant les lignes de cette histoire dont les dernières pages sont si tristes.

L'empereur, aveuglé par une politique de compromis et de transactions qu'il prenait pour du libéralisme et qu'il appelait le couronnement de l'édifice, était secondé trop facilement par la bonne volonté de ses ministres et des parlementaires qui partageaient ses illusions et par l'adhésion du peuple des campagnes, dont on ne comprenait pas la portée. Il faisait de lui-même concession sur concession, et il ne comprit pas le sens du grand plébiscite de 1870. La France lui donna 7,500,000 suffrages sur une question mal posée et fort ambiguë. La réponse était claire cependant : le peuple voulait un gouvernement fort et national. L'empereur crut qu'on approuvait les réformes du ministère libéral ; il se trompait, et ce vote, qui devait être sa force, fut le commencement de ses malheurs.

Le suffrage universel est un dangereux instrument d'arithmétique, qui ne résoud que les problèmes bien posés; si la demande est ambiguë, il vous répond par l'absurde. La question du plébiscite, fort complexe d'ailleurs, pouvait se ramener à ces mots: « Voulez-vous l'empire libéral » ? Les républicains répondirent « non », les légitimistes et les orléanistes se renfermèrent dans le mutisme de l'abstention. Quant aux bonapartistes sincères, quoique voulant l'empire absolu, ils n'osaient pas dire non, quoiqu'ils le voulussent dire, parce que les commentaires de la presse avaient fait de cette réponse un acte d'hostilité contre l'Empire. Voilà dans quelle impasse nous étions. Il y a même des gens qui disaient que le vote « oui » signifiait guerre avec l'Allemagne à bref délai. Ils ne se trompaient pas, mais comment faire pour éclairer l'Empire, sans passer pour un ennemi de l'empereur?

CHAPITRE XIII

— 1869 —

Gilles de La Ronce a été nommé par décret capitaine de la garde mobile. On était si chauvin à cette époque que mon ami se croyait déjà un foudre de guerre. Il allait à l'exercice comme un vieux troupier, à la caserne des voltigeurs de la garde, place Saint-Augustin. Les officiers de la garde, partageant eux-mêmes cet enthousiasme de la première heure, se prêtaient à cette éducation militaire. Le brave colonel Peychaud donnait volontiers ses plus vieux sergents et ses soldats pour former un bataillon d'étude. La mobile débutait sous de bons auspices. Malheureusement, tout ce zèle ne devait pas durer. Si ces exercices avaient continué jusqu'en 1870, nous eussions été prêts à l'heure du combat. Mais l'organisation nouvelle fut bientôt presque abandonnée, et quand la campagne de 1870 commença, tout était à refaire.

Le 12 janvier, la Faculté de médecine perdait un de ses membres les plus distingués, l'honorable et savant docteur Charruau, ancien médecin de la Marine, l'ami d'Abbatucci et de l'amiral Rigault de Genouilly. Charruau fut l'un des médecins qui soignèrent le célèbre Mocquard dans sa dernière maladie. Il eut souvent, à cette occasion, la bonne fortune de voir l'empereur de très-près. Mais, homme modeste et simple, il ne songea jamais à profiter de cette rencontre. Le docteur Charruau était officier de la Légion d'honneur. C'était un homme de bien et un beau caractère; il employait ses loisirs, peu nombreux, à cultiver les sciences et les lettres. Il avait fondé une société d'encouragement pour les inventions utiles, et ses amis le virent souvent présider lui-même les séances de cette Académie libre qui siégeait à l'Hôtel de Ville. Gilles de la Ronce qui en faisait partie, à titre de membre du barreau de Paris, prononça sur la tombe du docteur Charruau un discours que le cadre de ce livre ne me permet pas de reproduire. J'y ai remarqué le passage suivant qui est un grand éloge pour celui qui l'a inspiré. « Charruau avait reçu une médaille, une épée d'honneur et la croix d'officier de la Légion d'honneur. Il était fait pour les plus hautes fonctions, mais sa modestie était à la hauteur de son mérite: son esprit indépendant dédaigna l'ambition officielle. Il se crut plus à l'aise, au milieu des devoirs d'une profession qu'il aimait. Il s'y renferma tout entier, n'appartenant qu'à ses clients et à sa famille ; c'est là qu'il vivait heureux, ne voulant devoir qu'à lui-même sa destinée et ses succès. Ces hommes-là sont grands, on ne saurait trop les honorer. Il y a souvent plus de grandeur dans cette vertu domestique qui se réfugie dans les devoirs de la vie privée, que dans ce talent orgueilleux qui recherche le grand jour de la publicité. »

Tel était l'homme, et dire que de tels hommes sont vite oubliés et que la Renommée aux cent bouches ne prononce le plus souvent que les noms de vulgaires ambitieux qui n'ont d'autre mérite que celui qu'ils tiennent de la bêtise publique.

Gilles de La Ronce qui est infatigable, ne se contente pas du barreau et de l'épaulette, il devient rédacteur de *la Patrie*. Le voilà qui fait dans cette estimable feuille des articles *Variétés*. C'est bien là un des signes du temps; on veut tout faire et l'on se croit propre à tout. Autrefois, une carrière laborieuse et modeste suffisait à l'ambition d'un homme; aujourd'hui, quand on n'a pas été un peu diplomate, un peu militaire, un peu préfet, un peu journaliste, on croit que le sort vous est contraire et on se désole de ne point faire son chemin. Quand je vois ces ambitions déréglées, je songe à ces pauvres employés qui font trente ans le même métier, qui ne se lassent jamais, qui ne rêvent que de mourir dans leur fauteuil et que personne ne plaint parce qu'ils sont contents de leur sort. Si la majorité des Français avait ces bonnes et sages habitudes, nous n'aurions pas tous les quinze ans une révolution à ajouter aux pages déjà si remplies de notre histoire. Je souhaite bonne chance à Gilles de La Ronce, mais je doute qu'il fasse jamais fortune dans la presse. C'est un métier qui mène à l'hôpital, et de nos jours il n'a fait la fortune de personne, excepté de deux hommes extraordinaires, qui eussent inventé le journalisme s'il n'existait déjà: ce sont MM. de Girardin et de Villemessant.

En voici bien d'une autre. Pour avoir voulu être militaire, ce pauvre Gilles de La Ronce est menacé de ne plus être avocat, si toutefois on peut appeler ainsi une pareille éventualité! C'est le cas de rappeler la fable de La Fontaine. « Je suis oiseau, voyez mes ailes! » Rat ou oiseau à l'occasion! Gilles de La Ronce s'empresse de tailler sa plume de journaliste et de rédiger un gros mémoire pour ce cas étrange! Bien des gens ont reculé devant la lecture d'une tragédie. Un mémoire, quoique moins long, est bien fait aussi pour effrayer! Grâce à ce stratagème, notre ami resta capitaine et avocat! Je crois que, méconnaissant l'adage « cedant arma togæ! » il eût jeté le froc aux orties pour garder le sabre du commandement. Je l'ai déjà dit, on était encore tout plein des souvenirs de la nouvelle loi militaire, et la garde mobile faisait le sujet de toutes les conversations. Le commandant Corbin, brillant officier d'état-major, lui consacra quelques paroles flatteuses, dans une remarquable conférence qu'il fit le 3 février au ministère de la guerre, devant un auditoire composé d'officiers de tous grades.

Cette conférence avait mis en goût les orateurs de la mobile; aussi, dans un dîner de corps au restaurant du quai d'Orsay, l'un d'eux porta-t-il le toast suivant qui montrera le courant des idées alors en grand crédit dans le public militaire:

« Mon Commandant, Messieurs, permettez-moi de porter un toast qui vous sera sympathique. A l'orateur militaire qui dans une intéressante conférence nous a fait connaître l'histoire, la législation de la nouvelle garde mobile et les devoirs qu'elle nous impose! Il était impossible de tracer cette ligne de conduite avec plus de tact et plus de goût, sous une forme plus délicate et plus élégante! Je me rappelle encore, Messieurs, ces paroles si justes du commandant Corbin auquel je voudrais emprunter sa facilité et son autorité, lorsqu'il disait: « On nous accuse de vouloir militariser la

France. Messieurs, si l'on entend par là, retremper la nation dans l'esprit de discipline, nous acceptons hautement ce reproche. » Oui, Messieurs, le commandant Corbin a raison et ce ne sera pas un des moindres effets de la nouvelle loi que de raviver l'esprit viril de notre jeunesse et de la rappeler à une sage discipline qui vaut mieux que le désordre des principes qu'on lui prêche dans une certaine presse. Si l'on *étouffe* sous le régime des casernes (et je ne vois pas que l'on s'en trouve si mal!) on étouffe encore bien plus dans cette atmosphère de pression morale que vous imposent des publicistes qui trahissent les intérêts du pays. Oui, Messieurs, que signifie cette ligue de la paix à tout prix? Que signifie cette opposition qui reproche à l'empereur de ne pas porter haut le drapeau national, lorsqu'il reste dans une prudente réserve et qui lui reproche ensuite de courir les guerres d'aventures, lorsqu'il veut relever des griefs restés impunis.

» Messieurs, je voudrais faire connaître à ces publicistes les détails curieux contenus dans l'intéressante conférence du commandant Corbin. N'est-ce pas admirable de penser qu'avec 13 millions au budget, lorsque l'organisation sera complète, nous pourrons avoir une seconde armée de 600,000 hommes?

» N'oublions pas non plus l'enthousiasme dont on nous a parlé. La jeunesse a répondu à l'appel de l'empereur, parce que cet appel correspondait à un besoin du pays, et, parmi les 11,000 jeunes gens qui avaient droit à l'exemption, 1,830 seulement se sont présentés. C'est un signe bien frappant de l'appui de la jeunesse. Voilà la meilleure réponse aux détracteurs de la loi du 1er février 1868.

» Messieurs, la garde mobile est une sœur cadette de l'armée, et elle aura toujours les yeux fixés sur sa sœur aînée, afin de la suivre partout où elle ira, c'est-à-dire à la gloire et à l'honneur. Ces mots, Messieurs, sont d'une grande banalité en France, parce que la chose est naturelle dans les cœurs français. Notre sœur aînée nous donnera l'exemple des vertus militaires et pour les imiter nous n'aurons que l'embarras du choix.

» Oui, cette institution correspond à une grande pensée et la preuve qu'elle a été bien accueillie dans le pays, c'est cette masse de volontaires qui sont venus s'adjoindre aux personnes qui en font partie par leurs classes.

» A ce sujet, rappelez-vous aussi ce que vous a dit le commandant Corbin. On avait assez parlé de la rétroactivité de la loi au sujet des classes de 1864, 1865 et 1866 ; on avait parlé d'injustice! Eh bien, ces classes qui devaient figurer sur les contrôles, afin d'avoir une force défensive suffisante, ces classes ne seront même pas appelées aux exercices. Il n'y aura pas de service actif pour la garde mobile; pas de revues, pas de parades; en temps de guerre, les volontaires seuls prendront part à la guerre, et j'ai la conviction qu'ils seront nombreux. Enfin, ce qui jette sur la loi nouvelle, une lumière complète, c'est ce grand principe qui l'a inspirée : « Augmenter les forces, et non les charges du pays.

» Messieurs, je voudrais pouvoir vous redire, dans le même langage, toutes les choses que nous a dites le commandant Corbin; mais s'il n'est pas toujours possible de dire de bonnes choses, il est au moins possible de les admirer et de les sentir avec le cœur et c'est ce que nous faisons en ce moment, en remerciant le commandant Corbin et en vous proposant de lui porter un toast sympathique et reconnaissant. Au commandant Corbin! »

Ce n'étaient point les premiers venus qui assistaient à ce dîner. Il y avait parmi les convives le comte de Vernou-Bonneuil, le comte d'Hélyand, le comte de Gontaut-Biron, le comte d'Harcourt, le comte de Kergorlay, le baron de Cambourg, etc...

Telles étaient les recrues du maréchal Niel pour sa mobile. Malheureusement il y avait dans cette œuvre d'organisation, comme toujours en France, beaucoup d'illusions, beaucoup de discours, beaucoup de dîners, beaucoup de paperasses! L'empereur, le plus aveugle de tout son entourage, croyait sincèrement que les choses allaient vite, parce qu'on lui présentait quelques chefs récemment promus.

Tout cela n'était pas encore sérieux, mais le fût devenu si le maréchal Niel eût vécu !

Cependant les officiers de la mobile étaient bien traités, au moins les gens du monde. On les présenta le 23, au maréchal Canrobert, et le 24, au maréchal Niel, dans les salons de la place Vendôme et du ministère de la guerre. A la première réception les honneurs étaient faits par madame la maréchale Canrobert, qu'on eût pris facilement pour une reine, tant elle était à sa place, dans ces grands salons dont elle était le plus bel ornement. Le maréchal avait un mot gracieux pour les nouveaux officiers. Il en reconnaissait d'ailleurs quelques-uns, notamment le comte de Vernou-Bonneuil qui avait servi avec lui en Crimée. Chez le maréchal Niel la réception fut moins intime, mais néanmoins très-cordiale pour la mobile. Le maréchal se fit nommer les officiers de la nouvelle milice. On retrouvait à cette soirée les généraux qu'on avait vus chez le maréchal Canrobert.

Toutes ces fêtes prouvaient qu'on s'occupait de la nouvelle armée. Mais j'aurais mieux aimé les voir se passer au Champ-de-Mars. C'eût été plus logique quoique moins Parisien.

Le 2 mars, Paris apprenait la mort de deux hommes illustres : MM. de Lamartine et le premier président Troplong.

Lamartine est mort le 28 février, à onze heures du soir. — Ce grand homme s'est éteint dans l'amertume d'une longue agonie morale. Il avait été l'arbitre de la France. Il n'avait pas su se résigner à l'obscurité d'une vie modeste. Il avait, d'ailleurs, des goûts de luxe qui ont été une véritable gêne pour sa vieillesse besoigneuse. Lamartine n'aurait jamais dû quitter les muses pour la politique. Nature sensible et élevée, il n'était point fait pour supporter en philosophe l'ingratitude humaine qui est le grand défaut de nos Français. Quelles qu'aient été les faiblesses ou les erreurs de Lamartine, on rougit à la pensée des mauvais procédés dont ses dernières années ont été empoisonnées !

Lamartine n'avait fait que du bien ; en 48, il avait sauvé la société et nous avait épargné la honte du *drapeau rouge* déjà menaçant. Victor Hugo n'a rien fait de tout cela, ou plutôt il a fait tout le contraire. Eh bien, le premier est déjà oublié, tandis que le second est resté l'idole de ce qu'on appelle *le peuple*.

M. Troplong fut un jurisconsulte des plus éminents. Il fut longtemps, à l'École de droit et au Palais, une autorité indiscutable. — Il suffisait qu'une opinion s'abritât derrière son nom, pour triompher et prendre place dans la jurisprudence. Il fut aussi un caractère, jusqu'à un certain point, à une époque où les caractères étaient rares. Il y avait bien dans ce personnage quelque chose de théâtral et qui manquait de naturel, mais enfin s'il n'était pas grand à la manière antique, il le paraissait, et cette apparence donnait du relief à l'Empire qui l'avait placé très-haut. Il présidait bien le Sénat, qui avait besoin d'un homme ferme et éclairé pour diriger des discussions quelquefois enfantines. M. Troplong a rendu des services dans les conseils de l'Empire, placé à côté d'hommes, comme MM. Drouyn de Lhuys, de Parieu, de Chasseloup-Laubat, etc. Il a pu réellement éclairer la conscience pleine de bonne volonté du souverain. Malheureusement tous ces hommes de valeur, pas plus que l'empereur, ne savaient au juste où les entraînait la destinée de l'Empire. Il y avait là quelque chose de fatal, comme un phénomène physique, un torrent, un orage, ou un tremblement de terre. Dieu seul sait comment le phénomène finira. Les hommes les plus intelligents ne peuvent qu'en attendre les effets, pour en profiter s'ils sont utiles, et pour s'en préserver s'ils sont dangereux.

Le président Troplong laissa un grand vide derrière lui. L'empereur fut affecté de cette mort, comme il l'avait été de celle du ministre Billault. Il sentait que les rangs s'éclaircissaient parmi ses serviteurs les plus anciens, et Napoléon, qu'on a dépeint sous des couleurs absolument fausses, était, avant tout, l'homme de l'intérieur, de la famille et de l'amitié. Il poussait ces sentiments si loin, que ce prince qu'on a cru dissimulé parce qu'il était discret et taciturne, était au contraire crédule à force d'être de bonne foi. C'est ce qui explique comment, avec sa grande intelligence, il a pu être la dupe de deux grands ministres étrangers qui ont abusé de sa sincérité.

Napoléon III n'était pas, comme on l'a cru, un homme d'action, c'était un penseur et même un idéologue. Il était de bonne foi, même dans ses aspirations les plus étranges. Il croyait à son étoile, à sa mission et se laissait conduire par les événements. Courageux et de sang-froid, il s'est montré à la hauteur des circonstances les plus critiques, mais il n'eût point pris lui-même de décision, s'il n'eût été entouré d'hommes d'action et d'énergie. On a beaucoup parlé du 2 décembre, peu de personnes connaissent l'histoire du coup d'État. Napoléon ne l'eût point fait sans Morny, Saint-Arnaud et Maupas. Bien servi par ces hommes décidés, il a pris des mesures énergiques. Mais sans eux, il est probable qu'il se fût laissé distancer par ses adversaires et qu'il fût devenu, à Vincennes, le prisonnier de M. Thiers qui avait déjà formé le plan de son arrestation et de sa mise en accusation. L'élu de 7 millions de voix ne pouvait pas hésiter à agir dans le sens de la volonté nationale. Cependant il hésita, parce qu'il était, par sa nature douce et timide, peu disposé aux mesures de violence; il hésita parce que l'hésitation était l'un des traits de son caractère. Mais Morny, Saint-Arnaud et Maupas n'hésitèrent nullement, et le coup d'État fut arrêté et exécuté en une nuit. On sait le reste. Cette même hésitation fut la cause des réformes libérales de l'Empire et plus tard, au moment de nos désastres, elle fut le seul motif de l'effacement de l'Empereur qui doutant de lui, voulut confier à de plus habiles ou à de plus heureux, une cause désespérée qu'il eût peut-être mieux servie lui-même, en n'écoutant que ses propres inspirations !

A l'heure où nous sommes (le 7 mai), l'Empereur, fasciné par le talent d'Emile Ollivier, croit le moment venu de faire le grand couronnement de l'édifice impérial, par des concessions que le pays ne lui demande pas et que ses adversaires exploiteront contre lui. — On a, sous l'influence fâcheuse de ces idées, permis les réunions publiques à Paris. J'ai assisté à l'une d'elles, au gymnase Tryat, dans le 8e arrondissement. Il s'agissait de l'élection d'un député. M. Devinck, le chocolatier, est sur la sellette; les titis toujours pleins de logique lui reprochent son chocolat, c'est-à-dire sa qualité de travailleur !

Malgré le commissaire de police qui assiste à la réunion, elle est on ne peut plus bruyante. Quel tumulte ! quel public absurde ! quelle confusion ! quel gâchis ! cela s'appelle les *amis* du peuple souverain ! M. Devinck supporte le supplice de la sellette avec un calme et une résignation qui lui font honneur. Mais à quels adversaires on a affaire ! J'ai entendu ce soir-là un énergumène qui faisait à la tribune un tapage infernal, qu'il prenait sans doute pour de l'éloquence. Le public finit par lui imposer silence, malgré ses inepties qui auraient dû lui faire trouver grâce devant un pareil auditoire. Toutes ces folies commençaient à porter leurs fruits; le peuple sentant le frein moins dur, s'émancipait. Il y eut le 17 mai des chants révolutionnaires par les rues ; évidemment les esprits étaient mal disposés, on commençait à se servir des libertés nouvelles.

Le 1er juin, nous avons eu à la chapelle du Sénat un beau mariage. Le baron Henri de Pommereul épousait mademoiselle Sidonie Mac-Donald, fille du duc de Tarente. Les témoins de la mariée étaient le maréchal Canrobert, le duc de Bassano et le marquis de Massa. J'étais témoin du marié avec MM. de la Touche et le baron de Moncait. C'est l'abbé Goubaud, grand-vicaire de Mgr Dupanloup, qui a béni le mariage. L'éloquent prédicateur a trouvé de belles paroles pour cette cérémonie, qui avait attiré à la chapelle du Sénat l'élite de la société parisienne.

On le voit, les gens du monde ne prévoyaient pas encore les destinées sombres de la fin de l'Empire. On se réjouissait, on se mariait, on s'amusait, on riait, on vivait insouciant et confiant, comme si l'avenir devait ressembler au passé ! Il y avait même des gens intelligents qui voyaient dans les dernières évolutions de l'Empire une condition de durée. Les concessions faites devaient assurer et affermir le trône du futur Napoléon IV, et cependant, ô comble de l'inconséquence, tout le monde croyait à la guerre avec l'Allemagne. Bien entendu, on n'en parlait que pour dire que cette guerre nous donnerait les bords du Rhin et immortaliserait à jamais l'Empire; les étrangers qui habitaient Paris étaient moins aveugles que nous, et si on les avait écoutés, on ne se serait pas jeté si légèrement dans cette aventure qui devait si mal finir.

Dans l'entourage de l'empereur on était content et confiant. Il semblait même que les nouvelles réformes eussent donné au souverain une popularité qu'il n'avait jamais eue dans la capitale.

Le 6 juin, au grand prix de Paris, il fut acclamé par la foule : on se trompe souvent sur les démonstrations populaires. Il faut toujours s'en méfier. Louis XVI aussi fut acclamé, à la veille de son arrestation ! Il y avait pourtant certains symptômes qui auraient dû éclairer le gouvernement. Nous avions un nouveau héros de la canaille, le pamphlétaire Rochefort (le comte Henri de Rochefort), l'auteur de *la Lanterne*. Ce Masaniello peureux et malade était l'idole du peuple de Paris.

Le 11 juin, nous eumes des manifestations sur les boulevards. Il y eut même une charge de cavalerie. Des blouses blanches se montraient en masse dans ce mouvement populaire, les sergents de ville furent obligés de dégaîner pour les repousser. Chose étrange ! on s'amusait de l'émeute dans les salons. Il y avait des femmes du monde qui allaient voir l'émeute comme on va au Cirque ou aux petits théâtres. L'Empire, évidemment, n'était pas atteint par ces gamineries, tant que l'armée restait fidèle, mais c'est déjà un grand signe de faiblesse que de laisser faire de pareilles manifestations. L'Empire jouait sa dernière partie ! ses ennemis le sentaient bien ; aussi devenaient-ils plus arrrogants.

Le 28 juin, à l'ouverture de la Chambre, il y a eu quelque trouble dans la rue. On a entendu des cris séditieux jusque dans la rue Royale. C'étaient les premiers fruits des concessions impériales, que le peuple de Paris, peuple très-avancé — on dit *très-fort* en français moderne — prenait, sans se tromper trop, pour un commencement de faiblesse.

J'ai entendu raconter par Gilles de La Ronce un trait que je veux redire ici, car il montre l'antagonisme qui existait entre certains officiers de l'armée et les nouveaux officiers de mobile. Gilles de La Ronce dînait chez une duchesse fort bien vue à la cour. Il se trouva ce soir-là à côté d'un capitaine de turcos, brave officier tué plus tard à Worth, le comte Philippe de Bourgoing. Comme Gilles de La Ronce vantait un peu trop les mérites futurs de la mobile, le capitaine de turcos lui répondit très-sèchement que lui et ses collègues ne considéraient pas les officiers de mobiles comme de vrais officiers.

22.

M. de Bourgoing avait raison pour quelques-uns des nouveaux gradés, mais la forme était un peu dure. Gilles de la Ronce, qui descend d'un écuyer de Duguesclin et dont tous les ancêtres ont servi la France depuis cinq cents ans, le prit d'assez haut et déclara que tout gentilhomme avait le droit de se considérer comme un vrai militaire. La discussion reprit une tournure courtoise, car M. de Bourgoing était un homme trop bien élevé pour dire quoi que ce soit de blessant à une personne de cœur. Il ne faisait qu'exprimer une opinion assez répandue dans l'armée; c'était une protestation contre les grades accordés trop facilement peut-être à des civils.

Depuis, la mobile a gagné ses éperons et a reçu le baptême du feu, mais on voit à quelles difficultés venaient se heurter les réformes nouvelles, ce qui expliquera peut-être l'abandon dans lequel on les a laissées plus tard. Le gouvernement, en butte à des luttes incessantes à l'extérieur et obligé de compter sur l'armée, sa véritable force, craignit de tout perdre à la fois, et finit par oublier l'ennemi du dehors, pour ne voir que l'ennemi du dedans. Voilà dans quelle triste situation se trouvait l'Empire, à la veille de la plus grande guerre qu'il ait eu à soutenir. Cette explication est, je le crois, la seule excuse à donner à ceux qui lui reprochent de n'avoir pas suffisamment préparé la guerre de 1870.

Il avait à ménager à la fois les susceptibilités de

l'armée, celles de la nation, celles du Corps législatif qui voulait des économies. En présence d'une pareille situation, la seule conduite raisonnable eût été une politique de paix à tout prix. Elle eût sans doute épargné à l'Empire les désastres de Sedan et de Metz; mais elle l'eût exposé à tomber devant un mouvement révolutionnaire! Le peuple ne voulait pas que l'Empire fût armé et il ne lui aurait pas pardonné de se laisser amoindrir par l'étranger.

La situation était si grave, que l'empereur prorogea le Corps législatif, en annonçant des réformes libérales qui seraient discutées à la réouverture des Chambres. C'était un nouvel aveu d'impuissance; et cependant, jamais l'Empire n'avait eu besoin de plus de force, car tout le monde pressentait une guerre prochaine avec l'Allemagne.

Le départ de la Chambre avait calmé le peuple. On songea à le distraire. La fête du 15 août fut plus brillante que jamais ; c'était le centenaire de Napoléon Ier. A cette occasion, l'Arc-de-Triomphe fut illuminé. On y voyait en lettres de feu le nom de Napoléon. Il y eut des jeux et des divertissements au Champ-de-Mars, et le soir, un très-beau feu d'artifice. Il n'en fallait pas davantage pour faire oublier la politique à ces Parisiens qui aiment avant tout le plaisir.

L'idée de la mobile n'était pas tout à fait abandonnée. On faisait l'exercice aux Invalides. Il y avait une école de sous-officiers dans les cours intérieures. Le colonel Berthaut, excellent organisateur, présidait à ces exercices et en paraissait fort satisfait. Mais ces exercices furent bientôt suspendus par ordre supérieur. Quelle en était la cause? c'est ce que nous n'avons jamais su. La mobile était-elle condamnée avant d'avoir vu le jour? Voilà pourtant ce qui se passait à la veille d'une grande guerre.

Absorbé par la question politique, le gouvernement remettait à plus tard les réformes militaires. Le 29 novembre, à l'ouverture des Chambres, l'empereur faisait un discours modéré et prudent, qui montrait qu'il comprenait les dangers de la situation. Évidemment, il se sentait débordé. Ce n'était plus l'homme d'autrefois; il hésitait et il penchait vers la gauche, ce qui devait le perdre. Comment supposer qu'une pareille alliance fût sincère de la part de ses anciens ennemis! Enfin la grande question militaire cédait le pas à la question politique, on allait faire des discours et on renonçait à faire des soldats! Pour un homme sérieux, nous étions condamnés d'avance, si nous faisions la guerre. On a dit que M. de Bismark, dont l'esprit était toujours éveillé, était au courant de nos querelles de ménage. C'est ce qui rendit plus tard la Prusse arrogante, comme nous le verrons en 1870.

La situation de l'Empire était si grave qu'il suffisait de la moindre étincelle pour allumer l'incendie de la révolte et qu'il n'y avait plus une seule faute à commettre. Cette faute vint d'un incident de la vie privée. Le prince Pierre Bonaparte, cousin de l'empereur, prince démocrate, marié à une ouvrière, fournit l'incident que cherchait l'opposition. Ce prince avait été insulté par les journaux rouges. Il avait répondu une lettre très-vive. Rochefort, qui ne voulait pas se battre, se cacha derrière la personnalité de M. Grousset, journaliste écarlate. Ce dernier envoya au prince trois témoins : les sieurs Victor Noir, de Fonvielle et Sauton. Les deux premiers seuls se présentèrent à Auteuil, dans la maison du prince, mais ils s'y présentèrent armés. Le prince eut une altercation très-vive avec ces messieurs, et l'un d'eux ayant fait un geste menaçant, il tira de sa poche un révolver et tua Victor Noir. M. de Fonvielle également armé, se prit le doigt dans la gâchette de son révolver et battit en retraite derrière les fauteuils du salon, sans pouvoir riposter.

A la suite de cette scène, il y eut dans Paris une grande émotion. Le prince se constitua prisonnier, et une haute cour de justice fut immédiatement réunie pour le juger.

Le 12 janvier, eut lieu à Neuilly l'enterrement du jeune Salmon, dit Victor Noir. Ces funérailles furent l'occasion d'une manifestation du parti radical. Rochefort était à la tête des agitateurs. On dit pourtant qu'il s'évanouit à temps pour ne pas suivre la manifestation jusqu'au bout. Les groupes de cette dernière descendirent les Champs-Élysées jusqu'au rond-point, où ils se dispersèrent, comme par enchantement, à la vue des troupes massées pour les recevoir.

Victor Noir était un journaliste fort obscur, qui était entré dans la presse par la petite porte. Il y faisait le métier de commissionnaire de faits divers. C'était un homme peu lettré et fort ordinaire, mais doué d'une force herculéenne qui l'avait fait choisir sans doute pour témoin, dans la visite singulière faite au prince Pierre Bonaparte.

En réponse à l'incident qui précède, le ministère de M. Émile Ollivier crut devoir demander à la Chambre d'autoriser des poursuites contre Rochefort. Ce dernier ne fut pas brillant dans sa défense. Il n'était pas orateur. J'eus l'occasion d'assister à cette séance du Corps législatif et de voir l'attitude du prévenu Rochefort : c'était celle d'un homme aussi peu rassuré que possible. Il était livide et faisait peine à voir. Cependant, son attitude peu naturelle visait à l'insolence. La Chambre n'avait guère de sympathie pour ce Masaniello parisien et elle accorda les poursuites à une grande majorité. M. Émile Ollivier prit lui-même la parole dans cette affaire et fit la faute de donner trop d'importance à un ennemi peu dangereux et ridicule. C'était le commencement de cette politique théâtrale qui aboutit à une déclaration de guerre insensée et irréfléchie !

Le lendemain, M. Émile Ollivier recevait à son ministère de la place Vendôme. Il avait l'air radieux et donnait la main fort gracieusement à tous ses visiteurs. C'était un peu bourgeois, mais le ministre paraissait si content, que cette joie désarmait la critique. Il y avait au fond de tout cela beaucoup d'illusions généreuses et dangereuses. J'ai remarqué à cette soirée l'empressement du monde officiel à se tourner vers le soleil levant. On y retrouvait tous ces personnages qui font le cortége habituel des puissances du jour. Bien certainement, ils se seraient récriés avec indignation, si on leur avait annoncé, six mois d'avance, leur pèlerinage au salon du démocrate Ollivier.

Cependant la situation n'était point faite pour donner des illusions au gouvernement. Il y avait des troubles à Belleville et à la Villette; ce qu'on n'avait pas vu depuis le coup d'État. Le peuple de Paris commençait à se servir des libertés nouvelles, comme d'une arme commode contre le pouvoir. Le 8 février on commença des barricades. Il y en eut cinq. Mais elles ne furent pas défendues. Le peuple hésitait encore, parce qu'il se rappelait la fermeté de l'empereur en de pareils moments.. Le 9 février, il y eut une seconde journée: c'est ainsi qu'on appelait les tentatives d'émeutes. Cette nouvelle journée fit remettre le bal des Tuileries. Les Parisiens couraient à l'émeute comme on va au spectacle. On voulait voir les blouses blanches faire leur apparition et les sergents de ville les charger l'épée au côté. La police était sur les dents. Il n'y avait que les badauds qui ne fussent pas fatigués et parmi eux, on comptait bon nombre d'hommes et même de femmes du monde !

Gilles de La Ronce m'a raconté à ce sujet des paroles de son directeur (il était, on le sait, rédacteur de *la Patrie*) M. de Saint-Valry. Ces paroles sont devenues prophétiques et prouvent la clairvoyance de celui qui les prononçait : « La France baisse, disait-il, nous sommes en décadence. Le peuple français se fait si bien à cette position indigne de lui, que je ne serais pas étonné de voir un jour les Prussiens le mettre à la raison ! » On voit que les esprits sérieux étaient inquiets. Mais la grande masse restait folle. Voilà l'inconvénient du suffrage universel ; la nation était prête à se jeter, tête baissée, dans les aventures les plus dangereuses.

Les troubles étant apaisés, le bal des Tuileries eut lieu le 23 février. Il fut fort brillant comme toujours. L'empereur avait bonne mine et l'impératrice, souriante et gracieuse, semblait heureuse et rassurée. Le peuple de Paris lui-même reprenait la gaîté des jours gras. Nous eûmes un joli carnaval. Rien n'y manqua, pas même la procession traditionnelle des bœufs gras. On leur avait donné des noms fort inoffensifs. Ils s'appelaient *Port-Saïd* et *Amurat IV*. La cour assistait, le 28 février, à la représentation du *Plus heureux des Trois*, pièce de M. Labiche, jouée au Palais-Royal. L'accueil du public fut très-froid et l'empereur en parut affecté. S'il avait pu pénétrer dans les salons et savoir la vérité, il aurait vu que son nouveau ministère n'était pas populaire. Un homme d'esprit, M. Lemercier de Neuville, le ridiculisait dans les spirituelles représentations de ses pupazzi. On y voyait le musée des souverains, où le nouveau président du conseil allait chercher, comme ses prédécesseurs, l'échelle du pouvoir, l'oreille de l'opinion, le sabre de la répression, l'urne électorale, etc..., vieux engins gardés avec soin dans le musée, car ils sont toujours utiles pour ceux qui font leur entrée au pouvoir. Pendant que le ministère luttait contre les difficultés de la situation, une terrible épidémie, la petite vérole, avait éclaté dans Paris où elle faisait de grands ravages. Mais comme tout est affaire de mode, en ce pays athénien, on n'y parlait que de vaccine et des génisses du docteur Lannoy, que chacun voulait voir. C'était une véritable procession de gens du monde et l'homme aux génisses faisait de bonnes journées et récoltait plus d'or que les mineurs de la Californie.

Le 13 mars, j'ai assisté à une réunion intime chez une duchesse, femme d'esprit. J'en ai rapporté quelques propos de salon qu'un nouveau Brantôme aimerait à raconter et qui montrent que les plus grandes préoccupations politiques avaient peu de prise sur notre légèreté française.

Voici ces cancans de salon : « La baronne de R..., femme des plus distinguées et douée d'une beauté plantureuse, avait des rhumatismes qui nécessitaient des frictions dans son bain quotidien. Sa femme de chambre, frêle créature, ne lui rendant pas ce service d'une façon convenable, fut avantageusement remplacée par la cuisinière qui, sans être une beauté, avait la main plus solide. Le service dura six semaines et amena un grand soulagement dans l'état de la malade. Mais un jour, la police fit une descente chez la baronne et arrêta la fameuse cuisinière, qui n'était autre qu'un forçat en rupture de ban. »

Deuxième propos scandaleux. « On avait surpris une fille de bonne maison avec un laquais qui s'était fait signer une promesse de mariage. La justice se trouva naturellement mêlée à cette union disproportionnée. »

Le troisième scandale est encore plus grand. « Un jeune officier allait épouser une noble jeune fille, lorsqu'un camarade lui apprit l'aventure suivante : Il avait été l'amant de la demoiselle et cette relation avait eu des suites. Le jeune homme se présenta chez les parents pour réparer la faute par un mariage. Le père lui dit : Il ne s'agit pas de cela, entendez-vous avec ma fille. Cette dernière, une femme forte, lui tint ce langage : Je vais accoucher, vous allez reconnaître l'enfant, je n'y serai pour rien et l'on vous donnera une forte somme. Ce qui fut dit fut fait. L'enfant mourut au bout de quelques mois. Je suppose que le père a rendu la somme qu'il eût bien fait de refuser. Quant à la jeune personne, elle s'est mariée depuis et est devenue une matrone des plus respectables ! »

Je ne garantis pas la véracité de ces histoires qui ressemblent assez, d'ailleurs, aux nouvelles à la main des reporters lancés à travers Paris.

Le 16 mars, le prince impérial vient d'atteindre sa majorité de quatorze ans ! Il ne se doutait guère des graves événements auxquels il devait assister quelques mois plus tard, et qu'il a supportés avec une grande dignité, annonçant ce qu'il aurait été sur le trône de son père.

Par une lettre en date de 22 mars, l'empereur déclare à M. E. Ollivier, son ministre, qu'il abandonne, au profit du Sénat et du Corps législatif, la partie du pouvoir constituant qu'il a reçue du peuple français qui se trouve en dehors de la base même du plébiscite de 1852. L'empereur, en faisant cette nouvelle concession, voulait désarmer l'opposition et établir une balance égale entre les pouvoirs des deux Chambres. C'était une bonne pensée, mais trop tardive pour qu'elle pût sauver l'Empire des difficultés de la situation.

Pour donner une nouvelle satisfaction à l'opinion

publique, émue de l'affaire Victor Noir, l'empereur exile son cousin Pierre Bonaparte, qui a été acquitté par la justice. Comme corollaire de sa lettre à Émile Ollivier, l'empereur accentue les réformes nouvelles en faisant du Sénat une seconde Chambre législative, comme en Angleterre. La mesure était bonne, mais en France, quand un pouvoir fait des concessions, il est perdu.

Le 26 avril, nous étions en pleine fièvre électorale et les réunions publiques, qui n'avaient jamais été aussi animées et qui étaient demeurées de véritables clubs, montraient bien le peu de cas que le peuple de Paris faisait des concessions impériales. Il y voyait un aveu de faiblesse et, avec son caractère peu généreux, s'empressait d'en profiter.

Gilles de la Ronce, qui ne manquait jamais l'occasion de faire un discours, s'aventura au gymnase Triat et voici ce qui lui arriva. Un membre du bureau déclara que si quelqu'un dans l'assistance voulait voter « oui », il était invité à le faire. Le silence fut général. Cette façon libérale de scruter les consciences n'est pas toujours du goût de tout le monde. Devant ce silence, l'orateur se crut en droit de dire qu'il n'y avait pas, dans l'assistance, un seul partisan de l'Empire et que la motion du bureau était votée à l'unanimité. Gilles de la Ronce, indigné, s'écria : « Les partisans du « oui » ne sont pas préparés comme ceux du « non » qui ont organisé la réunion. » Cette riposte d'avocat jeta une grande confusion dans l'assistance. Son auteur fut poussé à la tribune malgré lui. Arrivé là, il fit bonne contenance et s'exprima ainsi : « Messieurs! (*Rumeurs*). Messieurs! (*Rumeurs violentes*). Citoyens! nous sommes tous citoyens ; si j'ai employé le mot messieurs, c'est qu'il est plus commode et plus en usage. Je voterai oui, parce que la nouvelle constitution est un hommage rendu à la souveraineté nationale (*Rumeurs*). Vous êtes des travailleurs et vous devez désirer l'ordre qui permet de travailler! (*Interruptions violentes*. Evidemment ces messieurs aiment surtout le travail des ateliers nationaux.) Pour moi, le vote est le seul moyen d'en finir avec les révolutions violentes! (*Rumeurs*. Ces messieurs tiennent aux révolutions.) Soyez certains que beaucoup d'électeurs de l'arrondissement voteront « oui ». (*Exclamations frénétiques!* Ces messieurs n'admettent la liberté que pour eux.) Il y a les bonapartistes (*A la porte!* touchante tolérance), mais il y a aussi les conservateurs qui veulent le progrès et l'acceptent lorsqu'il leur est donné légalement. Vous suspectez la sincérité du scrutin, mais ce sont les conseillers généraux qui le dépouillent. (*Cris! on sait comment on les nomme!* — Ce qui, par parenthèse, était une absurdité, car les conseils généraux étaient souvent nommés par l'opposition.) Après quelques phrases, interrompues à chaque instant, Gilles de la Ronce cède la tribune à un énergumène échappé du barreau et qu'on appelait le citoyen Chevalier. Cet habitué des clubs avait un langage emprunté aux halles, et toute son habileté consistait à dire de gros mots et à prêter à ses adversaires des opinions contraires à celles qu'ils venaient d'émettre. C'est la bonne foi ordinaire des fameuses réunions publiques.

Gilles de la Ronce ne se tint pas pour battu et recommença en ces termes : « Citoyens, je sais tout l'ennui qu'on a à entendre un adversaire ; cependant, je veux encore profiter de votre bienveillance. » (Rires de l'auditoire, évidemment le trait de l'avocat avait porté). Il y gagna d'être mieux écouté et put terminer ainsi : « On m'a fait dire que je n'étais pas bonapartiste, c'est une question de loyauté. Je n'ai pas fait de profession de foi. Je n'ai fait que constater le succès certain des électeurs qui voteront « oui », — la France veut la monarchie et vous repoussez celle que vous avez, quand elle se soumet à la souveraineté nationale. Soyez donc conséquents avec vous-mêmes! puisque vous vous proposez de surveiller les urnes, je ne vous demande qu'une chose, c'est de vous incliner devant la décision de la France. » Le croirait-on, un seul électeur eut le courage de serrer la main du fougueux et honnête Gilles de la Ronce. L'incident fut terminé, et l'aveugle d'Alton-Shée, duc et ancien pair de France, continua ses déclamations révolutionnaires interrompues si mal à propos.

Voilà ce qu'on appelait une réunion publique, en

plein Empire et à la veille d'une grande guerre ! — Il y a des gens qui accusent l'Empire d'avoir manqué de libéralisme, mais en présence d'un tel abus du droit de réunion, ce n'était pas à l'Empire que ce reproche pouvait s'adresser, mais plutôt à ses ennemis.

Pendant qu'on préparait le plébiscite, un nouvel attentat contre la vie de l'empereur avait été découvert. Cependant cet empereur, si détesté de certaines gens, qu'on disait si impopulaire, obtint, le 8 mai 1870, par un plébiscite de toute la France, 7,257,279 oui, sans compter l'Algérie et quelques votes militaires non encore connus. Il n'y avait que 1,530,610 non, qui étaient loin d'appartenir tous à l'opinion républicaine. Cette majorité écrasante aurait donné une grande force à l'Empire, s'il avait su la comprendre et en profiter.

Pendant que l'Empire obtenait cette belle victoire électorale, ses armes recevaient en Algérie un nouveau relief par la bataille d'Aïn-Chaïn, que le général de Wimpfen gagnait le 15 août contre Kaddom-Ben-Hamzar, et par le combat heureux de l'*Oued-Guir* contre les Doni-Minià. Qui eût dit que quelques mois plus tard, le brave général signerait la capitulation de Sedan.

Le 11 juillet, l'on disait déjà que la guerre était décidée et l'on annonçait le départ de la mobile de Paris pour le 14. C'était un bruit prématuré, mais il fut vrai le 15. A une heure de l'après-midi, les ministres sont montés à la tribune du Corps Législatif pour y lire la déclaration de guerre. Le motif invoqué était le refus du roi de Prusse de recevoir notre ambassadeur. Ainsi, nous allions nous battre, à propos de la candidature au trône d'Espagne du prince de Hohenzollern, qui cependant avait renoncé à ce projet. Notre amour-propre national, mis en avant, n'avait pu se calmer devant cette concession tardive. La Chambre était houleuse comme la mer au moment des orages. Gambetta déclamait avec énergie. Ollivier semblait moins écouté. Évidemment la parole n'était plus aux hommes, mais au canon !

L'empereur, si calme d'ordinaire, était débordé par les événements et l'opinion publique. Il avait voulu donner des libertés ; elles tournaient contre lui. L'opposition qui l'avait désarmé le poussait à la guerre. Bismark, connaissant notre situation, nous tendait un piége où nous sommes tombés. Ce piége était la candidature du prince de Hohenzollern au trône d'Espagne. Ce n'était qu'un fantôme, car le candidat n'était même pas accepté par l'Espagne. Mais l'eût-il été, que, souverain très-impopulaire, il n'eût jamais pu engager l'Espagne dans une guerre contre la France. Nous avons eu le plus grand tort de nous émouvoir au sujet de la candidature d'un prince qui aurait eu le sort du roi Amédée. Le plus singulier de l'affaire, c'est que cette candidature fut refusée par le prince lui-même et que satisfaction nous fut alors donnée par la Prusse. Bismark ne voulait-il pas nous pousser à bout? ou bien songeait-il à garder le beau rôle dans cette affaire ? N'était-il pas encore sûr du résultat de la guerre ? ne voulait-il pas nous donner de motifs trop sérieux pour entrer immédiatement en campagne? Que se passait-il à Berlin ? On n'était pas encore prêt ou l'on voulait étudier le terrain de la guerre avant de s'y engager étourdiment.

Nous venions cependant de commettre une grande faute, en divulguant à l'ennemi notre effectif par le vote de l'armée au plébiscite, faisant connaître ainsi le chiffre de nos forces, qui ne dépassaient pas 300,000 hommes. Ce fut un trait de lumière pour Bismark. Il ne pouvait en croire ses yeux ; de là son hésitation et ses atermoiements. S'il avait cru réellement que nous ne puissions disposer que de 300,000 hommes, il se fût montré aussi arrogant, au commencement de la question Hohenzollern, qu'il se montra plus tard conciliant sur ce point du litige. Cependant, au fur et à mesure, la lumière se faisait dans son esprit. Il devint donc plus intraitable et le roi finit par insulter notre ambassadeur, quand le moment psychologique parut arrivé, selon les calculs de MM. les Allemands.

Depuis Sadowa, nous avions la certitude qu'une guerre était inévitable avec la Prusse. Qu'avons-nous fait pour nous y préparer? Dans les quatre années que nous avons eues pour nous recueillir, un seul incident grave s'est présenté : la question du grand-duché de Luxembourg. L'empereur avait traité avec le roi de Hollande de l'acquisition de ce territoire. La Hollande, qui craignait d'être absorbée par la Prusse, se montra disposée à nous céder cette province qui fermait notre frontière et qui était un gage d'alliance offensive et défensive avec notre cessionnaire. Que s'est-il passé alors? ce que nous avons vu depuis, au moment de la guerre de 1870 ! une série de contradictions, des hésitations indignes d'une grande nation. Nous avons renoncé à nos prétentions sur le Luxembourg, en présence des susceptibilités prussiennes, commettant ainsi deux fautes, la première d'avoir soulevé une grosse question sans être décidés à la pousser jusqu'au bout; la seconde d'avoir préparé pour notre politique une défaite morale qui devait diminuer le prestige de notre autorité.

La Prusse cependant ne poussa pas sa résistance jusqu'à la dernière limite; elle consentit à évacuer le Luxembourg.

Cette affaire qui était la véritable préface de la guerre de 1870, se termina par une transaction qui prouvait que la Prusse hésitait encore à rompre avec nous. Mais son attitude montrait déjà que nous n'avions pas d'illusions à nous faire sur les intentions des vainqueurs de Sadowa.

Notre grande faute fut de ne pas nous préparer à la guerre. La seconde fut de nous engager dans une guerre que nous n'avions pas préparée.

La candidature Hohenzollern fut une intrigue ourdie par le général Prim, cet ennemi acharné de la France et de l'Empire qui n'avait pu nous pardonner son échec personnel au Mexique. Peu de personnes savent que Prim avait rêvé, dans son ambition, la couronne impériale du Mexique. Ce rêve avait pour point de départ un mariage qu'il avait fait avec l'une des plus riches héritières de ce pays. Lorsque, après la convention de la Soledad, l'armée française se sépara de ses alliés, Prim déçu dans ses projets, rentra en Espagne, fort irrité contre nous. La candidature du prince de Hohenzollern au trône d'Espagne fut son premier acte de vengeance.

Dans les conseils de l'empereur Napoléon, on s'exagéra beaucoup les conséquences de cette candidature. On y vit une alliance entre l'Espagne et la Prusse, et comme déjà l'Italie nous était à bon droit suspecte, nous nous voyons déjà environnés d'ennemis à toutes nos frontières. Cette crainte explique nos susceptibilités un peu maladroites, à la seule nouvelle de cette candidature qui n'avait rien de sérieux.

C'était un piége de l'adroit Bismark, qui voulait précipiter les événements et sentait le besoin de se faire attaquer, pour entraîner dans la lutte les États encore hésitants de l'Allemagne du Sud.

Si l'on ajoute à la faute commise, les indiscrétions inséparables d'un régime parlementaire, les maladresses d'une presse dont on n'était plus maître, les taquineries d'une opposition qui jetait ses clameurs aux quatre coins du ciel, pour rendre le gouvernement impopulaire, on comprendra dans quelle situation fausse l'Empire était engagé, lorsque commencèrent les premières difficultés de la politique extérieure.

On a voulu rendre l'empereur responsable de cette guerre funeste. C'est une grave erreur ; il ne la désirait pas, parce qu'il sentait bien qu'elle était mal engagée. Il était si peu sûr du résultat, qu'après nos premiers revers, il fit une proclamation où il disait que la guerre serait longue et difficile. Napoléon fut entraîné à faire la guerre, par un mouvement irréfléchi de l'opinion publique qu'il était impuissant à retenir. Cette guerre fut un coup de dé d'un joueur désespéré qui ne peut plus reculer. L'empereur comprenait que s'il refusait de faire la guerre, il était renversé par un mouvement révolutionnaire. Il courut donc la chance des armes, la seule qui lui restât dans sa position on ne peut plus critique.

Il faut se rappeler l'enthousiasme guerrier qui passa comme un souffle ardent sur la France, pour comprendre comment nation et gouvernement furent jetés l'un et l'autre dans cette folle entreprise. Ce n'étaient partout que cris de guerre et de victoire.

Le peuple français se croyait déjà à Berlin. Son imagination prêtait au gouvernement des plans de campagne audacieux, alors qu'aucun plan sérieux n'était encore arrêté. Dans ces conditions, nous n'avions qu'une chance de succès, l'offensive au delà du Rhin. Qui sait ce que la *furia francese* eût produit, malgré l'insuffisance de nos préparatifs ? Cette chance, on la perdit, en restant dans l'inaction pendant près de trois semaines. Voilà la vraie cause de nos désastres. Le Français n'est point fait pour la guerre défensive et cependant il faut reconnaître qu'il a montré dans les revers successifs qu'il a eus à subir, une ténacité, une énergie lui faisant d'autant plus d'honneur, que ces qualités n'étaient pas du tout dans le caractère national du pays.

Comment l'histoire jugera-t-elle cette guerre ? que dira-t-elle de ceux qui l'ont entreprise ? Quelle sera son opinion sur ce prince tombé si vite, après vingt années d'un pouvoir qui ne fut pas sans prestige ? Il est peut-être trop tôt encore pour aborder ces graves questions avec le calme qui convient aux jugements de la postérité. Au lendemain de nos désastres, il y eut un tolle général contre le souverain qu'on rendait responsable de tout. Toutes les passions d'un peuple exaspéré par le malheur furent déchaînées contre celui que sept millions de voix acclamaient encore quelques mois avant la guerre. Cette animosité peu réfléchie a été jugée fort sévèrement par les étrangers. On ne s'explique pas, en effet, qu'un peuple passe si vite d'une extrémité à l'autre et qu'il brise avec tant de colère l'idole placée par lui sur un piédestal si élevé !

En présence de ce prince affaibli, malade, indécis, qui se sentait déjà frappé par cette fatalité contre laquelle il ne sut pas réagir, ne se demandera-t-on pas si le pays lui-même ne devait pas partager la responsabilité qu'il renvoyait tout entière à celui qui le gouvernait. Un même homme peut-il être à la fois si grand et si petit, si honoré et si décrié ! Ces exagérations sont un triste spectacle pour l'observateur froid et désintéressé.

Faut-il voir dans ces faits contradictoires, le régime inhérent à toute démocratie. Alors, la politique n'est plus qu'une grande loterie, un jeu effréné qui mène à la fortune la plus scandaleuse ou aux chutes les plus honteuses. Voilà un souverain qui, quelques mois auparavant, consulte l'opinion publique. Il obtient un vote de 7,500,000 voix. Il a le droit de se croire populaire. Des revers arrivent, les acclamations se changent en cris d'émeute, et le souverain malheureux et vaincu se serait vu fermer les portes de sa capitale, s'il avait eu la pensée d'y chercher un refuge. Si ce sont là les traditions de la démocratie, il faut avouer qu'elles n'ont rien de chevaleresque et qu'elles préparent un triste avenir au monde moderne qui les a adoptées ! Mais il faut en prendre son parti. La politique ne sera plus qu'un va-et-vient de masses humaines se ruant sur le rivage comme les vagues de l'Océan ! Inconscientes et affolées, ces masses n'agiront point par raisonnement mais par influence : elles se jetteront dans le radicalisme, lorsque les tribuns qui les exploitent auront leur confiance; elles courront aux pieds d'un maître, lorsqu'une secousse sociale les aura effrayées. Avec elles, plus de lois, plus de chartes, plus de constitution, plus de tradition, le règne de la force brutale, sous un tribun heureux ou sous un césar victorieux!

Ce régime fatal et mathématique, est appelé à broyer l'Europe sous une meule colossale que pousse la main de la Fatalité. C'est un courant gigantesque que rien n'arrête; le torrent emportera, dans sa course furieuse, les nations, les provinces, les communes, les familles. Où s'arrêtera-t-il ? la main de Dieu seule peut lui barrer la route ou assigner un terme à cette course vagabonde.

On ne veut plus de l'intervention religieuse dans les affaires humaines, et cependant l'action de la Providence est aujourd'hui notre seul salut !

Comment et pourquoi Dieu qui gouverne le monde permet-il ce déchaînement des passions humaines ? Comment laisse-t-il ces flots humains déborder toutes les frontières et renverser toutes les puissances sociales ? L'avenir nous montrera des armées innombrables se ruant les unes contre les autres, sur le sol éprouvé de notre pauvre Europe ? Nous aurons des guerres semblables à celle qui vient d'écraser la France ? Avant peu, les deux colosses russe et prussien du Nord se disputeront l'Empire du monde ? Dieu que nous avons renié, chassé de nos lois, de nos usages et de nos cœurs, laisse s'accomplir ces grandes révolutions humaines ! Si Bossuet revenait faire son grand Discours de l'Histoire universelle, que penserait-il de ces luttes formidables et de ces révolutions périodiques ? Il dirait, sans doute, que Dieu prépare les grands événements de la fin du monde, et que ces millions de soldats et d'ouvriers sont les acteurs du grand drame final de l'Apocalypse. Sans nous élever à ces hauteurs, nous pouvons prédire, à coup sûr, que toutes ces luttes, que ces désordres, que ce désarroi universel, que cette confusion des idées et des principes, est un indice certain de l'agonie prochaine de notre vieux monde.

Quelque répit nous sera-t-il laissé ? Les forces vitales de la France font présumer qu'elle peut encore se relever et jouer un rôle important, dans les grands événements qui se préparent. Mais, comme avec la démocratie, nous n'avons rien à espérer de sage et de normal, que la société actuelle ne peut plus être contenue dans ses bases, par l'autorité des lois ; il ne nous reste plus qu'à souhaiter que le flot démocratique nous apporte au rivage, dans son flux périodique, un homme de génie qui nous tire du chaos révolutionnaire et nous rende, malgré nous, la grandeur et la gloire que nous avaient léguées nos pères.

Ce sauveur sera-t-il Napoléon IV ou un président-dictateur ? C'est ce que l'avenir nous apprendra.

FIN

www.ingramcontent.com/pod-product-compliance
Lightning Source LLC
Chambersburg PA
CBHW050915230426
43666CB00010B/2168